Os Quatro Vínculos

Amor | Ódio | Conhecimento | Reconhecimento

na psicanálise e
em nossas vidas

Z71q   Zimerman, David E.
        Os quatro vínculos : amor, ódio, conhecimento, reconhecimento na psicanálise e em nossas vidas / David E. Zimerman. – Porto Alegre : Artmed, 2010.
        240 p. ; 23 cm.

        ISBN 978-85-363-2212-4

        1. Psicanálise. I. Título.

        CDU 159.964.2

Catalogação na publicação Renata de Souza Borges – CRB 10/1922

David E. Zimerman

Médico psiquiatra. Membro efetivo e psicanalista didata
da Sociedade Psicanalítica de Porto Alegre (SPPA).
Psicoterapeuta de grupo.

Os Quatro Vínculos

Amor | Ódio | Conhecimento | Reconhecimento

na psicanálise e
em nossas vidas

artmed

2010

© Artmed Editora S.A., 2010

Capa
Paola Manica

Preparação do original
Aline Pereira

Editora Sênior – Saúde Mental
Mônica Ballejo Canto

Projeto e editoração
Armazém Digital® Editoração Eletrônica – Roberto Carlos Moreira Vieira

Reservados todos os direitos de publicação, em língua portuguesa, à
ARTMED® EDITORA S.A.
Av. Jerônimo de Ornelas, 670 - Santana
90040-340 Porto Alegre RS
Fone (51) 3027-7000 Fax (51) 3027-7070

É proibida a duplicação ou reprodução deste volume, no todo ou em parte, sob quaisquer formas ou por quaisquer meios (eletrônico, mecânico, gravação, fotocópia, distribuição na Web e outros), sem permissão expressa da Editora.

SÃO PAULO
Av. Angélica, 1091 - Higienópolis
01227-100 São Paulo SP
Fone (11) 3665-1100 Fax (11) 3667-1333

SAC 0800 703-3444

IMPRESSO NO BRASIL
PRINTED IN BRAZIL

Agradecimentos

Não seria justo publicar e divulgar o presente livro sem demonstrar para mim mesmo e para o público leitor o meu carinho e minha gratidão por todos aqueles que, de uma forma ou de outra, me auxiliaram nessa tarefa de gestá-lo.

Assim, começo agradecendo à minha editora Artmed, que, desde mais de uma década, sempre demonstrou confiança e reconhecimento em minha pessoa, além de um trato carinhoso e de permanente incentivo.

Também dirijo o meu agradecimento à pessoa que convidei para prefaciar este livro – Plinio Montagna, atual Presidente da Sociedade Brasileira de Psicanálise de São Paulo – um velho e muito querido colega e amigo, por quem mantenho uma gratidão e permanente admiração. Igualmente quero agradecer, de coração, aos queridos colegas e notáveis psicanalistas Carlos Gari Faria, Antônio Muniz de Rezende, Roosevelt Cassorla e Carlos Amaral Dias (de Lisboa) que autorizaram, de forma muito carinhosa, a reprodução de textos dirigidos a mim na capa do presente livro.

Agradeço ao meu público leitor, de quem muito seguidamente recebo de inúmeros locais do Brasil comovedoras demonstrações de reconhecimento e inclusive de agradecimentos pelo esforço que tenho feito em divulgar as múltiplas faces da psicanálise.

Muitos de meus amigos e colegas demonstram uma espontânea e carinhosa acolhida, prestigiando os lançamentos de meus livros que periodicamente acontecem. Para o presente livro, dentre os referidos colegas, faço questão de fazer um agradecimento especial à colega Margot Aguzzoli, que fez cuidadosas revisões e sugestões que muito me auxiliaram.

Um agradecimento muito especial eu dedico aos meus pacientes, os quais sempre foram e continuam sendo os meus verdadeiros mestres. O mesmo carinho dedico aos meus sucessivos supervisionandos, aos alunos de inúmeros grupos de estudos que mantenho com grande prazer e com um significativo crescimento particular.

Por fim, tenho uma enorme gratidão pela minha bela e unida família. Guite, minha esposa, companheira inseparável, nas horas doces e nas amargas. Meus filhos, Leandro (cardiologista) e Idete (psiquiatra e psicanalista), que me enchem de orgulho e de gratidão porque sempre estão ao meu lado, auxiliando-me bastante, cada um ao seu modo e de acordo com as minhas necessidades, quando estou planejando ou escrevendo algum livro. Também agradeço a Adriana, minha querida nora, Jorge, meu excelente genro e amigo, aos meus seis netos maravilhosos, André, Letícia, Tiago, Marcelo, Aline e Lívia que estão sempre me prestigiando e levantando a minha autoestima. Somos um grupo de doze e, seguidamente, viajamos todos juntos num clima de permanente harmonia. Confesso aos leitores que tenho uma viva impressão de que toda minha família está sob a benção de meu inolvidável e eterno filho Alexandre a quem dedico um agradecimento muito especial por tudo que aprendi com ele.

Prefácio

Foi com muita satisfação que recebi o telefonema de David me convidando a prefaciar seu novo livro. Aceitei de bom grado, curioso com a nova obra do colega e amigo, psicanalista de reconhecimento amplo no Brasil, a partir de sua inserção como membro da Associação Psicanalítica Internacional, a IPA.

Este é o décimo primeiro livro publicado por David E. Zimerman, além de seus inúmeros artigos publicados em revistas psicanalíticas, como a *Revista Brasileira de Psicanálise* e a *Revista da Sociedade Psicanalítica de Porto Alegre*, e capítulos de outros livros. Desfrutando de amplo reconhecimento no cenário psicanalítico nacional, o autor tem participado ativamente de congressos e eventos no Brasil e no exterior. Mais do que isso, tem sido convidado a ministrar palestras, aulas e seminários em pontos os mais variados de nosso país. Graças à enorme capacidade de comunicação e didática, suas palestras são concorridas onde quer seja convidado a falar. Suas obras têm servido como base àqueles que se aproximam da psicanálise e como fonte de consulta útil para os psicanalistas praticantes. Com escrita agradável e clara, sintética e original, consistente e didática, o autor alia enorme experiência clínica com interpretação original, própria, das leituras dos mais importantes autores da psicanálise. Demonstra, sobretudo, uma capacidade ímpar de gerenciar grande quantidade de conhecimentos advindos de diversas origens e dispô-la ordenadamente, com criatividade e sem preconceitos.

Considerando enfoques diversos de vínculos a partir de autores relevantes estudiosos da temática, David opta por alicerçar seu trabalho nas ideias de Wilfred Bion, psicanalista a cuja obra dedicou muitos anos de estudo e o livro *Bion: da teoria à prática*. Se ali David E. Zimerman buscava uma apreensão das ideias de Bion através de uma leitura didática, aqui, dos vários conceitos de vínculo que apresenta, ele utiliza e expande os conceitos dos elos como elementos de vincularidade, promovendo uma interlocução abrangente e profícua com outras áreas do conhecimento. Mitologia, religião, história, filosofia e mesmo política são abordadas, com referências à bioquímica e às neurociências, ocupando lugar especial as referências essenciais etimológicas dos termos sobre os quais disserta. Nessa área, manuseando as composições das palavras, vai agregando os diversos significados possíveis, pontuando, quando apropriado, uma menção à clínica ou à psicopatologia. É interessante mencionar sua hipótese, colocada como cogitação pessoal, de que "o termo amor... possa proceder do latino *a* seja (*ausência de*) e de *mors*, que em latim tem um significado ligado à morte...", o que enseja sua conexão dessa hipótese com a dialética das pulsões de vida e de morte, de Freud. Trago esse trecho como exemplo da inquietação intelectual do autor, buscando sempre ampliar os sentidos conhecidos e depurar a elaboração de conceitos. E também para lembrar que, antes de Bion, é Freud sua fonte primeira.

Além disso, o autor vai enriquecendo o texto com generoso compartilhamento de sua experiência, trazendo questões referentes à clínica psicanalítica e à cultura. Ele parte do princípio de que a relevância não está nas partes componentes do ser humano, em si próprias, "mas no todo que resulta da forma de combinação e dos arranjos das diversas partes constituintes da totalidade, cada uma delas desempenhando algum tipo de função".

É uma estratégia feliz, já que o(s) conceito(s) psicanalítico(s) de vínculo dá(dão) margem à explicitação das relações múltiplas da psicanálise com outras áreas e aos aportes particulares que cada uma delas pode trazer ao tema, em conjunto ou isoladamente. Sua mirada é holística. Trata de uma temática que permite visão multi ou transdisciplinar, não se restringindo a esta ou àquela abordagem. Afinal, as relações da psicanálise com outras áreas, tem, em si, particularidades a serem articuladas com as especificidades de cada uma delas.

Vínculo é, realmente, um tema perene na história humana e também da maior atualidade. A relação com o outro ou, a rigor, com o enigma do outro, contém sempre um mistério, na medida em que este porta uma interioridade própria configuradora de sua alteridade. Se bem que há vínculos, como o autor demonstra, que buscam exatamente desfazer ou negar a alteridade. De todo modo, como dizia Karl Jaspers, o homem é muito mais do que tudo que se possa dizer dele, e por isso é incognoscível; mas a busca do conhecimento, pelos vínculos, dá-se além das palavras e, não buscando a coisa em si, a questão é o quanto podemos nos aproximar do conhecimento do outro e de nós mesmos.

Os vínculos existem desde a vida fetal, lembra o autor, a partir das pesquisas de Alessandra Piontelli. E a dimensão do ser e da consciência de ser se configura através deles. "Olho e sou visto, logo existo" diz Winnicott, em *O brincar e a realidade*.

A escolha do tema é, assim, extremamente oportuna, também leva em conta a observação de que a psicanálise contemporânea inclina-se cada vez mais para o paradigma da vincularidade, interessada nas relações intersubjetivas. Mas Zimerman também privilegia os vínculos e as relações intrapsíquicas.

Hoje, nós psicanalistas, enfrentamos complexos desafios com as cambiantes modulações dos vínculos transferenciais das patologias da contemporaneidade, as patologias do vazio, *borderlines*, transtornos psicossomáticos e alimentares, adicções, etc. Não só. Na contemporaneidade, como salienta o autor, as relações interpessoais têm atributos próprios. De fato, eclipsamento de espaço-tempo, rompendo fronteira através de aceleração que imprime mais e mais velocidade num espaço que, de se expandir ao infinito ou de se encolher próximo ao zero, deixa de existir como variável isolada de seu contraponto, o tempo. De minha parte, costumo me referir aos tempos de hoje como tempos proteiformes, à moda de Proteu, deus marinho grego que amoldava sua forma a cada substância. Os líquidos se amoldam às formas que os contêm, o que é tomado como base por Zigmunt Bauman para suas proposições sobre as relações interpessoais contemporâneas, como o "amor líquido". Para darmos conta do estudo das novas configurações subjetivas e da intersubjetividade, é de grande valor um embasamento sólido no estudo dos vínculos, tal qual nos oferece David, que mostra, com sua cultura plural psicanalítica, capacidade de somar, agregar, integrar. Como ele aponta em outra obra, a verdade não está numa ou em outra corrente, mas entre elas.

Bion enfatiza, no que se refere aos vínculos, a uma tensão entre emoção e não emoção, mais do que entre amor *versus* ódio. Ele estuda elementos que, em si, não se propõem a representar a totalidade dos fatos emocionais – mas operam como uma clave musical, a qual serve para determinar o grau exato de elevação de cada uma na escala musical. Esses elementos são os vínculos de amor (L), de ódio (H) e de conhecimento (K).

Trilhando uma senda que parte desse autor, David Zimerman agrega outros aportes para a compreensão das bases dos relacionamentos humanos. Seu aporte mais arrojado, estruturado e elaborado desde a década de 1990, vem a ser o vínculo do reconhecimento (R), que abarca diferentes significados, sendo que o principal deles alude, como diz o autor, *à* "ânsia que todo ser humano possui de ser reconhecido pelos demais, como sendo uma pessoa querida, aceita, desejada e admirada pelos seus pares e circunstantes" (p.31).

Com todas as contribuições com as quais David Zimerman brinda os leitores, o livro também consegue estimular cada um às reflexões próprias sobre as relações humanas.

Plinio Montagna
Presidente da Sociedade Brasileira de Psicanálise de São Paulo
Membro do Board de Representantes da Associação Psicanalítica Internacional
Ex-presidente da Associação Brasileira de Psicanálise

Sumário

Prefácio vii
Introdução 15

1 **Vínculos e Configurações Vinculares** 21
    Vínculos 21
    Configurações vinculares 31

2 **O Vínculo do Amor** 37
    Etimologia e conceituação 37
    O amor na mitologia 39
    O amor na religião 43
    O amor na filosofia 47
    O amor do ponto de vista da psicanálise 48
    Diversas modalidades de amar e de ser amado 53
    O amor de transferência, na psicanálise 56
    O amor paixão 58
    O amor platônico 61
    O amor tantalizante 61
    Amor acompanhado por uma fobia ao casamento 69
    A infidelidade no amor 71
    O amor pela internet 74
    O amor homossexual 75
    Uma carta de Freud enviada à mãe de um homossexual 77

A resiliência como uma forma de amor 78
A bioquímica do amor 80
A sexualidade no velho 82
As diferentes formas de amor nas famílias 84
Perfil amoroso das famílias 85

3   O Vínculo do Ódio 89
Etimologia e conceituação 89
Diferenças entre agressão e agressividade 90
A ira e o ódio 94
O ódio na mitologia 94
O mito da esfinge 95
O ódio na religião e na bíblia 99
O ódio na filosofia e na política 105
O ódio no estado 107
O ódio no poder 108
A bioquímica do ódio 110
O ódio do ponto de vista da psicanálise 112
A importância das frustrações 118
Os sentimentos de ressentimento 120
O sentimento de vingança 124
A violência 127
Violência urbana 129
As guerras 131
Correspondência entre Freud e Einstein sobre
"o porquê das guerras" 132
Perversão de grupos 138
Ódio em sistemas sociais: como se manifesta em
grupos e em instituições 143

4   O Vínculo do Conhecimento (K) 147
Uma introdução 147
O conhecimento na mitologia 148
O conhecimento na bíblia e na história 149
Conceituação de conhecimento 151

O conhecimento na filosofia: algumas formas de
pensar e de conhecer 152

Distorções que o pensamento mágico provoca
na função do conhecimento 154

A evolução histórica do conhecimento desde os mitos
até a ciência: os filósofos 156

Filósofos pós-socráticos 159

Outras correntes do pensamento filosófico 166

O conhecimento do ponto de vista da psicanálise 169

Vínculos K e -K 174

A importância da verdade 178

Crenças, crendices, conhecimento e sabedoria 180

O conhecimento e a verdade na prática psicanalítica 182

Bion e o vínculo do conhecimento (K) 187

5 O Vínculo do Reconhecimento (R) 191

As quatro concepções do vínculo do reconhecimento 191

Reconhecimento de si próprio 192

O reconhecimento sob o ponto de vista dos principais
autores da psicanálise 193

Aplicações positivas do reconhecimento
na clínica psicanalítica 198

Reconhecimento das distorções de percepção 199

Reconhecimento de repressões e outras negações 199

Reconhecimento das representações dos traumas 200

Reconhecimento do "terror sem nome" 201

Reconhecimento dos – imantados – traumas 201

A relevância do pré-consciente no reconhecimento 206

O reconhecimento da desproporção entre a quantidade
do estímulo doloroso e a intensidade da reação a ela 207

Reconhecimento *do* outro 208

Ser reconhecido *aos* outros 211

Ser reconhecido *pelos* outros 211

O reconhecimento e a ansiedade de separação 214

O reconhecimento diante de uma organização
narcisista: a construção de fetiches 216

O reconhecimento diante de uma organização edípica 217
O reconhecimento em grupos 218
O reconhecimento em relação ao *setting* 221
A história do patinho feio: uma metáfora do
"vínculo de ser reconhecido" 224
Violência cometida por "gangue" de crianças 226
Contribuição da neurociência ao vínculo do reconhecimento 231

Palavras finais **233**
Referências **237**

Introdução

Fortemente incentivado pela minha editora Artmed, por fiéis leitores e colegas amigos, fiquei em dúvida se aceitaria ou não o desafio de dar à luz um novo livro com um enfoque nos vínculos e nas configurações vinculares. A primeira pergunta que então eu me fiz foi: por que mais um livro se é sabido que ultimamente têm surgido tantos e muitos bons livros sobre esta temática, com uma boa aceitação dos leitores interessados?

Porém, refleti demoradamente e concluí que a ênfase desses recentes livros publicados enfocam de forma muito marcante os aspectos psicanalíticos dos vínculos, não obstante o fato de que os respectivos autores diversifiquem os vértices de observação. Assim, alargam as modernas concepções psicanalíticas num espectro que abrange os vínculos e as configurações vinculares que se estabelecem nos indivíduos, na dinâmica de grupos, na escolha de parceiros amorosos e na vida conjugal e vínculos que caracterizam as distintas famílias. Sobretudo, os aludidos livros abordam de forma muito competente qual é o entendimento e a aplicação na prática clínica dos vínculos e das respectivas configurações vinculares.

Voltando à minha pergunta inicial: por que, então, mais um livro sobre esta temática? Eu próprio me respondi que o mundo está sofrendo profundas e sucessivas transformações, numa velocidade vertiginosa, em todas as áreas do conhecimento e do comportamento humano, como, por exemplo, na mitologia, na religião, na filosofia, na antropologia, na sociologia, nas ciências em geral e, mais especialmente, nas neurociências; nas múltiplas faces da arte, na pedagogia, na linguística e, entre outras áreas, mais notavelmente na teoria, técnica e prática clínica da psicanálise.

A valorização da noção de vínculo tem sido fundamental no conhecimento de todos os campos anteriormente mencionados, porém, o importante a destacar é o fato de que na atualidade não mais cabe estudar separadamente cada um dos vínculos, visto que ninguém mais duvida que todos eles, de alguma forma, estão imbricados entre si, influenciando e complementando-se reciprocamente.

Com outras palavras: a evolução que acompanha o ser humano durante longos milênios, na atualidade, manifesta uma larga supremacia de um pensamento "totalista", ou *holístico* (vem de *holos*, que em grego significa "partes organizadas em uma totalidade"), em que as partes dos diferentes fenômenos da natureza do ser humano, por mais importantes que essas partes sejam, não são mais vistas isoladamente; antes, a relevância incide no *todo* que resulta da forma de combinação e dos arranjos das diversas partes constituintes da totalidade, cada uma delas desempenhando algum tipo de função.

Por essa razão decidi aceitar o desafio de produzir este livro: creio que os vínculos podem ser estudados e conhecidos através de uma abordagem da evolução do homem no que diz respeito às suas origens, no desenvolvimento gradativo e sequencial da postura, à marcha, à linguagem, ao pensamento, ao conhecimento, à criatividade e aos inter-relacionamentos. Acima de tudo, a transição do homem primitivo, desde as suas crenças nos mitos e ritos oriundos de um pensamento mágico, até as modernas ciências e os renovados valores e costumes próprios das culturas vigentes.

A partir da curiosidade do homem primitivo por conhecer os inexplicáveis mistérios da natureza, o ser humano evoluiu com um significativo avanço para o campo da religião e, aos poucos, a soberania das múltiplas religiões cederam espaço para o importantíssimo surgimento do pensamento filosófico. Emergiram, então, notáveis filósofos, especialmente na antiga Grécia, com distintas visões da filosofia. Cada vez mais, na história da humanidade, a filosofia foi aceitando a supremacia das ciências, com a impressionante credibilidade das pesquisas de rigor científico, na atualidade. Por sua vez, as modernas ciências também se fertilizam com os conhecimentos advindos dos credos religiosos e da sabedoria da filosofia.

Estou ciente de que o desafio não será fácil, porque a abordagem de cada um dos quatro vínculos a serem citados no presente livro tem como meta principal um enfoque múltiplo que englobe a visão da bíblia, da mitologia, da religião, da literatura, das artes e as das ciências – inclusive a moderna neurociência – em conjunção com a psicanálise, sendo esta última apresentada em suas múltiplas e diversificadas facetas.

Por exemplo, quando a abordagem for do "vínculo do amor", depois de relembrar e atualizar os leitores, embora de forma muito sucinta, relativamente ao quanto este primacial sentimento humano tem evoluído em todas as épocas e todos os campos já mencionados, enfocaremos a mitologia, a religião, a filosofia, a literatura, a ciência, a neurociência, a psicanálise, etc., acerca das múltiplas faces do amor. O mesmo vale para os demais vínculos.

Desse modo, a parte do livro relativa a cada um dos quatro vínculos se aprofundará mais detidamente a partir do vértice psicanalítico, não obstante uma complementação de uma abordagem de cultura geral, incluída, sempre que possível, uma *raiz etimológica* dos termos mais significativos.

Assim, continuando no exemplo de que o vínculo em foco seja o do amor, ele terá subtítulos, como: o "amor homossexual"; a "sexualidade nos idosos"; o "amor platônico"; o amor que estanca na "fobia ao casamento" (gamofobia); além das múltiplas formas, as sadias e as patológicas, de como alguém ama e é amado.

Até o momento em que estou redigindo esta Introdução, sinto-me muito gratificado com as incontáveis pesquisas que estou fazendo, nas mais distintas fontes – livros, revistas especializadas, releitura de textos de alguns de meus próprios livros, do Google, de livros específicos sobre mitologia, religião, filosofia, etimologia; reflexões sobre determinados filmes, literatura em geral, etc.

Pela razão de que o eixo central deste livro é justamente o estudo dos "Vínculos", entendi que seria adequado, na medida do possível, fazer uma articulação entre diversificados termos que aparecem nos diferentes textos e a sua origem etimológica. Parto do princípio de que a origem de certas palavras nos dá uma ideia evolutiva de como os conceitos e significados, tanto das palavras quanto dos valores culturais e emocionais do ser humano, transformam-se com o curso dos tempos.

O presente livro está composto de cinco capítulos. No Capítulo 1, apresento uma revisão dos conceitos de "vínculos" e de "configurações vinculares", com os principais autores que estudaram essa temática. Por acreditar que os vínculos, com as respectivas emoções, são indissociáveis das influências exercidas pela nossa estrutura orgânica, esse capítulo também enfoca noções gerais sobre as neurociências.

O Capítulo 2, intitulado "O Vínculo do Amor" tem os seguintes subtítulos: Etimologia e conceituação; O amor na mitologia; O amor na religião; O amor na filosofia; O amor do ponto de vista da psicanálise; Diversas modalidades de amar e de ser amado; O amor de transferência, na psicanálise; O amor paixão; O amor platônico; O amor tantalizante; Amor acompanhado por uma fobia ao casamento; A infidelidade no amor; O amor pela internet; O amor homossexual; Uma carta de Freud enviada à mãe de um homossexual; A resiliência como uma forma de amor; A bioquímica do amor; A sexualidade no velho; As diferentes formas de amor nas famílias; Perfil amoroso das famílias.

"O Vínculo do Ódio" constitui o Capítulo 3 que é composto pelos temas: Etimologia e conceituação; Diferenças entre agressão e agressividade; A ira e o ódio; O ódio na mitologia (parricídio, filicídio e fratricídio); O mito da esfinge; O ódio na religião e na bíblia; O ódio na filosofia e na política; O ódio no estado; O ódio no poder; A bioquímica do ódio; O ódio do ponto de vista da psicanálise; A importância das frustrações; Os sentimentos de ressentimento; O sentimento de vingança; A violência; Violência urbana; As guerras; Correspondência entre Freud e Einstein sobre "o porquê das guerras"; Perversão de grupos; Ódio em sistemas sociais: como se manifesta em grupos e em instituições.

O Capítulo 4 trata do importante "Vínculo do Conhecimento (K)". Essa parte se desdobra em: Uma Introdução; O conhecimento na mitologia; O conhecimento na bíblia e na história; Conceituação de conhecimento; O conhecimento na filosofia: algumas formas de pensar e de conhecer; Distorções que o pensamento mágico provoca na função do conhecimento; A evolução histórica do conhecimento desde os mitos até a ciência: os filósofos; Filósofos pós-socráticos; Outras correntes do pensamento filosófico; O conhecimento do ponto de vista da psicanálise; Vínculos K e –K; A importância da verdade; Crenças, crendices, conhecimento e sabedoria; O conhecimento e a verdade na prática psicanalítica; Bion e o vínculo do conhecimento (K).

O Capítulo 5, "O Vínculo do Reconhecimento", da mesma forma que os demais capítulos, desdobra-se nos seguintes temas: As quatro concepções do vínculo do reconhecimento (ao qual chamarei pela inicial "R"); Reconhecimento de si próprio; O reconhecimento sob o ponto de vista dos principais autores da psicanálise; Aplicações positivas do reconhecimento na clínica psicanalítica; Reconhecimento das distorções de percepção; Reconhecimento de repressões e outras negações; Reconhecimento das representações dos traumas; Reconhecimento do "Terror sem nome"; Reconhecimento dos – imantados – traumas; A relevância do pré-consciente no reconhecimento; O reconhecimento da desproporção entre a quantidade do estímulo doloroso e a intensidade da reação a ela; Reconhecimento *do* outro; Ser Reconhecido *aos* outros; Ser reconhecido *pelos* outros; O reconhecimento e a ansiedade de separação; O reconhecimento diante de uma organização narcisista: a construção de fetiches; O reconhecimento diante de uma organização edípica; O reconhecimento em grupos; O reconhecimento em relação ao *setting*; A história do Patinho Feio: uma metáfora "do vínculo a ser reconhecido"; Violência cometida por "gangue" de crianças; Contribuição da neurociência ao vínculo do reconhecimento.

Assim, com um cardápio variado e, aparentemente, demasiado longo, e com a esperança de que este livro possa cair no interesse e no prazer dos meus queridos leitores, é que eu o entrego a todos vocês.

1
Vínculos e Configurações Vinculares

VÍNCULOS

Etimologia e conceituação

O termo *vínculo* tem sua origem no étimo latino *"vinculum"*, o qual significa uma união, com as características de uma ligadura, uma atadura de características duradouras. Da mesma forma, *vínculo* provém da mesma raiz que a palavra "vinco" (com o mesmo significado que aparece, por exemplo, em 'vinco' das calças, ou de rugas, etc.), ou seja, este termo alude a alguma forma de ligação entre as partes que estão unidas e inseparáveis, embora elas permaneçam claramente delimitadas entre si. Assim, cabe a afirmativa de que "vínculo" também significa um estado mental que pode ser expresso através de distintos modelos e com variados vértices de abordagem.

A noção de "vínculo" é de fundamental importância no desenvolvimento da personalidade da criança, sendo que essa afirmativa está baseada na inquestionável sentença de que "o ser humano constitui-se sempre a partir de um outro". Isso não impede que, conforme a qualidade do vínculo, todo sujeito possa voltar toda sua libido para o seu próprio eu (ego), tal como acontece no narcisismo excessivo.

O primeiro vínculo a se formar na existência de qualquer ser humano consiste na inter-relação do bebê recém-nascido com a sua mãe (na verdade, segundo recentes estudos, já na gestação da mãe existe um importante vínculo com o feto uterino) ou com alguma figura substituta dela, que, em condições normais, o ampare, alimente, agasalhe, dê a ele cuidados higiênicos, como a troca de fraldas cocozadas ou urinadas, etc.

Além desses cuidados maternos que visam a satisfação das necessidades *orgânicas* vitais, a noção de vínculo também abrange a tarefa de promover a satisfação das necessidades *afetivas* da criança por parte da mãe, sobretudo no que tange a que ela lhe dispense um calor humano, com um autêntico e espontâneo amor, carinho, proteção, compreensão da linguagem corporal do bebê (através do seu tipo de choro, olhar, eventuais esperneios, cólicas, vômitos ou diarréia, etc.)

À medida que a pequena criança vai se desenvolvendo, os cuidados da mãe vão se modificando, conforme as novas necessidades e desejos do seu filho, porém, o que sempre deve permanecer em um sadio vínculo mãe-bebê é a presença constante na mãe de uma boa capacidade de "continente" (isto é, a capacidade de "conter" as eventuais angústias do bebê que ele projeta nela), junto com uma capacidade de "empatia" (ou seja, a capacidade de a mãe de se colocar no lugar de um eventual sofrimento por parte de seus filhos menores).

Um outro aspecto da importância vincular consiste no fato, cada vez mais habitual, de que o pai tem uma participação muito ativa na formação dos vínculos que englobam a um só tempo a união bebê-mãe-pai, com as mútuas inter-relações entre o trio, especialmente a do tipo de comunicação que se forma entre os três principais personagens.

Na concepção atual relativa aos vínculos, é útil enfatizar o fato de que o bebê não é mais considerado como sendo meramente um ser passivo aos cuidados da mãe e do pai (e, certamente, em muitas situações, ele também sofre influências de irmãos, avós, babás, etc.). Muito pelo contrário, o aludido bebê torna-se de imediato um agente ativo na estrutura familiar e na construção de novos vínculos com todos.

À medida que a criança vai crescendo, os tipos de vínculos vão se expandindo e se modificando, já então com a criança – futuro adulto – convivendo com muitos grupos, alguns de formação espontânea, ou nas primeiras escolas e, mais adiante na evolução, com amigos de jogos, esportes, ou namoros, grupos de estudos nas faculdades, no trabalho com equipes, na construção de uma nova família, etc., etc.

Por outro lado, a noção de vínculo mãe-bebê pressupõe que não é somente o bebê quem depende maciçamente da estrutura de maternagem da mãe, visto que a mãe também depende fortemente de ser reconhecida pelo bebê: de que ela seja amada pelo seu filho, de que seu leite materno seja de boa qualidade nutritiva, que exista um vínculo harmônico corporal e afetivo entre ambos. Caso contrário, é bastante comum que o protesto do bebê se manifeste através da recusa do seio materno na hora das mamadas, ou de eructações e vômitos, ou por outras manifestações corporais que angustiam a mãe e, assim, pode-se formar um difícil círculo vicioso de um recíproco e angustiante distanciamento.

Em suma, é fundamental a qualidade (predominância benigna ou maligna) dos vínculos que vão se estabelecendo – quanto mais primitivos, mais importantes ficam sendo as suas fixações na mente do bebê, das quais resultarão uma configuração vincular de *cooperação* ["*co*" = junto de + "*operação*" = operar juntos] numa tarefa comum, *construtiva*, ou vingará uma vigência de destrutiva *competição* ["*com*" = junto + "*petição*" = demanda insaciável de pedidos].

Diferentes enfoques de vínculos, provindos de importantes autores

Não mais restam dúvidas de que a importância de *vínculo* está presente nas obras dos mais notáveis autores psicanalíticos, como nas de Freud e de M. Klein, como nas de seus respectivos seguidores, não obstante nenhum deles tenha usado a terminologia de "vínculo". O autor que mais perto chegou da concepção atual de "vínculo" foi o psicanalista W. Baranger – de origem francesa que, porém, passou a maior parte de sua vida residindo e trabalhando na Argentina e no Uruguai. Este autor, com a colaboração de sua esposa, a também psicanalista Madeleine Baranger, publicou o livro sobre *Campo Analítico* (1960), no qual enfatiza justamente o aspecto de uma constante interação recíproca entre o paciente e o psicanalista.

No entanto, também ninguém duvida que foi W. Bion – notável psicanalista britânico – quem aprofundou, sistematizou e divulgou, por todo universo psicanalítico, as múltiplas facetas dos vínculos e das respectivas configurações vinculares.

É evidente que com outros termos, como "apego", "relacionamento", "ligação", etc., a noção de vínculo é antiga, tal como aparece na bíblia, na mitologia, na religião, na filosofia, na literatura, nas artes, porém coube ao psicanalista Bion não só cunhar o nome "vínculo" (*link*, em inglês), como também o mérito de estudar em profundidade e descrever as inúmeras modalidades de quais são os vínculos e de como eles se formam, articulam e funcionam permanentemente ao longo da vida.

Assim, é justo que na busca de uma definição científica que melhor caracterize o significado das funções dos vínculos, recorramos a Bion que, aproximadamente, expressava-se da seguinte forma: "Vínculos são elos de ligação – emocional e relacional – que unem duas ou mais pessoas, ou duas ou mais partes dentro de uma mesma pessoa". Repare o leitor como essa simples definição abre um largo e abrangente leque de distintas modalidades, situações, funções, etc., com a presença de, no mínimo, três aspectos contidos nessa mencionada concepção de Bion.

O primeiro aspecto, contido no vocábulo "relacional", indica que sempre existem relações de recíprocas influências entre as pessoas, as quais tanto habitam o mundo exterior quanto o mundo interior do sujeito. Neste último caso, isso se forma mercê da introjeção (incorporação) de distintos personagens importantes na vida da criança, de sorte que os vínculos primitivos continuam interagindo no presente, de dentro, no interior, para fora, no exterior.

A segunda observação na conceituação de Bion reside na palavra "emocional", que enfatiza o fato de que, caso não haja algum tipo de emoção nos elos de ligação entre duas ou mais pessoas, dentro ou fora do sujeito, deixa de ter o significado que ele faz questão de sublinhar.

O terceiro aspecto consiste no fato de que, habitualmente, o termo "vínculo" designa as relações humanas exteriores: um bom exemplo disso é o de uma importante escola de psicanálise Argentina, onde, entre outros reconhecidos autores, pontificam os nomes de J. Puget e o de Berenstein (1994), que trabalham bastante com as vicissitudes que permeiam os vínculos de casais, famílias e instituições.

Particularmente, na minha prática clínica, eu me inclino, fortemente, à postulação de Bion, até porque parto do princípio de que os vínculos interiores, de primitiva formação, é que determinarão a configuração e a conduta que marcarão a qualidade dos vínculos exteriores, ao longo da vida de todos nós.

Vamos a um exemplo da afirmativa acima, em relação ao primitivismo do primordial vínculo bebê-mãe, em que Bion criou a concepção do que chamava de "Relação Continente-Conteúdo", com a qual ele destacava que neste vínculo o simples ato da mamada implicava uma relação vincular entre a boca do bebê, que procura saciar a sua fome (é o "conteúdo" referente à pulsão de saciar sua necessidade vital), e o seio alimentador da mãe, que, então, funciona como "continente" que contém a solução que aplaca a angústia de seu filho. Esse exemplo pode tomar outras dimensões mais complexas, como é o da competência do continente materno, no sentido de que ele possa, ou não, acolher e processar as angústias de um filho, que projeta nela seus anseios, medos, necessidades, desejos, demandas, etc.

Lamentavelmente, nem todas as mães têm essa capacidade de continência, fato que repercute diretamente na qualidade do primitivo vínculo mãe-filho, com daninhas repercussões no psiquismo da criança, com alta probabilidade de os malefícios se estenderem ao longo de toda a vida.

Um outro exemplo que pode ilustrar a formação de um vínculo primitivo da mãe com seu bebê, pode ser extraído da obra do magnífico psicanalista e autor D. Winnicott, quando ele afirma, de modo poético, que "o primeiro espelho da criatura humana é o *olhar* de sua mãe, o sorriso dela, suas expressões faciais" (e, creio, podemos acrescentar: *a tonalidade de voz da mãe)*. Um pouco mais adiante Winnicott completa, como se ele estivesse falando pelo bebê: "Eu olho e sou visto, logo, existo!".

Não obstante este autor não tenha usado o termo "vínculo", parece-me que fica claramente evidenciada uma ligação profunda entre mãe e filho, como se o bebê pudesse, de forma bastante primitiva, "pensar" (o mais correto seria dizer: ter sensações) de que se o olhar da mãe for de felicidade, funciona como um espelho que, numa licença de imaginação, lhe diz algo assim: "Meu filho, mamãe está feliz contigo, te ama muito", e, portanto, "eu, bebê, sou amado, desejado e posso confiar na minha mãe".

Os exemplos poderiam ser multiplicados quase que de uma forma infinita, mas o importante é destacar na definição de Bion a sua ênfase no fato de que a noção de vínculo também abarca as relações entre as diversas funções do psiquismo e das distintas partes que compõem a "geografia do funcionamento mental".

Desse modo, no que se refere à vinculação entre as *funções* do ego, cabe exemplificar com as relações que se estabelecem, por exemplo, entre a comunicação que transita do consciente com o inconsciente de qualquer um de nós; ou da função de um pensamento vinculado com um outro pensamento; de uma função de percepção em relação com uma função do conhecimento; do pensamento com o conhecimento, etc., numa rede interminável de possibilidades vinculares, todas importantes.

Relativamente às *partes* que habitam o interior do nosso psiquismo, cabe exemplificar os vínculos que existem entre a nossa *parte infantil*, num necessário vínculo com a nossa *parte adulta*; ou a assim chamada *parte psicótica da personalidade* vinculada com a *parte não psicótica*; e assim por diante. Creio ser útil sublinhar que esta última concepção de vínculos intrassubjetivos é de uma extraordinária importância na prática psicanalítica. Cabe acrescentar a importância, no ato analítico, de que o psicanalista e, consequentemente, também o paciente não confundam a existência de uma "parte" da personalidade, como se fosse o "todo" da pessoa.

De forma resumida, cabe afirmar que os vínculos podem ser de natureza *intersubjetiva* (entre duas ou mais pessoas), *intrassubjetiva* (as diferentes partes dentro de uma mesma pessoa), ou *transssubjetiva* (em cujo caso, o vínculo atravessa fronteiras e adquire uma dimensão bastante mais ampla, como seria o caso de nações em litígio), etc.

A qualidade dos vínculos em todas as situações de relacionamentos é que determinará a qualidade de vida de cada pessoa em particular. Mais adiante faremos uma revisão mais aprofundada dos "Vínculos na Psicanálise", porém cabe antecipar (repetindo o que já foi dito antes) que o autor que mais estudou, criou concepções novas, divulgou e aplicou na prática da clínica psicanalítica foi o importante autor psicanalista britânico Wilfred Bion.

Ele destacou três vínculos fundamentais: o do *Amor*, o do *Ódio* e o do *Conhecimento*. Por minha conta, assumi a ousadia de propor um quarto vínculo – o do *Reconhecimento* – por acreditar que os quatro estão sempre juntos, inseparáveis e interagindo entre si – de modo que, conforme a predominância da qualidade dos vínculos – se sadia ou patológica – são determinados o nosso comportamento e a nossa qualidade de vida.

No entanto, antes de ingressarmos nas concepções de Bion, para os leitores que melhor estão familiarizados, ou interessados em conhecer os fundamentos psicanalíticos, é justo atualizar e recordar, ainda que de forma muito breve, os pontos de vista de importantes autores que, de forma direta ou indireta, estudaram a temática referente ao que hoje chamamos de vínculos. Assim:

Freud, em diversos trabalhos, deixou claramente implícita a importância que ele atribuía aos vínculos (embora utilizasse termos correlatos) que se estabelecem entre "o indivíduo e seus semelhantes" (Projeto...1895), entre "a criança e a mãe" (Leonardo...1910) ou entre "os indivíduos e as massas" (Psicologia das massas...1921), etc., etc. Da mesma forma, todos sabemos que, desde o início até o final de sua monumental obra psicanalítica, Freud sempre enfatizou a importância da sexualidade (a partir da infância, o que escandalizou os seus contemporâneos), a presença intensa da libido, o complexo de Édipo – que hoje podemos chamar de vínculo ou de configuração edípica, com o cortejo de desejos, conflitos, culpas, complexo de castração, etc.

M. Klein também aludiu diretamente à noção de vínculo, como podemos observar no seu relato acerca da análise do menino Dick, no seguinte trecho: "A análise desta criança tinha que começar pelo estabelecimento de um contato com ele" (1930, p. 214).

J. Bowlby, um importante psicanalista britânico, durante mais de 40 anos estudou, utilizou e divulgou bastante o que em sua *teoria do vínculo*, sob a denominação original de *attachment* (na tradução portuguesa aparece como "apego"), ele conceituou como sendo o *vínculo afetivo primário* da relação mãe-filho. No entanto, os estudos interativos de Bowlby (1969) se fundamentam no comportamento social, em um contexto evolutivo, de modo que ele considera que a principal função do vínculo é a de proteger a sobrevivência do indivíduo contra os agentes predadores externos.

Bateson e colaboradores (1955) da escola Palo Alto – Califórnia, no curso de seus aprofundados estudos sobre a *teoria da comunicação humana*, descreveram a importante conceituação de *duplo vínculo (double bind)*, a qual consiste em uma patologia da relação entre pais e filhos, em que através de mensagens *contraditórias* (por exemplo, "eu te ordeno que não recebas ordens de ninguém...") e *desqualificatórias* (por exemplo, "me decepcionei contigo, o teu amigo João faz muito melhor que tu...") resulta que a criança, faça ela o que fizer, nunca possa ganhar deles, os pais, sucedendo-se um estado mental de aprisionamento às expectativas destes pais.

É interessante acrescentar que o termo *bind* usado no original, na sua essência, tem o significado de *escravidão*, o que traduz fielmente a natureza desse vínculo no qual as pessoas – um casal, por exemplo – estão atadas de tal sorte que não conseguem viver juntas e muito menos separadas.

A Escola Argentina de Psicanálise tem dado uma importante contribuição ao estudo dos vínculos nas interações humanas. Assim, o casal **Baranger** (1961) descreveu com uma grande riqueza de vértices psicanalíticos a permanente e recíproca interação entre analista e analisando no espaço que eles denominaram como *campo analítico*. Na atualidade, autores como **Puget** e **Berenstein** (1994) reservam a conceituação de vínculos para o plano da intersubjetividade, com um enfoque de natureza sistêmica, assim privilegiando uma ênfase nas distintas *configurações vinculares* (de natureza simbiótica, sadomasoquista, etc., etc.) entre duas ou mais pessoas do mundo real, embora, é claro, estes importantes psicanalistas argentinos reconheçam a similaridade entre estas configurações vinculares *inter*subjetivas com as *intras*subjetivas.

É óbvio que os nomes e conceitos mencionados anteriormente não passam de uma simples amostragem e que poderíamos nos estender com outros autores que deram um grande destaque à vincularidade, como Balint, Winnicott, M. Mahler, Kohut, Lacan, P. Aulagnier, Anne Alvarez, A. Green etc., etc., no entanto, vamos nos restringir ao psicanalista que mais diretamente e enfaticamente aprofundou o estudo sobre os vínculos, o qual virtualmente permeia toda a sua obra, notadamente no que alude à prática psicanalítica: estou me referindo a **Bion**, cujos conceitos vão merecer, aqui, uma apreciação um pouco mais alongada.

Do ponto de vista psicanalítico, fundamentada em Bion, a conceituação de *vínculo* necessariamente requer as seguintes características:

1. São *elos de ligação* que unem duas ou mais pessoas, ou duas ou mais partes de uma mesma pessoa.
2. Estes elos são sempre de natureza *emocional*.
3. Eles são *imanentes* (isto é, são inatos, existem sempre como essenciais em um dado indivíduo e são inseparáveis dele).
4. Comportam-se como uma *estrutura* (vários elementos, em combinações variáveis).
5. São *polissêmicos* (permitem vários significados).
6. Comumente atingem as dimensões *inter-, intra-* e *trans*pessoal.
7. Um vínculo estável exige a condição de o sujeito poder *pensar* as experiências emocionais, na ausência do outro.
8. Os vínculos são potencialmente *transformáveis*.
9. Devem ser compreendidos através do modelo da inter-relação *Continente-Conteúdo*.

Assim, cabe lembrar que *"vínculo" é uma estrutura relacional-emocional entre duas ou mais pessoas, ou entre duas ou mais partes separadas de uma mesma pessoa.* Bion estendeu o conceito de vínculo a qualquer função ou órgão que, desde a condição de bebê, esteja encarregado de vincular objetos, sentimentos e ideias, uns aos outros.

Dessa forma, ele descreveu os vínculos de Amor (**L**, inicial de *love*), de Ódio (**H**, de *hate*), e o de Conhecimento (**K**, de *knowledge*), de um modo em que todos os três podem ser sinalizados tanto de forma positiva (+) quanto negativa (–), sendo que Bion deteve-se mais particularmente no vínculo "-K", ou seja, quando este está a serviço do que ele denominou de "ataque aos vínculos perceptivos", especialmente no que se refere à desvitalização (por exemplo, o que um determinado paciente pode fazer com as interpretações do seu analista) e à anulação dos significados das experiências emocionais, a serviço de uma defesa de "negação".

Durante muitas décadas, todos os psicanalistas basearam os seus esquemas referenciais virtualmente em torno de dois vínculos, o do *Amor* (principalmente com base nos ensinamentos de Freud), e o do *Ódio* (fortemente apoiado nas concepções kleinianas), sendo que coube a Bion, sabidamente um analista com profundas raízes na escola de M. Klein e com um sólido embasamento freudiano, propor uma terceira natureza de vínculo: o do *Conhecimento*, o qual está diretamente ligado à aceitação, ou não, das verdades penosas, tanto as externas como também as internas, e que dizem respeito mais diretamente aos problemas da autoestima dos indivíduos.

Em lugar do clássico conflito entre o amor e ódio, Bion propôs uma ênfase no *conflito entre as emoções e as antiemoções* presentes em um mesmo vínculo. Assim, ele postulou que o "menos amor" (- L) não é o mesmo que sentir ódio e que, tampouco, o "menos ódio" (- H) significa amor. O vínculo de "menos amor" alude à uma *oposição à emoção do amor*, o que pode ser ilustrado com a situação de *puritanismo* e a de *samaritanismo*, ou seja, em nome do amor o sujeito se opõe à obtenção da emoção do prazer. Nesses casos, a manifestação externa adquire a aparência de amor, que, ainda que seja falso, não significa que esteja havendo ódio.

Comentário

Um exemplo de "-L" que me ocorre seria o caso de uma mãe que pode amar intensamente ao seu filho, porém ela o faz de uma forma simbiótica, possessiva e sufocante de modo que, embora sem ódio, o seu amor samaritânico, cheio de sacrifícios pessoais e com renúncia ao prazer próprio, resulte em resultados negativos, porquanto esse amor funciona como culpígeno (isto é, injeta culpas nos filhos) e infantilizador, já que ela não reconhece e impede o necessário processo de diferenciação, separação e individuação do seu filho.

O vínculo "- H" ("menos ódio") pode ser ilustrado com o estado emocional e a conduta de *hipocrisia*, pela qual o indivíduo está tendo uma atitude manifestamente amorosa por alguém, ao mesmo tempo que existe um certo ódio latente (quando o ódio estiver muito predominante, trata-se de *cinismo*). Portanto, pode-se dizer que no "menos ódio" está presente uma forma de amar que está baseada no ódio, embora o sujeito não se dê conta dele. Em um grau extremo, podem servir como exemplo, as atrocidades que, em nome do amor, foram cometidas pela Santa Inquisição.

Comentário

Visto por um outro ângulo, creio que também pode servir como exemplo aquela situação na qual o indivíduo está sendo manifestamente agressivo com os outros, inclusive com uma emoção de ódio por não estar se sentindo entendido e respeitado, porém, no fundo, é uma agressividade que, simultaneamente com o ódio, está mais a serviço da pulsão de vida do que propriamente à pulsão de morte, assim caracterizando o conflito de uma emoção *versus* uma antiemoção.

Um exemplo comum disso é fácil encontrar em muitos adolescentes que são rotulados como rebeldes e agressivos pelos pais, pelos professores e pela sociedade, porém uma análise mais atenta pode demonstrar que eles estão exercendo uma conduta contestatória, com a finalidade precípua de adquirir um sentimento de identidade própria, ou seja, ser ele mesmo, e não quem os outros querem que ele seja.

Por outro lado, o simples fato de que o Vínculo do Conhecimento (K) esteja intimamente ligado ao mundo das verdades (ou das falsidades e mentiras, no caso de "-K") permite depreender a enorme importância que isto representa para a psicopatologia, se levarmos em conta que os diversos tipos e graus da patologia psíquica dependem justa e diretamente dos tipos e graus de defesa que o ego utiliza para a *negação* do sofrimento mental. Como exemplo de "menos conhecimento", pode servir o "ataque às verdades" que comumente é empregado pela "parte psicótica da personalidade", de sorte que nos casos mais exagerados o sujeito constrói a sua própria verdade, que contraria as leis da lógica e da natureza, querendo a todo custo impô-la aos outros, como se fosse a verdade definitiva.

Pela razão de que esse "vínculo do conhecimento" adquire tamanha importância no ato analítico, ele é assunto de uma parte específica deste livro – a de número IV – de forma bastante mais detalhada, com a abertura de outros vértices oriundos de outras áreas do conhecimento humano.

Conquanto a contribuição de Bion em acrescentar o vínculo do Conhecimento aos do Amor e do Ódio tenha trazido uma grande ampliação e enriquecimento da compreensão das inter-relações humanas em geral, e da situação psicanalítica em particular, penso que a partir das suas próprias concepções pode-se ampliar a conceituação genérica de "vínculo" para outros vértices de vincularidade, além daqueles aportados por Bion e pelos autores antes mencionados, especialmente se levarmos em conta a possibilidade de uma multiplicidade de arranjos que caracterizam as *configurações vinculares,* tal como, mais adiante, será desenvolvido com maior profundidade.

Comentário

Dentro desse contexto que está sendo enfocado, entendo ser de grande utilidade acrescentarmos mais uma modalidade de vínculo que caracterize mais especificamente as vicissitudes radicadas desde a primordial relação mãe-bebê. Proponho que este quarto elo de ligação, o qual considero estar intimamente ligado às etapas narcisistas da organização e evolução da personalidade, seja chamado de Vínculo do Reconhecimento ("R") (essa letra no idioma inglês corresponderia à inicial de *recognizing*).

Esse vínculo "R" abarca quatro acepções com significados diferentes, porém o principal deles alude à ânsia que todo ser humano possui de ser reconhecido pelos demais, como sendo uma pessoa querida, aceita, desejada e admirada pelos seus pares e circunstantes. Quando isso não acontece, o sujeito apela para mecanismos de defesa que assumem configurações vinculares com algum grau de patologia, como pode ser, por exemplo, a construção de um "falso *self*". Um maior detalhamento do Vínculo do Reconhecimento constitui o Capítulo 5 deste livro.

CONFIGURAÇÕES VINCULARES

Conceituação

A expressão *configuração vincular* designa o fato de que cada pessoa contrai com uma outra, ou com várias outras pessoas, uma configuração típica de inter-relacionamento, em que os quatro tipos de vínculos com os seus respectivos derivados, provindos de todos participantes no relacionamento, se entrecruzam e se complementam, de forma sadia ou patológica, com uma alta possibilidade de diferentes combinações, assim determinando distintas configurações vinculares.

Por vezes, a estruturação que configura o tipo de vínculo guarda raízes tão antigas e profundas que pode acontecer que uma pessoa pode variar bastante de parceiro(s), porém permanece mantida a invariância de que a natureza da essência do tipo de configuração vincular (por exemplo, sado-masoquista) se mantenha inalterável. Mais adiante faremos uma revisão mais aprofundada dos tipos de configurações e do comportamento dos quatro vínculos, tanto na psicanálise, quanto no cotidiano de nossas vidas.

Talvez uma metáfora possa esclarecer melhor o conceito de configuração vincular. Assim, embora as sete notas musicais – dó, ré, mi, fá, sol, lá, si – possam ocupar lugares distintos na escala musical (por exemplo, dó maior, menor, bemol, sustenido...) quando teclados isoladamente, cada uma delas não dá mais do que um som isolado; porém, quando "vinculadas" com as distintas combinações das notas entre si, forma-se um arranjo musical, num espectro de possibilidades que vão desde simples acordes até a composição de configurações musicais sob a forma de complexos e belos concertos de música erudita.

Igualmente, cabe metaforizar com as 23 letras simples do nosso alfabeto que, em diferentes arranjos entre si, formam palavras, as quais, reunidas, formam frases que, por sua vez, quando vinculadas umas às outras, compõem orações que se constituem como base de novos arranjos, na composição de textos, bem ou mal construídos; discursos úteis ou demagógicos; ou belas (e, também, feias) obras literárias, etc. As referidas configurações adquirem desenhos e significações que podem ser extremamente distintas entre si.

É evidente que poderíamos prosseguir neste metaforismo, incluindo os dez algarismos básicos – de 0 a 9 – que permitem formar números simples, ou números que significam bilhões ou trilhões de unidades, ou equações aritméticas altamente complexas, etc.

Ainda cabe a metáfora com o aparelho chamado "caleidoscópio", que é composto de um conjunto de pedrinhas de coloridos diferentes, que estão encerradas numa caixa de papelão especialmente preparada, de modo que com o giro da caixa, as pedrinhas vão mudando de lugar, se superpondo, e adquirindo desenhos os mais variados e coloridos possíveis.

Em síntese, a concepção de Bion que destaca a influência mútua dos diversos elementos que compõem um mesmo vínculo (por exemplo, o do amor), e destes com outros elementos que compõem um outro tipo predominante de vínculo (por exemplo, o do ódio) permite conjeturar que a noção de vínculos e configurações vinculares adquire uma certa sinonímia com os significados de "estrutura" ou de "sistema", visto que todas essas expressões designam uma continuada interação entre as partes de um todo, com uma influência recíproca das distintas partes entre si e delas com o todo e vice-versa.

Muito mais do que uma simples conceituação teórica sobre Vínculos, torna-se indispensável entendermos que a nova forma de como eles foram descritos, também inovou profundamente a técnica e a prática da psicanálise clínica contemporânea, além de possibilitar um novo olhar de compreensão dos conflitos e dos comportamentos humanos, de obras artísticas, como as literárias, cinematográficas e teatrais, da eclosão de guerras, etc.

As imagens metafóricas antes descritas servem para ilustrar o fato de que cada um dos quatro vínculos, na sequência deste livro, serão discriminados, separadamente, com a seguinte distribuição: o Vínculo do Amor será abordado no Capítulo 2; o Vínculo do Ódio, no Capítulo 3; o Vínculo do Conhecimento, no Capítulo 4; o Vínculo do Reconhecimento, no Capítulo 5.

Cada um desses vínculos se apresenta com as suas respectivas configurações vinculares próprias, sadias ou patológicas, tanto na psicanálise como também em outros campos do conhecimento e do relacionamento humano. Sempre que possível, cada um dos quatro vínculos enfocará alguns aspectos da *dinâmica grupal* que se processa em cada um deles.

A neurociência na vincularidade

Freud fez duas profecias geniais às quais o correr das décadas acabou dando razão. A primeira é a de quando ele previu ("pré-viu") que "o futuro da psicanálise reside na compreensão dos mecanismos e potenciais que estão contidos nas células humanas". Basta certificarmos o quanto a bioquímica celular, muito especialmente dos circuitos neuronais, possibilitou o advento de uma moderna psicofarmacologia e, assim, determinados quadros clínicos de prognóstico sombrio, como, por exemplo, depressões, pânico, certas formas de psicoses, entre outros, passaram a ser tratados nas últimas décadas, beneficiando enormemente as pessoas portadoras desses transtornos. Ou seja, Freud estava certo na sua previsão!

A segunda profecia de Freud está contida no seu *Projeto de uma psicologia científica para neurólogos*, escrito em 1895, o qual somente veio a ser descoberto muitos anos mais tarde, entre escritos abandonados por ele, de modo que este notável trabalho só veio a ser publicado em 1950. Pois bem, este livro se constitui como um fabuloso marco de uma incontestável conexão entre a fisiologia cerebral e neuronal em geral e as concepções próprias dos fenômenos e dos transtornos psíquicos, as quais sempre foram estudadas e publicadas pela psicanálise, e agora aparecem como aliadas da psiquiatria, da bioquímica e das neurociências.

As modernas neuroimagens até pouco tempo atrás eram chamadas de "rádio-imagens", porém o progresso da tecnologia, na atualidade, produz excelentes imagens, substituindo as daninhas emissões de rádio por ondas magnéticas que não causam danos à saúde. Portanto, mais uma vez, estão sendo confirmadas as predições freudianas, como as hipóteses neurobiológicas sobre memória, percepção, consciência – que, até então, era exclusividade de filósofos –, juízo crítico, pensamento, raciocínio, conhecimento, emoções, pulsões e sonhos, em uma época em que o primitivismo tecnológico impedia de confirmá-las. Porém, o enorme avanço deste campo da dinâmica radiológica (ou de neuroimagens), cada vez mais, está revelando, em bases também orgânicas, o que, até certa época, se constituía como sendo os "mistérios do psiquismo".

A neurociência, durante muito tempo, foi evoluindo num ritmo demasiado lento, até que, impulsionado pelos notáveis avanços tecnológicos, ela teve um espetacular avanço, ao ponto de os anos de 1990 serem considerados como sendo "a década da neurociência". É evidente que existem alguns abusos que levam alguns interessados nessa área a superestimarem a eficiência das neurociências, à custa de um rebaixamento da importância dos conceitos psicanalíticos.

Por exemplo, a neurociência pode comprovar as reações químicas, provindas de estímulos neuronais, com a circulação de determinadas substâncias neurotransmissoras de uma mãe ou do bebê no vínculo entre ambos, porém isso jamais substituirá a qualidade de "função de maternagem" da mãe, com as importantíssimas consequências, positivas ou negativas, no desenvolvimento e na formação da personalidade de seu filho.

É justo destacarmos o nome de Eric Kandel, neurocientista, ganhador do prêmio Nobel de 2000, em seu artigo "A Biologia e o Futuro da Psicanálise" (1999). Ele associa o antigo apego afetivo com recentes pesquisas no campo experimental em cobaias, em relação à separação da mãe e seus efeitos na região cerebral do hipocampo. Ficou, então, comprovado que experiências primitivas, traumáticas e repetidas, com consequente alto nível de glicocorticóides, causam atrofia dos neurônios do hipocampo, reversíveis, quando os estresses provocados ou a exposição aos glicocorticóides for interrompida.

No entanto, quando o estresse é prolongado e/ou muito intenso ocorrem e permanecem danos, resultando em uma destruição real dos neurônios, com repercussão no hipocampo, tanto nas funções da memória, quanto na do aprendizado. Daí surge uma amnésia (é diferente de repressão) com falhas, faltas e, penso eu, provavelmente com a formação de "vazios", quando o mesmo ocorrer com bebês humanos.

Em resumo, a neurociência é um termo que reúne as disciplinas que estudam o sistema nervoso normal e o patológico, especialmente a anatomia e fisiologia do cérebro, inter-relacionando-as com as teorias da informação, semiótica, linguística e demais ciências, como a neurobiologia, a neurofisiologia, a neuropsicologia, a neurofarmacologia e a neuropsicofarmacologia.

Essas últimas continuam estendendo essa aplicação a distintas especialidades médicas como, por exemplo, a neuropsiquiatria, neuroendocrinologia, neuroimunologia e, mais recentemente, a neuropsicanálise. Não obstante, de forma bastante sintética, em cada um dos textos sobre os quatro vínculos que seguem, haverá um espaço para destacar algumas correlações desses vínculos com aspectos próprios das neurociências.

2

O Vínculo do Amor

ETIMOLOGIA E CONCEITUAÇÃO

Gosto de iniciar a feitura de algum texto importante declinando a *etimologia* da palavra-chave do assunto em pauta. No entanto, confesso que, não obstante eu tenha consultado uma grande quantidade de dicionários e de outras fontes etimológicas, nenhuma preencheu o meu desejo de conhecer a evolução histórica, através da etimologia, da palavra "amor", designadora deste sentimento universal, presente em todas as épocas e latitudes. Assim, o máximo que consegui em todas minhas pesquisas é que praticamente a totalidade das minhas fontes de consulta se limitavam a dizer que a palavra "amor" vem do latim *amore* o que, dito assim, isoladamente, não me acrescentava em nada.

Assim, peço permissão ao leitor para que – sem o rigor de uma confirmação linguística amparada por uma totalidade de pesquisa séria – eu arrisque uma cogitação pessoal, de que o termo "amor" – pelo menos no vernáculo português e demais idiomas latinos – possa proceder do prefixo latino *a* (ausência, ou exclusão de...) e de *mors* que, em latim, tem um significado ligado à "morte" (o genitivo de *mors* é *mortis*, e daí, creio, derivam as palavras "morte", "morgue", "mortalha", "mórbido", "moribundo", "mortuária" (câmara), "mortal" ou "imortal"), "mortífero", "mortandade"...

Caso tal especulação esteja correta, essa possível etimologia estaria harmônica com o princípio fundamental de Freud quanto à existência das "pulsões de vida" (que também chamava como "pulsões de amor", ou de "Eros") e as pulsões instintivas de "morte" (também chamadas por ele de "agressivas" ou de "Tânatos"). Nessa reflexão, o sentimento de amor seria resultante de uma larga predominância dele sobre as pulsões de ódio que, virtualmente, estariam excluídas, sem (= *a*) uma presença forte e permanente dessas pulsões de morte (= *mors*) ou seja, a- mors significaria "sem a pulsão de morte, logo, com a de vida, a do amor".

Observação

> Caro leitor, o trecho acima já estava escrito, quando consegui encontrar, num "sebo", um antigo *Vocabulário Latino*, de autoria de José A. Alencar (1944), no qual consta o termo "mors", com a seguinte explicação: "de origem latina, *mors-mortis*, relaciona-se com o grego "móros" que, entre outras significações, também significa morte, falecimento, óbito." Também constam algumas translações (segue uma série de palavras derivadas, praticamente as mesmas que estão no texto que redigi antes).

De qualquer modo, o vocábulo que designa o sentimento de "amor", nos mais distintos idiomas, certamente, é o mais badalado, narrado, poetizado, encenado, filmado, cantado e decantado em todos os respectivos idiomas e regiões do globo terrestre. Da mesma forma, temos inúmeras referências amorosas nas narrativas históricas, contidas nos mitos, na bíblia, na religião, em achados arqueológicos, nas criações artísticas, na literatura, poesia, cinema, pintura, música, teatro, etc., além, é claro, das experiências pessoais de cada um de nós. Todas essas manifestações comprovam que o sentimento de amor, desde as eras pré-históricas até a atualidade, comporta-se como a mais importante mola propulsora da vida.

Assim, em suas múltiplas, intensas e variadas formas de acontecer, sempre mescladas, um pouco ou bastante, com o ódio, merece ser alvo de uma atenção muito especial, nas principais áreas em que o sentimento amoroso esteja presente, nas pequenas e grandes alegrias e tristezas; em momentos de felicidade e em outros dramáticos ou até trágicos; de uma forma sadia ou patológica que, então, o amor pode ser de uma paixão cega, ou intensamente erotizado e, em um outro extremo, não ser mais do que um amor platônico, etc.

Dizendo com outras palavras: o vocábulo "amor" presta-se a múltiplos significados na língua portuguesa, de modo que ele tanto pode significar afeição quanto paixão, compaixão (linda palavra, formada de *com + paixão*), misericórdia, solidariedade, sexo (por exemplo, "amor, vamos fazer amor?"), entre tantas outras significações mais. Da mesma maneira, é comum empregarmos a palavra "amor" seguida de uma característica mais marcante, como, por exemplo amor erótico, amor platônico, amor a deus, amor à vida, amor à profissão, à música, a viagens, ao clube de futebol pelo qual o sujeito torce, etc.,etc.

O grego possui muitas palavras para "amor", cada qual demonstrando um sentido específico: assim, *Eros* designa o amor que se liga de forma mais manifesta à atração física. *Psyque*, ao contrário, representa o sentimento profundo e espiritual. Da mesma forma, no latim encontramos os termos: *Amor, Dilectio, Charitas* e também *Eros,* tal como aparece na mitologia grega.

Diante dessa multiplicidade de vértices de abordagem dos vínculos e configurações vinculares referentes ao sentimento de amor, com variadas dimensões que se passam em distintas áreas do conhecimento humano e com características diferenciadas entre si, creio ser mais adequado dar continuidade a esta parte do livro, abrindo uma série de subtítulos, na seguinte sequência: O amor na mitologia; O amor na religião; O amor na filosofia; O amor do ponto de vista da psicanálise; Diversas modalidades de amar e de ser amado; O amor de transferência, na psicanálise; O amor paixão; O amor platônico; O amor tantalizante; Amor acompanhado por uma fobia ao casamento; A infidelidade no amor; O amor pela internet; O amor homossexual; Uma carta de Freud enviada à mãe de um homossexual; A resiliência como uma forma de amor; A bioquímica do amor; A sexualidade no velho; As diferentes formas de amor nas famílias; Perfil amoroso das famílias.

O AMOR NA MITOLOGIA

São inúmeros os mitos gregos que enfocam as vicissitudes do amor, principalmente os vínculos que se processavam entre os deuses do Olimpo, num misto de narrativas com predominância de vínculos conjugais, traições, intrigas, tramas, ciúme, inveja, disputa pelo poder, ameaças e castigos, de modo que reproduzem as mesmas grandezas e baixezas que se passam na realidade dos simples mortais que habitam o nosso mundo todo.

É útil lembrar que os mitos gregos foram formados a partir de lendas que foram transmitidas oralmente de geração à geração, e por isso sofreram inúmeras modificações, resultando numa variação muito grande de descrições, interpretações, sentidos e significados.

Para dar um exemplo de como a mitologia retrata os amores perversos que impregnavam o Olimpo dos deuses, basta lembrar a narrativa que envolve Zeus (Júpiter, em latim, romano), deus dos deuses. Conta a mitologia grega que Zeus apaixonou-se por Alcmena, a mais bela mulher de Tebas e, usando o recurso de travestir-se de Anfitrion, esposo dela, Zeus a fecundou e gerou o filho Héracles. Isso desgostou Hera, a esposa de Zeus, que passou a infernizar a vida deste filho espúrio.

No entanto, Héracles era o mais forte de todos os homens, porém ele caracterizava-se pela força bruta, comportamento passional e a sua vida foi uma sucessão de tragédias. Este mito comprova o quanto a fantasia humana daquilo que se passava, por projeção dos homens comuns, para a dimensão imaginária dos deuses, é uma fiel tradução do que se passa, em grau maior ou menor, em qualquer lugar e época do reino humano.

Não caberia, aqui, por um problema de espaço, esmiuçar os múltiplos mitos que envolvem o amor, embora as narrativas sejam muito interessantes, como seriam os clássicos amores mitológicos dos pares amorosos *Orfeu e Eurídice* (a essência desse mito: descer ao inferno e libertar a alma prisioneira); *Eros e Psiquê* (será relatado mais adiante); *Teseu e Ariadne* (a arte de vencer nossa brutalidade e encontrar o fio da vida); *Jasão e Medeia* (para entender a força do amor e do ódio); *Afrodite e Adônis* (para entender que a beleza e o amor foram feitos para ser dados e nunca guardados); *Helena de Tróia e Paris Alexandre* (para entender os desvarios do amor); *Narciso, Eco e Pan* (este mito está descrito no Capítulo 5 deste livro, no Vínculo do Reconhecimento – o aprendizado que se extrai deste mito é para aprender a não amar a quem só ama a si mesmo e não entregar a vida por um sentimento de amor não correspondido); entre outros tantos mais "casos amorosos" na mitologia.

No entanto, unicamente para exemplificar, optei por relatar sucintamente dois mitos. Um, já bastante conhecido, é o que diz respeito ao rei Édipo e o – supostamente involuntário – envolvimento dele com Jocasta, sua mãe biológica, e o assassinato de Laio, seu pai biológico. O segundo mito se refere a Eros.

Édipo

O mito de Édipo, tal como foi magistralmente descrito por Sófocles na sua tragédia teatral *Édipo Rei*, ganhou uma perene e universal relevância pelo fato de que inspirou Freud a estudar este mito em termos de como o inconsciente, de forma sutil, realizou o desejo que habita o psiquismo de uma criança, no período etário de 3 a 5 anos, para matar o rival pai e possuir a mãe. Freud acreditou que essa fantasia era universal e, por isso, a cunhou com o consagrado nome de "Complexo de Édipo".

Cabe, de forma reduzida, recordar o *Mito de Édipo*, na versão de Sófocles: Tirésias, o vidente tinha profetizado que Édipo mataria o seu pai e desposaria sua mãe. Diante dessa tenebrosa profecia, que foi transmitida pelo oráculo de Delfos, seu pai biológico, Laio, juntamente com a sua esposa, Jocasta (mãe de Édipo), decidem matar o bebê Édipo logo que ele nasce. Para tanto, entregam-no a um empregado-escravo, a quem ordenam a que leve Édipo a uma montanha deserta e que lá ele fosse dependurado, amarrado pelas pernas numa árvore, para ser devorado e destruído pelas feras soltas.

Assim, foi Laio quem fez Édipo começar sua odisseia ao nascer, ao mandá-lo para longe, a fim de ser morto. O escravo cumpre a ordem, porém apiedado por Édipo, decide não executá-lo e, então, decide poupar o bebê que veio a ser adotado por Políbio e esposa.

Muito tempo depois, a cidade de Tebas encontrava-se assolada por uma peste e seus cidadãos morriam em grande número. Durante o curso dos acontecimentos necessários ao levantamento do flagelo, surge a seguinte situação: Laio fora assassinado, com todos os seus servos, à exceção de um, numa encruzilhada de três estradas. Édipo, que estava envolvido na batalha que redundou na morte de seu pai, em sua perplexidade e confusão ante o desenrolar da história, e irado pela suspeita, vociferando contra a profecia que se concretizou, resolve seguir em frente na investigação, determinado a descobrir tudo, por mais trágico que fosse. Uma vez convicto de que a profecia era verdadeira, que realmente ele matou Laio, e desposou Jocasta, a tragédia começa a se desenrolar: Jocasta, horrorizada por descobrir que era casada com seu próprio filho, enforca-se. Édipo, crente de que seu pecado é que gerou o flagelo que estava matando tantos concidadãos inocentes, retira os broches de ouro dela e, com eles, perfura seus olhos. A seguir, apresentando-se aos tebanos, cego e ensanguentado, anuncia-se, em benefício deles, como sendo o assassino do rei deles e o profanador do leito da própria mãe, amaldiçoando o pastor que o salvara da morte, anos antes. Creonte, irmão de Jocasta, conduz Édipo para Colona, em seu exílio de cegueira e tormento.

Comentário

Este mito que serviu de inspiração e base principal para Freud construir o seu edifício teórico da psicanálise, e considerar o complexo edipiano universal, e o principal estruturador do psiquismo humano, permite inúmeras interpretações quanto aos possíveis significados. Sem adentrar nos meandros do entendimento psicanalítico deste mito, é útil realçar nesse consagrado mito, a existência de amor, de ódio, culpa, castigo, autopunição, pensamento mágico, uma espécie de compulsão em seguir o "destino" traçado por forças superiores, etc.

Na atualidade, a psicanálise não converge unicamente para o complexo edípico como o maior responsável pela instalação das diversas modalidades de neuroses. Desta maneira, existe uma crescente importância às fases mais precoces do desenvolvimento humano, desde a condição de bebê recém-nascido (ou ainda no útero, durante a gestação), que é denominado como sendo o "período do narcisismo", que após segue na evolução do psiquismo, intimamente entrosado com o período edípico que surge mais adiante.

Assim, é interessante refletir sobre as ponderações que um célebre psicanalista britânico – **R. Fairbairn** – faz a propósito do mito de Édipo, principalmente em relação às histerias, em relação às quais este autor (1954) já destacava o seu parecer de que a *sexualidade do histérico é no seu fundo extremamente oral e que a sua oralidade básica manifesta-se de forma acentuadamente genital*, sendo que podemos considerar altamente significativa a sua afirmativa de que "ainda não analisei nenhum histérico, homem ou mulher, que, no fundo, não fosse um inveterado buscador do seio materno". Aliás, em seu artigo "Observações sobre a Natureza dos Estados Histéricos", este autor nos brinda com essa bela passagem que bem ilustra o que aqui estamos enfocando:

> É notável que o interesse psicanalítico sobre a clássica história de Édipo tenha se concentrado sobre os atos finais do drama. No entanto, como uma unidade, é importante reconhecer que o Édipo que mata a seu pai e desposa sua mãe começou sua vida exposto em uma montanha, *e assim esteve privado de cuidados maternais* (o grifo é meu) em todos seus aspectos, durante uma etapa na qual sua mãe deveria constituir-se no seu objeto essencial e exclusivo.

Eros

Presente em diferentes culturas, Eros – Amor – é descrito de formas muito diversas, conforme a fonte que canta, encena e dá um sabor poético a este mito. Assim, na tradição grega, o poeta Hesíodo (viveu no século VII a.C.) descreveu Eros como sendo uma poderosa energia que impele para a ação e que sempre vem acompanhado por sua contraface Anteros (antieros?). Em outras descrições acerca deste mito, Eros (Cupido, para os romanos), filho de Afrodite e Aries, aparece como um jovem (ou uma criança travessa) que, na crença de muitos, na sua aljava (estojo para guardar setas, que se usava pendente do ombro) carregava somente a flecha do amor (com o fim de flechar corações para torná-los apaixonados), enquanto, para muitos outros, ele também carregava a flecha do ódio.

Acontece que, no mito, o próprio Eros se apaixona por Psique (essa palavra grega significa "alma"). Sua mãe, Afrodite, invejosa da beleza de Psique, afasta-a do filho e a submete às mais difíceis provas e sofrimentos, dando-lhe como companheira a Inquietude e a Tristeza, até que Zeus, atendendo aos apelos de Eros, liberta Psique para que o casal se una novamente.

Já no campo da filosofia, num dos mais conhecidos diálogos de Platão, "O Banquete", Eros foi o tema central do debate, entre os convivas do banquete, cabendo a cada um deles dissertar sobre "o que", ou "quem", seria Eros. Um dos debatedores o descreveu como sendo "sempre pobre, longe de ser delicado e belo, como a maioria imagina". Neste mesmo banquete, o personagem Sócrates, o último dos oradores do referido diálogo, falando através de seu porta-voz Platão, começa dizendo que Eros representa "um anelo de qualquer coisa que não se tem e se deseja ter".

A verdade é que o mito de Eros alcançou tamanha relevância, que atravessou todas as fronteiras geográficas, o que propiciou que se encontre na Índia uma representação de deus sob a forma de um jovem forte e vigoroso, carregando consigo um arco e uma aljava com setas do amor (e, muitos se perguntam: de ódio também?). Isso confirmaria a futura concepção metapsicológica de Freud que postulou a permanente existência simultânea de pulsões de vida (amor) e de morte (Tânatos).

O AMOR NA RELIGIÃO

A instituição da Religião na vida dos seres humanos da Antiguidade representa uma grande importância na benéfica evolução dos indivíduos e dos grupos humanos. Assim, cabe recordar que registros históricos atestam que nossos primitivos ancestrais viviam unicamente em função da natureza onde viviam, tanto em termos climáticos e enfrentamentos de acidentes geográficos como, e principalmente, em busca de alimentos e de abrigos, como forma instintiva de sobrevivência humana e de preservação da espécie.

Até aí, os humanos não se diferenciavam totalmente das espécies mamíferas do reino animal, com a ressalva de que os humanos começaram a levar vantagem no enfrentamento e na adaptação à natureza, a partir de sua aquisição da condição de serem bípedes e, aos poucos, irem adquirindo o dom da simbolização, o que lhes facultou possuir o símbolo mais nobre de todos, ou seja, a palavra, logo, a linguagem verbal, com um enorme passo em direção à comunicação.

No entanto, embora os homens primitivos fossem se agrupando progressivamente em famílias, clãs, tribos e comunidades, a necessidade de sobrevivência provocava lutas e verdadeiras batalhas entre eles, em que os mais fortes trucidavam e, às vezes, exterminavam com os mais fracos. A continuada formação de agrupamentos e grupos foi promovendo um esboço de socialização, o que permitiu uma junção das forças em cada uma das tribos rivais.

Ao longo dos séculos, à medida que o ser humano progredia em suas capacidades de comunicação, fabricação de instrumentos para caça, pesca e lavoura, começaram as suas primeiras indagações acerca de encontrar explicações para os enigmas e mistérios dos fenômenos da natureza, da vida e da morte. Como lhes faltavam recursos intelectuais, especialmente de conhecimentos (da física, por exemplo), tentavam achar as explicações através de um pensamento primitivo, mágico, o que deu origem à criação de inúmeros mitos, que hoje estudamos na ciência da mitologia.

Creio que cabe afirmar que a mitologia foi a primeira religião primitiva, se levarmos em conta que os primitivos se *ligavam* para encontrar respostas e soluções, para a guerra e para a paz. O verbo "ligar", supramencionado, está destacado justamente para lembrar que a palavra "religião", etimologicamente, procede dos étimos latinos *re + ligare*, isto é, esta foi a mais nobre das funções da religião; ou seja, re-ligando os nossos antepassados atávicos, que estavam dispersos, envolvidos em lutas fratricidas (não é muito diferente do que se passa na atualidade, não obstante a moderna tecnologia e os armamentos muitíssimo mais sofisticados).

Então, os líderes religiosos espontaneamente surgiam (é evidente que na vigência do pensamento mágico, os primeiros líderes eram os demiurgos, xamãs, sacerdotes, bruxos e outros poderosos equivalentes) e, com o passar das sucessivas gerações, as religiões ficaram mais elaboradas e propiciaram a crença num único ou em vários deuses, de sorte que se consagrou a crença de que havia uma relação entre o homem e um poder sobre-humano, perante o qual ele se submete, acredita e depende. Assim, os seres primitivos foram aprendendo a controlar e a administrar os seus impulsos instintivos, graças aos fundamentos religiosos.

Da mesma forma, as distintas religiões, à maneira própria de cada uma delas, foram valorizando as emoções humanas, plantando conceitos e crenças, além de ações que os congregavam, sob a forma de catequese, rituais, culto, missas, código de ética e, muito especialmente, a apologia do amor nos seus aspectos mais virtuosos, como a solidariedade, etc.

No tocante à busca de respostas para os enigmas da natureza, aos poucos, a religião primitiva, foi cedendo espaço para os primeiros filósofos, pré-socráticos, também chamados "filósofos da natureza". No entanto, a religiões continuam vivas e muito atuantes, tanto que podemos afirmar com convicção que não existe raça, ou tribo, ou povo de nação, seja qual for, que não tenha algum tipo de religião. Todas elas ainda giram em torno desta questão: "Deus existe?", e a melhor resposta até a atualidade é a de que o pensamento lógico, por mais abstrato que ele seja, ainda não possibilita uma resposta objetiva.

Dessa maneira, é incontestável que as religiões exerceram e ainda exercem uma função de influência bastante positiva, porém não tem como negar que, os líderes religiosos, são pessoas humanas como todos nós, portanto, à parte do lado espiritual, todos estão sujeitos às mesmas vicissitudes que provêm das pulsões instintivas inerentes à condição humana.

Assim, é certo que as pulsões amorosas convivem com as agressivas, fato este que justifica a razão pela qual no mundo da cúpula da religiosidade, a história universal, nos são relatadas tantas ações violentas processadas em nome do amor: um exemplo flagrante é o relativo à guerra em que os cruzados, em nome de uma santa necessidade – amorosa – de implantar no Oriente a pureza da religião católica, recrutaram um número enorme de crentes, fizeram um deslocamento que foi por demais longínquo, demorado, caro e que, pior de tudo, custou à humanidade um aterrador número de mortes.

Hoje cabe a pergunta: para o que mesmo, qual o benefício que resultou que justifique ter-se pago um preço tão alto?

Da mesma forma, ninguém duvida que tanto na história quanto na atualidade, da mesma forma como em todas as áreas do mundo em geral, também existe uma fogueira de vaidades e uma volúpia pelo poder por parte das cúpulas religiosas, além da existência de, um sabido, grande número de pedófilos (na igreja católica, por exemplo, recentemente, isso foi comprovado em clérigos, nos Estados Unidos). Ademais, sempre houve querelas entre as religiões e os chefes de estado, muitas dissidências e conflitos entre uma religião e outra, embora do mesmo credo (o cristão, por exemplo), além de uma marcante rigidez na aceitação de novos pontos de vista.

No entanto, talvez o aspecto mais marcante nesta mescla de amor e de ódio no mundo das religiões possa ser comprovado nas religiões fundamentalistas; neste caso, não existia a menor possibilidade de se estabelecer um diálogo que pudesse (ou possa, nos dias atuais) aproximar as fanáticas facções contrárias. Disso resulta uma explosão de ódio vingativo por parte de todas as facções em litígio, embora todos jurem, e transmitam às novas gerações, seguir uma doutrinação que faz uma intensa apologia da continuação das ações violentas, numa total crença de que tudo isso é feito em nome da justiça e do amor.

Na atualidade, muitos autores psicanalíticos procuram traçar uma conexão entre os preceitos religiosos-teológicos e os psicanalíticos. Assim, Bion dedicou uma grande parte de sua obra ao estudo do lado espiritual da psicanálise, postulando as suas ideias de uma visão holística (total, sistêmica) do ser humano, de modo que ele enfatizava o valor de conhecer o plano da mística e do misticismo como o melhor caminho para chegar até uma fusão com Deus e a divindade.

Numa comparação entre a religião e a mística, Bion dizia: "A religião separa; a mística reúne. Há várias religiões, mas a mística é uma só". Numa recomendação aos psicanalistas, ele fez essa afirmativa: "Ir da Religião à Mística é igual a ir do sensorial para o plano artístico, muito mais espiritual". Assim, eu próprio animei-me em escrever um texto (*Bion: Da Teoria à Prática*, 2ª edição, Artmed, Porto Alegre, 2004), em que proponho fazer uma aproximação entre a moderna psicanálise e muitas posições espirituais encontradas no zen-budismo. Como síntese disso, cabe assinalar que a filosofia zen consiste nesta frase: "conhecer o passado é ficar seguro no presente e saber onde ir para o futuro", a qual, creio que o leitor vai concordar, também se enquadra na filosofia da psicanálise.

Em relação ao amor propriamente dito, em termos de vínculos amorosos, cabe lembrar que a visão "platônica-cristã" dissocia o amor espiritual do amor carnal e associa sexo ao pecado, a não ser quando tem por finalidade a reprodução. Muitos apóstolos pregavam que "o homem deve lutar contra a tentação, procurando todos os meios de fugir à luxúria, isto é, contra a sensualidade". Por outro lado, a Reforma protestante retoma essa temática e enaltece o "trabalho" como uma grande fonte de sublimação, que ocasiona uma purificação. Assim, eles louvavam as obras, a obtenção da riqueza, a prosperidade, como sendo sinais da escolha divina.

De modo geral, as próprias religiões reconhecem que o amor "puro" e a luxúria andam muito próximos um do outro, e foi justamente para evitar que esses sentimentos se misturem (como aparece claramente no célebre filme *A bela da tarde*, onde uma bela mulher da alta sociedade, casada e dedicada aos filhos, à tarde frequenta um bordel) é que tomaram cautelas rígidas.

O AMOR NA FILOSOFIA

Como não poderia deixar de ser, são inúmeros os filósofos, de todos os tempos, que se debruçaram a desvendar os mistérios do sentimento do amor em suas variadas configurações. Alguns deles – como, por exemplo, Aristóteles e Santo Agostinho – afirmavam publicamente que a mulher era um ser inferior, e o seu papel na vida ficava quase que exclusivamente a um papel de reprodutora. Outros tantos filósofos têm em sua biografia uma vida afetiva bastante complicada e, como exemplo caberia citarmos o próprio Sócrates, posteriormente Schopenhauer, Nietzsche, entre outros mais. Para não nos determos demasiado na citação de muitos filósofos, fica justificado que nos restrinjamos a Platão que, em sua clássica obra "O Banquete", funciona como "porta-voz" de inúmeros personagens que debatem o tema do amor. Assim, o próprio Platão revelou um grande interesse pelo assunto relativo ao amor, de sorte que em seus *Diálogos* ele discrimina três tipos de amor:

1. o amor terreno (do corpo);
2. o amor da alma (celestial, que leva ao conhecimento e, também, o produz);
3. um amor que consiste numa mistura dos dois anteriores. Os três tipos de amor consistem basicamente num desejo de possuir algo que falta.

Platão também descreveu o que ele chamou de "amor ideal", tal como está descrito um pouco mais adiante, neste livro (no subtítulo "Amor Platônico"). Também é justo reconhecer que Platão, no "Banquete" usa o mito de Eros para, através de seu personagem Sócrates, ilustrar a sua afirmação de que: "Eros é descendente de Poros (Riqueza) e de Penia (Pobreza; de Penia, surgiu a palavra 'penúria'). Seu significado reside na ânsia de sair da situação de penúria para a de riqueza; é a oscilação entre o possuir e o não possuir". Assim, pode-se dizer que, a partir das discussões em torno das diversas visões a respeito do amor, principalmente as do seu personagem Sócrates, Platão estabelece uma pioneira relação entre a mitologia (Eros) e a filosofia.

Creio que a distinção que Platão estabeleceu – entre o amor terreno, corporal, e o amor mais espiritual, da alma, celestial – possa estar sendo bem retratada pelo louvado poeta Otávio Paz que, em seu *A dupla chama: amor e erotismo*, de forma poética, traça uma bela metáfora entre as duas faces do amor descritas por Platão, e a chama de uma vela, através desta sua definição: "O fogo original e primordial, a sexualidade, levanta a chama vermelha do erotismo e esta, por sua vez, sustenta outra chama, azul e trêmula: a do amor. Erotismo e amor: a dupla chama da vida" (1995, p. 7).

O AMOR DO PONTO DE VISTA DA PSICANÁLISE

Na concepção original de **Freud**, o amor é considerado como sendo uma modalidade de manifestação das pulsões sexuais, o que supõe um investimento libidinal (isto é, de desejos) do objeto total, assim se diferenciando das pulsões parciais. Nesta última hipótese, estaríamos mais no campo normal do período evolutivo da criança – o do narcisismo. Às pulsões sexuais nesta época, ele deu o nome de "fase perverso-polimorfa", a qual, se continuasse vigente no caso de um adulto, seria mais típica das perversões sexuais. Dessa maneira, o amor então comportava formas pré-genitais e genitais, ambas ambivalentes.

Três fatores eram apontados por Freud como sendo os mais significativos na psicossexualidade infantil:

1. sua emergência;
2. sua elaboração (eu me pergunto se Freud não estaria se referindo às significações que cada criança, de forma diferente uma da outra, estaria dando ao surgimento dessas pulsões);
3. a escolha do objeto.

Como é sabido, não obstante Freud (1914) tenha lançado as sementes de que a escolha do objeto para o incipiente investimento libidinal do bebê pudesse ter uma natureza narcisista (o que ele chamou de "autoerotismo", ou seja, toda a libido do bebê é investida em si próprio), ninguém contesta que, de longe, Freud marcou toda a sua obra relativa às pulsões libidinais amorosas com uma intensa, e quase exclusiva, ênfase no período do triângulo edípico, com os respectivos conflitos.

Isso deu origem aos estudos e às postulações de Freud acerca de fenômenos psíquicos, como são: o mecanismo defensivo de *repressão*; complexo de *castração;* uma importante contribuição ao estudo da formação do *superego*; as *identificações;* a formação dos primeiros *laços sociais,* mais, ou menos, sexualizados; uma contribuição para a *diferenciação* entre o *Eu* e a *realidade exterior;* os ambivalentes conflitos entre os sentimentos de *amor* e de *ódio.*

Pela importância do tema relativo ao sentimento de amor, e a sempre importante participação de Freud, creio que se justifique fazermos uma breve revisão, cronológica, de seus principais textos acerca desta temática. Assim:

Em 1905 *(Três ensaios...)*, Freud postulou que o ato de o bebê mamar no seio da mãe costuma despertar pulsões sexuais – nele e na mãe – e isso se constitui como o protótipo de toda a vida amorosa.

Existem importantes citações de Freud contidas em vários de seus historiais clínicos. Cabe mencionar o seu trabalho sobre Leonardo da Vinci, no qual ele estuda a homossexualidade de Da Vinci, com uma premonição de que a ausência de seu pai desde que ele era criança, proporcionou que sua mãe e ele estabelecessem um forte vínculo de configuração simbiótica-narcisista, tal como aparece no seguinte trecho de seu trabalho *Leonardo da Vinci e uma lembrança de sua infância* (1910): "Assim, como todas as mães insatisfeitas, ela tomou o filhinho no lugar do marido, e pela maturação precoce do erotismo dele, despojou-o de parte de sua masculinidade".

Em 1905, no historial do "pequeno Hans" aparece um nítido triângulo edípico, que redundou num complexo de castração no menino diante da hipotética fúria do pai, que se deslocou para uma "fobia a cavalos". No "Caso Schreber" (1911), Freud descreve como as fantasias de homossexualidade deste juiz de direito se transformaram em delírio de ciúmes e numa erotomania. Neste mesmo trabalho Freud descreve a sua célebre equação das transformações do amor homossexual que não pode ser assumido: assim, o pensamento *eu amo este homem,* sofre sucessivas transformações para: *não, eu o odeio; não é a ele que eu amo, é a ela; não sou eu quem a ama, é ela que me ama* (erotomania).

Em 1910, no trabalho *Contribuições à psicologia da vida amorosa em homens,* Freud estuda uma modalidade de dissociação entre um amar e um desejar eroticamente, e de cujo conflito pode resultar uma "incapacidade para amar". Em 1912, em seu *Observações sobre o amor de transferência,* Freud mostra que não se trata de um amor real, mas, sim, um deslocamento no analista de uma série de fixações provindas do passado. Em 1914, em seu clássico *Para introduzir o narcisismo,* Freud estuda a escolha dos objetos amorosos; de como amam as mulheres narcisistas, sobretudo as que são belas. Assim, ele se aprofunda em considerações sobre as formas narcisistas de amar, os desvios perversos e a homossexualidade. Em 1916, em suas *Conferências introdutórias à psicanálise,* consagradas à teoria da libido, são articuladas diferentes formas de amar, com destaque para a prevalência do egoísmo ou do altruísmo. Em 1919, Freud publica

Uma criança é espancada, que funciona como uma espécie de introdução ao estudo das perversões sexuais, como o masoquismo. Já em 1920, aparecem duas obras de significativa importância: *A psicogênese de um caso de homossexualidade feminina*, em que Freud estuda as características de um "édipo invertido" resultante de um amor, muito ambivalente, da filha pela mãe e o importante clássico *Além do princípio do prazer*, no qual Freud estuda detidamente as inter-relações entre os sentimentos de amor e os de ódio, com as mútuas influências de um sobre o outro, com as respectivas consequências que se refletem na forma de uma pessoa amar e de ser amada.

Muitos outros célebres psicanalistas se debruçaram sobre esta temática do amor, com algumas diferenças entre eles. Assim, enquanto **Melanie Klein** deu um especial realce às fantasias inconscientes e às pulsões de morte (que são sinônimo de sua concepção de "inveja primária"), carregadas de pulsões sádico-destrutivas, com as decorrentes culpas e condutas masoquistas, **D. Winnicott**, ex-fiel seguidor de M. Klein, resolveu tomar uma direção psicanalítica oposta à dela. Assim, este brilhante autor centrou a sua ênfase na importância do meio ambiente que cerca o bebê, especialmente os cuidados da mãe real, no que tange à sua capacidade de *holding* (esta palavra deriva do verbo *to hold* que significa "sustentar"), isto é, a importância de a mãe sustentar tanto física quanto emocionalmente todas as necessidades e emoções de seu filho. Aliás, Winnicott, já desde os primeiros contatos que estabelecem o vínculo mãe-filho, valoriza sobremodo a função do *olhar* (bom ou mau) da mãe, na estruturação do psiquismo da criança. Em outra citação, Winnicott completa: "a criança olha o modo de como sua mãe a olha".

Um outro autor, também gênio da psicanálise, que estudou de forma bastante aprofundada as vicissitudes dos vínculos amorosos, foi **Bion**, que, em meu entender, ficou entre Klein e Winnicott, isto é, ele não supervalorizou a enorme relevância do sadismo invejoso e destrutivo proposto por Klein (que lhe custou um certo descaso pelo lado realmente amoroso da criança, e uma certa miopia em valorizar a mãe real, de carne e osso, e não só a mãe fantasiada pelo bebê, e alvo das identificações projetivas dele) e igualmente, de alguma forma, Bion se distanciou quase que totalmente da existência do mundo das fantasias inconscientes do bebê e das crianças, como, parece, também aconteceu com Winnicott.

Assim, a exemplo da "equação etiológica" de Freud, também Bion atribuiu o desenvolvimento da personalidade de qualquer pessoa a três fatores, com um peso equivalente de importância em cada um deles. O primeiro fator é creditado às características *genético-constitucionais*, herdadas dos pais. O segundo, talvez o que tenha um peso maior, refere-se às condições *ambientais* que cercam o bebê, muito especialmente os cuidados da mãe, mercê de suas capacidades de *rêverie*, continente, empatia e segurança para sobreviver aos ataques da criança – os amorosos, os agressivos e os narcisistas – aspecto este que o aproxima bastante de Winnicott. O terceiro fator se refere aos acontecimentos que se sucedem na *vida exterior real*, mais felizes ou mais traumáticos: a influência de um convívio mais íntimo com novas pessoas (professores, colegas, amigos, cônjuges, etc.) diferentes do modelo de sua família que marcou a sua primeira infância.

Como já foi mencionado anteriormente, também o vínculo do amor se manifesta com uma possível oposição (- L) à emoção do amor (L), fato que pode ser ilustrado com a situação de "puritanismo" ou a de "samaritanismo", ou seja, em nome do amor o sujeito opõe-se à obtenção da emoção de prazer porque os referidos sentimentos amorosos extremados quase sempre se devem a formações reativas contra um ódio subjacente.

Um exemplo de "menos amor, sem ódio" que me ocorre, seria o caso de uma mãe que pode amar intensamente seu filho, porém ela o faz de uma forma "simbiótica", possessiva e sufocante, de modo que, embora sem ódio, o seu amor samaritânico, cheio de sacrifícios pessoais e com renúncia ao prazer próprio, é de resultados negativos, porquanto ele funciona como sendo culpígeno e infantilizador, já que essa mãe se imagina numa gestação eterna, de modo que não reconhece e impede o necessário processo de diferenciação, separação e individuação do seu filho. Uma metáfora que acaba de me ocorrer, talvez esclareça melhor: é a de um sol que é vital para todo ser humano porque ele aquece, ilumina, cria, porém, quando ele é demasiado será deletério porque secará as lavouras, etc.

O que realmente importa é a maneira como as diferentes formas de o nosso paciente amar e de ser amado se configuram dentro dele (em relação a seus objetos e relações objetais, que estão internalizadas) e fora dele (com todas as pessoas com quem convive mais intimamente), sempre levando em conta que os vínculos interpessoais, em grande parte, reproduzem os intrapessoais. Tudo isso, acrescido do fato de que a variação quantitativa e qualitativa dos elementos que compõem o próprio sentimento do amor, mesclado com as, igualmente, distintas formas dos sentimentos de ódio e com as emoções contidas no conhecimento e no reconhecimento desenha diferentes e complexas configurações vinculares amorosas.

Assim, de forma análoga ao que se passa com a escala musical, antes aludida, que permite múltiplos arranjos das notas musicais, de pouco adianta um paciente simplesmente nos dizer que "ama" uma outra pessoa; antes, é necessário discriminar e compreender qual é o *tipo* de sua maneira de amar e de ser amado, quais são as particularidades e idiossincrasias do seu amor, aquilo que aparece manifesto ou se mantém oculto com as respectivas fantasias, ansiedades, defesas, demandas e propósitos.

Trata-se de um amor *sadio*, em que prevalece uma ternura e atração, com recíproco respeito e consideração, ou o único laço entre a dupla é o *erótico*? Ou o vínculo é de *amor platônico*, com muito carinho, porém sem vida genital? Ou de amor *paixão* (e, neste caso, com o lado predominantemente belo, como sendo o prelúdio de um amor saudável, ou a predominância do lado cego e burro de muitas paixões?). É possível que, no casal, prevaleça o *companheirismo* fraterno, muitas vezes num nível de muita harmonia, noutras com tédio e apatia, e noutras com súbitas alternâncias de paz e de guerra.

Também é possível que o amor se configure sob a forma sufocante de um tirânico "controle obsessivo e de poder" de um sobre o outro; ou ele pode estar sendo marcado pela presença – *paranoide* – de um "ciúme delirante" que fica racionalizado como sendo prova de um grande amor. Muitas vezes essa mesma racionalização de um "grande amor" pode não estar mais do que encobrindo um amor de *natureza simbiótica*, alicerçado numa intensa e esterilizante dependência recíproca entre o casal (cabe a metáfora de que um abraço forte demais afoga o amor que se está demonstrando ao outro, e isso, nas exageradas dependências recíprocas, faz com que um obstaculize o crescimento do outro, com um prejuízo da diferenciação e, logo, da individuação). Também é bastante provável que se trate de uma forma de amar que, me parece ser, de longe, a mais frequente de todas, a de um amor de natureza *sadomasoquista* nas suas inúmeras variações quantitativas e qualitativas, no qual surgem fatores inconscientes ancorados em competitividade, inveja, disputa por valores e infindáveis querelas narcisistas. Igualmente, é possível que a configuração vincular predominante seja de natureza *histérica*, ou *perversa*, ou *tantalizante*, ou *psicótica*, ou *narcisista*, ou a de uma "mistura de todas formas" que foram assinaladas. Pode-se dizer que o amor não existe sem uma "identificação recíproca": uma *colusão* que, às vezes, principalmente na paixão, pode ser uma "co-ilusão" do par amoroso, fundado em protótipos infantis que, por sua vez, alicerçam-se na identificação recíproca entre filhos e pais.

Em suma, tanto pode estar acontecendo um vínculo amoroso construtivo, como pode estar prevalecendo, por vezes disfarçada e camuflada, uma agressão escravizante e destrutiva. Uma leitura mais detalhada das diversas formas de configurações vinculares amorosas aparece mais adiante, no subtítulo "Amor Tantalizante" que aborda esta forma de amor como uma forma patológica de amar e ser amado(a).

DIVERSAS MODALIDADES DE AMAR E DE SER AMADO

Dentre um vasto espectro de possibilidades de como os aspectos amorosos se vinculam, com diferentes configurações, vamos nos restringir a enumerar algumas modalidades, que são as que, do viés psicanalítico, aparecem com maior frequência na normalidade e na patologia do amor.

1. *Amor paixão* – tanto no seu lado belo e sadio, quando representa o prelúdio de um amor a ser construído em bases sólidas quanto, como acontece na fase adolescente, onde representa o despontar de uma saudável capacidade para amar. No entanto, também existe o lado cego e burro da paixão, em nome da qual muitas e graves bobagens podem ser cometidas. Mais adiante aparece um subtítulo especial sobre a paixão.
2. *Amor simbiótico* – Em uma aparência de uma plenitude amorosa onde o casal se basta, andando e respirando sempre juntos, em quaisquer circunstâncias, este tipo de amor pode estar encobrindo uma profunda dependência recíproca, onde não existe espaço para uma relativa e necessária autonomia de cada um deles.
3. *Amor sadomasoquista* – Caracteriza-se, em graus e formas variáveis, por uma forma de amar e ser amado em que a constante é a predominância de um permanente jogo de recíprocas acusações desqualificatórias, cobranças, mágoas, ódio com revides vingativos, humilhações diante da presença de outros, etc.
4. *Amor obsessivo tirânico* – Consiste em uma forma tirânica, não raramente cruel, de controle de um sobre o outro, comumente através do poderio de quem tem o dinheiro, que provê o sustento básico do outro, às vezes descendo a níveis de minúcias mesquinhas, impondo sucessivas regras e mandamentos, de forma a podar a liberdade e a criatividade do que fica no papel de subjugado.
5. *Amor histérico* – Sua característica mais marcante é a de que o casal revive uma configuração vincular que, mais comumente em nosso meio, reproduz a de um pai amando e sustentando

a filhinha, embora a recíproca – com a mulher representando ser a mãe enquanto o homem assume o papel do filhinho sendo amparado – cada vez mais, também seja verdadeira. Neste tipo de vínculo amoroso quem está no papel da criança costumeiramente demonstra uma forte e predominante preocupação com sua aparência exterior (para compensar a sensação de vazio e feiúra interior), uma propensão para o consumismo de roupas, joias..., além de uma baixíssima capacidade para tolerar frustrações, o que também gera infindáveis brigas do casal. Assim, o(a) histérico(a) tortura, humilha e inunda o outro de culpas, porém não comete a vingança final porque depende e necessita da sua vítima.

6. *Amor paranoide* – É aquele que gira em torno de desconfianças, principalmente a de um ciúme excessivo por parte de um deles – algumas vezes isso é recíproco, por parte de ambos –, e ainda se jactam da ideia de que este ciúme é uma prova de amor, quando, na verdade, essa forma de ciumeira pode atingir níveis delirantes configurando o estado conhecido na nosologia psiquiátrica com o nome de ciúme patológico.
7. *Amor narcisista* – Neste caso a eleição do(a) parceiro(a) obedece mais propriamente a razões de exibicionismo, e a característica mais marcante é que um deles fica extremamente idealizado pelo outro, enquanto àquele(a) que idealiza excessivamente cabe um papel de manter-se esvaziado, para que o outro, o idealizado, possa brilhar ainda mais. Assim, o narcisismo enrustido daquele que idealiza em demasia pode seguir, de carona, no rastro do brilho do outro, que ficou no papel de idealizado.
8. *Amor perverso* – Alude ao fato de que os dois do casal, em alguma forma e grau, compõem uma parceria que, mercê de um patológico conluio inconsciente entre ambos, transgridem as normas normalmente aceitas nos planos da sexualidade, da ética, dos vínculos familiares e sociais.

Particularmente, eu venho propondo o nome de *Vínculo Tantalizante* a uma, muitíssimo comum, forma patológica de um casal configurar uma relação de "amor" que "nem ata, nem desata". Pela importância e pela alta frequência que este tipo de vínculo amoroso, na base de "nem ata e nem desata", representa na clínica psicanalítica e no cotidiano de inúmeras pessoas, conosco mesmo, ou com familiares, pessoas amigas, etc., decidi abrir um subtítulo especial, logo mais adiante neste capítulo.

A esta altura, é provável que muitos leitores estejam levantando o seguinte questionamento: "mas afinal, como conceituar o *sentimento de amor, ou de paixão, como sendo 'sadios'*, como muitas vezes foi mencionado pelo autor ao longo do texto?"

Esta pergunta é muito oportuna se levarmos em conta que o critério em relação a algo ou alguém como sendo "sadio" é altamente relativo, tanto que alguma pessoa possa usar critérios para considerar como sendo um amor sadio aquilo que uma outra pessoa possa considerar exatamente o oposto, sem que seja rigorosamente possível dizer qual dos dois sujeitos é que está certo ou errado. Independente desta inevitável relatividade de julgamentos, creio que alguns pontos característicos de um amor "sadio" gozam de um consenso.

Assim, é aceitável enumerar os seguintes elementos:

1. A presença de um – recíproco – sentimento de *admiração*.
2. Igualmente, um mútuo sentimento de *empatia e de continência*.
3. Uma boa capacidade de *escuta* (é diferente de uma mera ação de ouvir).
4. Uma *disponibilidade* para os momentos bons e para os maus.
5. Uma *atração física* que incentive uma regularidade prazerosa do gozo sexual.
6. A construção conjunta de *projetos* de crescimento, prazer e lazeres que englobem todas as pessoas da família.
7. Um *companheirismo* entre o casal, em que cada um conheça seus direitos e deveres, seus alcances, mas também os respectivos limites e as limitações de cada um, numa equitativa distribuição de papéis e afazeres.
8. Outro ponto importante é o de que a *relação sexual* não se transforme num ato puramente mecânico em que cada um busca o seu gozo; antes disso, o amor sadio repousa no prazer que cada um tem em propiciar prazer ao outro.
9. Um reconhecimento de que sempre existem inevitáveis *diferenças* entre um e outro e que é inútil que ambos fiquem porfiando para provar quem tem a razão, a posse da verdade; antes disso, no lugar de buscar quem está certo ou errado, o foco importante seria reconhecer as pequenas diferenças que promovem uma distinta visualização de um mesmo fato.
10. Um ponto fundamental para caracterizar um "amor sadio" é a presença permanente, no casal e em toda família, de um clima de total *confiança* entre todos.

11. Isso só se consegue, se existir uma *transparência* nas condutas, juntamente com um *amor às verdades*.
12. Dentre todo esse amplo painel de inúmeras modalidades de buscar o objeto de amor, amar e ser amado, talvez o mais importante seja uma reflexão que está contida na profunda frase que o literato norte-americano Norman Mailer nos legou: *"As pessoas, em sua maioria, ficam procurando o amor como solução para todos os seus problemas, quando na verdade, o amor é a recompensa por você ter resolvido os seus problemas"* (o grifo é meu, porque considero que é uma bela síntese).

O AMOR DE TRANSFERÊNCIA, NA PSICANÁLISE

Conceito

Ainda dentro do viés psicanalítico, impõe-se tecer considerações acerca daquilo que Freud chamou de "amor de transferência", o qual alude ao fenômeno que surge no campo analítico, em que o(a) paciente tem uma certeza de que está perdidamente apaixonado(a) pelo seu psicanalista.

O entendimento psicanalítico conceitua o surgimento deste "amor", como sendo uma *projeção*, na pessoa do terapeuta, daqueles sentimentos de uma busca de gratificação das necessidades, desejos e demandas, impregnados com idealizações e com as suas respectivas decepções que, originalmente, estavam dirigidas aos pais do paciente quando, então, ele era uma criancinha.

O que se passa ao nível transferencial, na situação analítica, expressa com fidelidade, muitos amores que, na vida cotidiana – nada a ver com tratamento analítico – caracterizam um vínculo passional ou erótico entre professor(a) e aluna(o), um chefe e sua secretária, um profissional (médico, dentista, advogado, etc.) e sua cliente, ou um enorme contingente de casais que estão ao nosso redor.

Creio que isso está muito bem expressado, poeticamente, neste trecho de Fernando Pessoa (em *Poesias*, edição da LPM, Porto Alegre): "Sinto que sou ninguém, salvo uma sombra; de um vulto que não vejo; e me assombra". O aludido "vulto" remete à pessoa a quem originalmente era dirigido o amor da criança, que continua existindo no interior de seu psiquismo, lhe assombrando, e que, transferencialmente, pode ficar deslocado em outras pessoas que representam o seu "vulto".

É bastante sabido que a ênfase dada por Freud relativamente a este tipo de amor, no entendimento dele, reproduzia as vicissitudes próprias do Complexo de Édipo, com um consequente horror ao desejo de cometer o crime do incesto, tal como foi encenado na mitologia, através da tragédia descrita por Sófocles no clássico *Édipo Rei*, em que Édipo descobre que havia matado Laio, seu pai biológico, e desposado Jocasta, sua mãe biológica.

No entanto, na atualidade, consensualmente, os psicanalistas concordam com a concepção de que o primeiro amor não é edípico, mas, sim, narcísico. Este último é entendido como sendo um amor cego, visto que o bebê ainda está num estado de indiferenciação simbiótica, em que ele se sente alienado na mãe e fundido com ela.

Assim, o amor edípico passa a ser encarado como sendo um segundo momento, enganchado nas vicissitudes próprias do narcísismo original; portanto, se a tramitação amorosa narcísica foi bem-sucedida, tudo indica que Édipo também o será. Caso contrário, é provável que o amor edípico fique impregnado com uma sensação de horror, devido aos primitivos "vultos" que assombram, numa reedição de quando o atual adulto ainda era um bebê fusionado com a sua mãe.

Na época pioneira de Freud, ocorriam inúmeras situações de "paixão" das pacientes com os primeiros analistas, discípulos e seguidores de Freud, com não poucos casos de envolvimento sexual (por essa razão é que Freud instituiu uma enfática recomendação da "regra da neutralidade", pela qual o psicanalista deveria manter-se num estado de absoluta neutralidade e, até, de indiferença, fóbica, para evitar todo e qualquer tipo de envolvimento).

Este abuso aconteceu (e é sabido que, eventualmente, ainda pode acontecer) por duas razões principais: a primeira é a de que naquela época a imensa maioria (para não dizer "a totalidade") dos pacientes eram mulheres, jovens e histéricas, sendo que essas últimas eram muito mais propensas à serem sedutoras e, logo, seduzidas. A segunda razão explicativa dos abusos transferenciais consiste no fato de que os psicanalistas de então não conheciam ainda o fenômeno da transferência e acreditavam que eram mesmo lindos e irresistíveis e que a paciente histérica estava realmente apaixonada por eles, psicanalistas.

Na atualidade, o psicanalista sério e verdadeiro (o que é uma condição fundamental para, de fato, ser um psicanalista!) tem muito melhores condições de entender e manejar com o surgimento desta modalidade de transferência. Ao mesmo tempo, ele também reúne melhores condições para administrar suas reações físicas e emocionais, para não só administrar tranquilamente as suas emoções, como, pelo contrário, pode fazer um bom uso da percepção – de um pequeno sinal que seja, de uma possível contratransferência amorosa ou erótica – e, assim, entender melhor o mundo inconsciente da(o) paciente, de modo a melhor poder analisar os traumas antigos.

O AMOR PAIXÃO

A palavra "paixão" muito provavelmente se origina do grego *pathos*, com a significação de dor, sofrimento (daí o termo "patologia", a qual, não raramente, acompanha certos estados de paixão), mas *pathos* também pode originar o termo "passivo" (e, igualmente, é comum que uma pessoa no auge de uma paixão fique submetida, passivamente, aos caprichos da pessoa amada).

Da mesma forma como foi assinalado com o vocábulo "amor", também o sentimento de paixão pode adquirir múltiplos significados, como, por exemplo, paixão amorosa, paixão erótica, paixão de Cristo, num nível espiritual-religioso, um estado de compaixão *(com – paixão,* um belo e virtuoso sentimento), um crime passional, uma paixão pelo futebol (no caso de um torcedor fanático), pela política (neste caso, predomina o seu amor à pátria ou a seus interesses particulares ?), etc.

Dentre essa variedade, convém mencionar Bion, que faz questão de esclarecer que todas as vezes que ele se referir à paixão, ele quer significar o que ele define como sendo "uma emoção intensa e calorosa derivada dos vínculos (principalmente, o do amor), sem, no entanto, expressar violência: esta só estará presente quando o processo de paixão vier acompanhado de muita voracidade". Uma questão que desafia a psicanálise é a de encontrar a resposta para a pergunta: quais são os processos mentais que levam a *razão* a se transformar em refém da *paixão?* Tal como isto está contido na poética frase de Bion, quando ele refere que "a razão se liberta da escravatura àquilo que lhe é imposta pela paixão".

A própria paixão amorosa pode tomar duas direções: a primeira é aquela que se trata de um vínculo sadio, lindo e promissor, que funciona como um prelúdio de um amor que evolui naturalmente e adquire uma forte estabilidade, não obstante algo transformada desde a inicial paixão abrasadora. Uma segunda direção que o calor da paixão pode tomar consiste em deixar a pessoa apaixonada "cega" (não consegue enxergar o que todos que lhe cercam já viram: "ele não serve para ti, está cheio de amantes, não para em nenhum emprego após poucos meses, etc.), e "burra" (isto é, por mais inteligente que, nessas circunstâncias, a pessoa apaixonada seja, ela "emburrece", a ponto de não conseguir entender nada do que está se passando de real, e é capaz de cometer grandes bobagens neste estado). Convenhamos: esta forma de amar ou, de forma análoga, o frequente "matei por amor", podemos chamar de "amor" ou de "paixão"?

De qualquer maneira, tanto na paixão sadia quanto, com mais razão, na patológica, no auge da paixão predomina uma alta *idealização*, em que ela (ou ele) tem a absoluta certeza de que está realizando o seu velho sonho de encontrar o seu príncipe encantado, ou, no caso dele, ter encontrado a sua maravilhosa, imaginária "fada madrinha".

São diversas as razões que desencadeiam uma extrema idealização do outro:

1. o sentimento de que podemos nos fundir com a pessoa amada de uma forma tamanha que vai promover uma fusão do casal, aponto de se tornarem uma única pessoa (é provável que seja resquício do desejo narcisista da criança de ficar fusionado com a mãe);
2. o desejo de encontrar no ser por quem o sujeito se apaixonou, o outro lado dele próprio (Freud, ao se referir à dinâmica do amor homossexual, postulou que o sujeito busca num outro a criança que ele já foi, ou a outra face do que ele é na atualidade, ou o que almeja ser no futuro);
3. é possível que a pessoa apaixonada esteja, inconscientemente, tentando resgatar o retorno de uma, ilusória, unidade perdida quando era bebê, assim, apagando as diferenças entre ele(a) e o outro;
4. com muita frequência, a idealização excessiva decorre do fato de que a pessoa apaixonada tente ressuscitar no seu amado uma importante figura que perdeu no passado remoto, por morte, divórcio dos pais, abandono do lar de um dos genitores, alcoolismo ou uma forte depressão de um deles, etc.

Quase sempre, nestes casos, a pessoa idealizada pelo apaixonado guarda algum tipo de semelhança, tanto de traços físicos quanto de qualquer outra particularidade que caracterizava a pessoa desaparecida; assim, diante de alguma decepção com o "apaixonado da vez", desenvolve-se uma verdadeira "compulsão à repetição" em que marcantes traços caracterológicos da pessoa que desperta a paixão mostram muita similaridade, e o vínculo da paixão evolui de forma muito parecida.

Este tipo de paixão pode ser a origem e um reforço de transtornos narcisistas da personalidade, assim como pode produzir sérios prejuízos da vida erótica, mesmo quando esteja com uma vida sexual ativa (às vezes, até demais). Um outro possível inconveniente de uma paixão tecida com uma idealização excessiva, principalmente em pessoas carentes que se apavoram ante o medo de serem abandonadas, consiste na possibilidade de que elas se esvaziem de suas capacidades e ótimos potenciais, pelo fato de que delegaram para o seu apaixonado(a) todos os méritos que, por direito, são seus.

O ideal seria que uma pessoa que ama ficasse num estado médio, isto é, nem numa paixão cega que lhe esvazia e a submete, nem tampouco num estado de um excessivo egoísmo, às vezes, em posição e conduta de egolatria, fruto de um forte narcisismo.

É consensual que o apogeu do estado de paixão ardente não persiste a vida inteira num casal, mesmo que não aconteçam atritos mais sérios, e continue perdurando no casal um recíproco sentimento de amor. Na verdade, o correr do tempo provoca *transformações* na paixão original, de modo que tanto pode se solidificar a união amorosa, com novas características, quanto pode haver um estado de grande desilusão e de decepção, às vezes a curto prazo, à medida que a idealização extremada vai caindo na realidade, que não é mais tão linda como era enquanto predominava o mundo da ilusão. Essa afirmativa é importante para compreendermos melhor o imenso número de divórcios, e, para ela ser confirmada, basta olharmos ao nosso redor, para percebermos que muitos casais que pareciam apaixonadíssimos, num tempo muito curto, se divorciam.

A literatura, o cinema, as novelas estão repletas de enredos em que as paixões se formam, de-formam, e/ou se recuperam com modificações (re-formam), ou se extinguem definitivamente e, muitas vezes, isto pode representar um ato de coragem e uma nova abertura para contrair um novo vínculo amoroso mais sadio, não obstante, não seja necessariamente feito sob a égide de uma grande paixão.

Como o presente texto valorizou sobremodo a importância da idealização, creio que podemos concluí-lo com uma brincadeira, para descontrair o leitor. Assim, pode-se dizer que: "O homem ideal deveria ser tão bonito quanto sua mãe pensa que ele é; tão rico como seu filho pensa que ele é; ter tantas amantes quanto sua mulher pensa que ele tem e ser tão bom de cama quanto ele próprio pensa que é".

O AMOR PLATÔNICO

Comumente a expressão "amor platônico" – este nome homenageia o célebre filósofo Platão – é conceituada como sendo toda a relação afetuosa em que se abstrai o desejo de relação sexual. No entanto, esta definição não faz jus à concepção do filósofo grego da antiguidade – Platão – que concebeu o "amor ideal" como algo essencialmente puro e desprovido de paixões, as quais, segundo ele, seriam essencialmente cegas, efêmeras, materialistas e falsas.

O amor, no ideal platônico, não se fundamenta num interesse (mesmo que seja o sexual), mas, sim, na *virtude*. Assim, o amor platônico significa um tipo de amor centrado na beleza do caráter, na inteligência para pensar, nas verdades e, em lugar dos atributos físicos, Platão, em de seus famosos "Diálogos", contidos em seus Simpósios, exemplificou este tipo de amor com afeto, com o tipo de amor que havia entre seu ídolo Sócrates e seus discípulos homens, muito particularmente com Alcibíades.

Assim, o amor platônico passou a ser entendido como sendo um amor a distância, que não se aproxima e não envolve profundamente. O objeto do amor platônico é, pois, um ser perfeito, possuidor de todas as virtudes e sem mancha alguma. Numa crítica atual, cabe dizer que essa concepção utópica de "amor ideal", embora exalte positivamente as virtudes num vínculo amoroso, não é convincente na realidade da vida, tão distante está da realidade objetiva, física e social. O que está mais próximo do amor, conforme Platão, ocorre com frequência em adolescentes, adultos jovens e indivíduos por demais tímidos que sentem uma forte inibição de se aproximar do objeto do amor, principalmente devido à insegurança e ao medo de sofrer uma rejeição.

Na Antiguidade grega este amor platônico, filosófico, ficou muito mesclado com uma significação de homossexualidade (inclusive em relação a Sócrates), a qual estaria enrustida e sublimada. Alguns estudiosos preferem distinguir a expressão "amor platônico" – cujo foco principal é a suprema presença das virtudes – da expressão "amor socrático", a qual é mais referente à pederastia, ou seja, à atração erótica do mestre pelo seu discípulo.

O AMOR TANTALIZANTE

Um pouco mais adiante, será explicada a significação do termo "tantalizante". Creio que nenhum leitor, analista ou não, contesta o fato de que em nosso círculo social, ou na clínica cotidiana de um psicanalista, todos nós observamos um grande número de situações com configurações vinculares nas quais nossos pacientes, homens ou mulheres, estejam envolvidos amorosamente com algum parceiro(a), de uma forma muito sofrida e tornada crônica, num "nem ata-nem desata" cíclico e aparentemente sem saída.

Ademais, é notório que essas ligações amorosas conflitadas guardam características comuns e igualmente repetitivas entre os inúmeros e diferentes amigos, conhecidos ou pacientes que estão presos nas malhas dessa forma patológica de amar e ser amado. Na verdade, em nosso meio cultural parece mais evidente a predominância, de longe, de mulheres que estão aprisionadas na rede dessa vinculação patológica e que, por isso, sofrem as intensas angústias desse tipo de relação amorosa baseada naqueles refrões que a sabedoria popular designa como "não emprenha e nem sai de cima", "não caga, nem desocupa a moita", etc.

Assim, como ponto de partida para as reflexões que seguirão, cabe formular a hipótese, genérica, de uma mulher, ao mesmo tempo esperançosa e frustrada, envolvida com um homem a quem ela "ama acima de tudo", enquanto ele mantém e renova as esperanças dela, porém, por razões diferentes, sempre se diz estar impedido de realizar concreta e definitivamente as promessas de uma união estável e exclusiva com ela.

Desse modo, ela vai cronificando a sua condição de excluída, de sorte a assumir o papel de uma eterna reserva, que, de vez em quando, entra em campo para jogar por um curto tempo o jogo deste tipo de amor, para, logo após, nas partidas seguintes, ceder o lugar a uma outra eventual titular. As desculpas dele batem sempre nas mesmas teclas: ele vai se separar, porém há o problema dos filhos que, segundo ele, ora ainda são por demais pequenos, ora pede para ela ter um pouco mais de paciência, até que eles, agora já grandes, passem pelo vestibular...

Outras vezes ele confessa, geralmente com uma falsa sinceridade, que não consegue gostar de ninguém, logo, ela merece alguém melhor; ou alega que precisa de um tempo para ajeitar a situação econômica; outras tantas vezes ele usa o expediente de atribuir a ela as culpas pela sua indecisão, e assim o tempo vai passando, com determinados momentos críticos em que ela jura que está tudo acabado e ele então renova as promessas de amor e que, agora sim, tudo vai dar certo, porque até pode lhe ser infiel, porém ela é a única que ele ama, o que a faz recarregar as pilhas da esperança, dar mais uma chance e tudo recomeça da estaca zero. Ao cabo e ao fim, ele mantém um poder e um domínio sobre ela.

Familiares e amigos não conseguem entender como é que uma pessoa como ela, tão bonita, séria, prendada, esteja perdendo a melhor parte de sua vida com um sujeito que não a merece, a humilha, e comumente eles adjetivam o sedutor de forma altamente pejorativa, como cafajeste, etc. Diante de mais uma, recorrente, decepção, ela toma posições sinceramente definidas, de que "agora sim, tudo terminou mesmo; chega, não aguento mais...". No entanto, ao primeiro aceno dele, tudo desanda, apesar da inegável honestidade dela no propósito de escapar desta escravidão pretensamente amorosa.

É indiscutível o fato de que o sadismo manifesto está sempre junto com o masoquismo latente, e vice-versa, de sorte que todo sádico tem um lado masoquista e todo masoquista tem uma contraparte sádica, assim como todo dominador tem um lado de dominado, e assim por diante. Deriva daí, que estes casais dissociam e projetam, um no outro, as suas partes (sádicas ou masoquistas) que estão cindidas, razão porque eles se complementam, o que torna a separação muito difícil, pois a perda do outro representa para cada um deles ser uma espécie de amputação de uma própria metade sua.

Destarte, como estamos destacando um tipo de configuração vincular patológica, utilizando palavras como *domínio, apoderamento, sedutor* e *tantalizante*, convém abrir um parêntesis e discriminar separadamente a conceituação de cada um deles.

Domínio. Este termo, etimologicamente, deriva do latim *dominus*, que quer dizer "senhor" (daí é que vem "domingo", dia do senhor), e designa uma relação de dominador-dominado, onde o primeiro exerce uma apropriação, quase sempre indébita, através de uma desapropriação dos "bens afetivos" e de uma violência à liberdade do outro. Essa conceituação era corrente no século XVII, época em que a palavra "domínio" pertencia à linguagem jurídica. O domínio sobre o outro, ou outros, pode ser exercido de muitas formas distintas, como é o caso de uma dominação intelectual, moral, econômica, política, religiosa, afetiva, mas nos casos bem caracterizados sempre alude ao exercício de um poder supremo que leva o outro a sentir-se subjugado, controlado, diminuído, humilhado, manipulado e numa crescente dependência má.

Do ponto de vista psicanalítico, o domínio exercido no casal é conceituado com as seguintes características: como uma *captura do desejo* do outro, abolindo ou neutralizando-o; uma *abolição* das diferenças e da autonomia do parceiro; uma dominação através de uma *configuração perversa*. Neste último caso pressupõe-se um conluio inconsciente entre ambos, embora aparentemente somente um deles, o dominador, é quem manifesta abertamente uma tirania de natureza obsessivo-paranoide, podendo atingir em casos extremos a demarcação no corpo do outro de marcas que fiquem impressas, a exemplo do ferrete de como se marca o gado, ou como são equimoses que denunciem "chupões" ou agressões físicas, assim como também a impressão com eternas tatuagens, etc. Essas marcas, além de servir como evidência de domínio também demarcam a posse que exerce sobre o outro, ou seja, um *apoderamento*. A maior arma do domínio perverso consiste no uso de sortilégios da sedução.

Convém registrar, no entanto, que o exercício do domínio nem sempre é fundamentalmente perverso, porquanto ele pode estar a serviço inconsciente da pulsão de vida, isto é, para não cair num estado de desamparo, a exemplo de uma criancinha insegura que se agarra na saia da mãe e pretende ter um domínio absoluto sobre ela, mantendo a ilusão de que ainda estão fundidos e indiferenciados.

Também é útil assinalar que, como todo o dominador sempre tem em contrapartida um lado de dominado (a exemplo da relação mencionada no sadismo-masoquismo), é bastante frequente que a tirania atinja o apogeu na intimidade doméstica, enquanto na vida fora dos limites do lar estes dominadores sejam extremamente gentis e, não raramente, notoriamente submissos.

Apoderamento. Alude ao exercício de um poder e/ou de uma posse total em relação ao corpo, mente e espírito do outro. É útil realçar que a etimologia da palavra "poder" deriva do verbo latino *potere* que também dá origem ao termo "potência", tanto na condição sadia de uma "capacidade para fazer" quanto no que está contido nos derivados linguísticos de onipotência, onipresença, prepotência, que designam estados de patologia psíquica de natureza psicótica, que aparecem durante o "ato de fazer". Por sua vez, o étimo *possidere*, que origina a palavra "possuir", significa "estar sentado em cima de" (não é por nada que no linguajar popular é corrente a expressão "está sentado no trono" quando uma mãe quer referir que seu filhinho está usando o vaso sanitário).

Por outro lado, a ciência da Etologia comprova a existência no reino animal do "instinto da territorialidade", ou seja, a evidência de que muitos animais, através da depositação de suas fezes e urina, com o respectivo odor persistente, demarcam o seu território, que os demais animais devem respeitar. Um prolongamento atávico disto, no ser humano, se configura na clássica equação "ter é igual a ser" e vice-versa, de sorte que a melhor forma de ter aquilo ou aquele(a) que se necessita e deseja, é possui-lo e ter poder sobre ele(a). Assim, há evidências de que os grandes tiranos da história foram crianças que já muito precocemente foram excessivamente carentes, de modo que a posse, garantida pelo poder, é vivenciada como sendo uma espécie de *seguro contra o desamparo* que está ligado à dependência e separações. Este "seguro" é feito através do preenchimento dos três fetiches que caracterizam o abuso do poder: além da *intrusão* e *ânsia de expansão,* o terceiro aspecto consiste na *apropriação* daquilo que pertence ao rival derrotado.

Em síntese, cabe a afirmativa de que quando o sujeito sente que não tem *autoridade* para se fazer respeitar, admirar e ser obedecido, ele substitui essa lacuna por um *autoritarismo,* situação esta que pode ocorrer ao nível de casal, família, instituições, etc., podendo estender-se ao governo de nações.

É inegável que a luta pelo poder é um fato corrente em todos setores dos inter-relacionamentos humanos, em todos os tempos e geografias, ora assumindo formas ostensivamente manifestas (conchavos, ataques, intrigas, calúnias, guerras), ora disfarçadas com uma capa de paternalismo, ou deslocadas para alguma ideologia que pretensamente é a única verdadeira, ou é racionalizada sob a forma de discursos demagógicos que, em casos extremos podem atingir um nível de formação de seitas (não unicamente religiosas, mas também societárias, etc.) fanáticas e fundamentalistas.

Seria útil que os grandes responsáveis pelo exercício do poder pudessem distinguir a diferença entre o que é governar e o que não passa de um desejo de dominar, entre o que é co-mandar (mandar junto) e o que não é mais do que mandar de forma única e autoritária, distinção esta que também cabe perfeitamente para os responsáveis pelo casal e pela família.

Creio que essas reflexões podem servir como uma excelente ilustração de como os vínculos de amor e o de ódio estão intimamente entrelaçados.

O viés psicanalítico do vínculo de apoderamento situa as suas raízes nas fases evolutivas pré-genitais, principalmente as oriundas de vertentes narcisistas, onde ainda não há uma diferenciação entre o eu e o outro e de vertentes provindas das pulsões sádico-anais, que são externadas nos impulsos de poder e tomada de posse, com os respectivos cortejos de incorporação, retenção, controle onipotente, triunfo, desprezo e destruição do objeto dominado.

Sedução, por sua vez, é um termo cuja provável etimologia resulte de *sed* (quer dizer "sentado", às vezes, num repouso tranquilo, e outras vezes, num estado de entorpecimento) + *ducere* (conduzir), ou seja, designa uma atitude e ação que em situações normais é bastante utilizada por todos em geral, ou seja, pode ser uma sedução sadia e, em outras situações, a sedução pode estar a serviço de uma patologia, de molde a deixar o seduzido entorpecido, sem um rumo definido a seguir.

Esta última possibilidade aparece como estando mais de acordo com uma outra possível formação etimológica, qual seja: o prefixo latino *se* designa "sem" + *ducere* que alude a "dirigir a um rumo", compõe uma significação de que o sedutor induz o seduzido a perder o rumo, estagnado e aturdido.

Assim, nas formas exageradas e patogênicas, a sedução consiste na utilização por parte do(a) sedutor(a) dos mais variados e nem sempre éticos recursos de conquistar o amor do outro e, uma vez tendo conseguido êxito nesse intento, tanto pode desprezar e abandonar a vítima seduzida para imediatamente sair à caça de outra conquista – caso típico dos *donjuans* –, como também é frequente a manutenção de um vínculo com características doentias que *conduzem a pessoa seduzida para uma forma de doença*, para um entorpecimento que pode tornar-se crônico e, muitas vezes, até praticamente incurável.

Do ponto de vista psicanalítico, os sortilégios que o sedutor utiliza com muita habilidade consistem no despertar de um encantamento no seduzido, mercê de promessas de uma completude paradisíaca que, em pouco tempo, se revelará como não mais do que ilusória e que, pelo contrário, se concretizará como um emaranhado círculo vicioso de sucessivas decepções e renovadas ilusões, em meio a movimentos de submissão e de rebeldia, onde o outro, o seduzido, se perderá no sedutor. Isso acontece porque o sedutor executa o papel de funcionar como sendo o "duplo", o alter-ego do seduzido, ou seja, ele não é mais do que um agente que desperta aqueles desejos que já eram próprios do seduzido, por mais viáveis, ou ilusórios, que esses possam ter sido.

Em alguns casos, o sedutor emprega a tática narcisista de provocar no seduzido um estado de deslumbramento (essa palavra vem de *des* que significa privação + *lumbre* que quer dizer luz, ou seja, equivale ao fato de que um excessivo facho luminoso nos cega). Este des-lumbramento pode ser de ordem intelectual, física, retórica, etc., que, de tão brilhante que é, deixa o seduzido fascinado e cegado por sua própria imagem espelhada no outro. No plano erótico, essa sedução consiste no fato de que o corpo de um encontra ressonância, um eco, no corpo do outro, como se estivesse havendo um reencontro com uma primitiva fusão do corpo do bebê com o da mãe. Isso pode remeter à época em que a criança fazia uma *colusão* (essa palavra se origina de *co-ludere,* ou seja, "brincar junto", e tem parentesco direto com "co-ilusão", isto é, ilusões compartilhadas) da criança com um dos progenitores, pai ou mãe, enquanto o outro ficava excluído.

A maioria dos autores atribui uma enorme importância às primitivas experiências reais que tanto o sedutor quanto o seduzido sofreram quando crianças, geralmente provindas de pais que os seduziram erótica e, ou, narcisisticamente, ou de pais obsessivos que exerceram um rígido controle tirânico, de características tantalizantes. De qualquer maneira, como decorrência dessa sedução patogênica, a criança fica *sedenta* de amor, e é interessante assinalar que também cabe na etimologia da palavra "sedução" o fato de que *sed* em latim, também significa "sede".

Tantalizante é um termo pouco conhecido, não obstante, a meu juízo, represente ter uma enorme importância na compreensão e no manejo da prática psicanalítica. No dicionário *Aurélio*, o termo "tantalizante" aparece definido como: "aquele que tantaliza, isto é, que espicaça ou atormenta com alguma coisa que, apresentada à vista, excite o desejo de possuí-la, frustrando-se este desejo continuamente por se manter o objeto fora de alcance, à maneira do suplício de Tântalo". Escolhi essa palavra para conceituar uma forma mais específica de patologia de relação amorosa, porque ela alude diretamente ao mitológico *suplício de Tântalo*, no qual o personagem que tem esse nome, por ter roubado os manjares dos deuses do Olimpo, foi punido por Zeus, para eternamente passar fome e sede.

Mais precisamente, Tântalo, acorrentado, estava imerso até a cabeça nas águas de um lago situado num lugar aprazível, rodeado por um bosque acolhedor, e o suplício consistia em que as águas subiam até sua boca para em seguida fugirem de seu alcance quando ele se preparava para saciar a sua imensa sede; o mesmo acontecia com os apetitosos frutos que se aproximavam com a promessa de alimentá-lo e igualmente se afastavam, assim perpetuando um irreversível e repetitivo ciclo de promessas, expectativas e decepções, num perverso dar e tirar...

Na situação, antes mencionada, de pais obsessivos que exerceram sobre os filhos pequenos uma sedução de tipo tantalizante, isto significa que eles tanto lhes davam carinho, proteção e elogios, quanto também impunham rígidas condições e suplícios, como a de que as crianças devessem pensar, desejar, sentir, valorar e agir estritamente de acordo com eles, pais (ou, pelo menos, com um deles, o dominador), sob pena de castigos severos, às vezes físicos, ou de um corte na comunicação verbal, ameaça de expulsão de casa, etc. Outras vezes, o suplício é praticado com castigos mais dissimulados, sabotando, obstaculizando ou desqualificando qualquer iniciativa do filho que não estivesse de acordo com o pai, ou mãe, dominador(a) ou que não tivesse provindo da iniciativa deles.

Isso caracteriza, de forma análoga a do suplício imposto a Tântalo, um processo de *dar* (geralmente às custas de muito choro, promessas de obediência total, etc.) e *tirar*, acrescido de uma apoderamento e abolição do desejo do outro. O que importa destacar é que os filhos educados nessa atmosfera emocional tornam-se fortes candidatos a se identificarem tanto com o agressor (por exemplo, o pai), como com a vítima (por exemplo, com a mãe), ou com ela própria, criança, vítima de suplícios, assim reproduzindo na vida adulta relações amorosas com configurações análogas ao do modelo que os pais tiveram entre si e com ela, a criança.

Nos casos em que a configuração vincular do par sedutor-seduzido esteja alicerçada em bases predominantemente narcisísticas, o personagem no papel de seduzido colocará o sedutor-tantalizante no lugar de seu ideal de ego, o qual, por definição, implica numa demanda de expectativas grandiosas, por isso passando a agir como um objeto interno insaciável, devorador, que exerce um efeito de sucção e de consequente vácuo, com permanentes incertezas e sobressaltos, prisioneiros do telefone, à espera de um chamado do amado, que teima em não chamar, tudo isso exaurindo todas as energias do sujeito seduzido.

Os aspectos característicos relativos ao domínio, apoderamento, sedução e tantalização foram, aqui, descritos separadamente por razões de esquema de exposição, no entanto, eles não são estanques, pelo contrário, agem concomitantemente, ora predominando um deles, ora se confundindo e complementando entre si. De regra, neste tipo patológico de vínculo amoroso existe uma superposição dos quatro fatores mencionados anteriormente, com a respectiva presença das facetas narcisistas, da tirania obsessivo-sádica e da perversa.

A face narcisista implica uma demanda insaciável de continuadas provas de "reconhecimento", por parte do seduzido, de que ele(a) é amado(a); enquanto, por parte do sedutor, a demanda é a de comprovar que ele tem a posse total do amor do outro.

A conjunção desses fatores, tal como pode ser constatado nos exemplos dados no início deste texto, têm um ponto de encontro nos vínculos amorosos nos quais o sedutor deixa claramente subentendida (embora o seduzido, de forma consciente ou não consciente, negue sistematicamente) a sua mensagem inconsciente, mais por atos do que por palavras, que pode ser resumida mais ou menos assim: "quero ser amado por ti e farei tudo para conseguir e perpetuar esse amor, porém quero te advertir que isso deverá ser à minha moda de amar, que eu não quero perder a liberdade de continuar procurando a minha princesa (ou o meu príncipe) encantada(o), de modo que ao mesmo tempo eu também farei de tudo para não ser amado por ti e, mais ainda, que corres o risco de passares fome e sede por um amor acenado e recusado, e de vires a ser destruída(o) por mim". Isso lembra o verso da canção cantada por Daniella Mercury que diz "quando lhe achei, me perdi", à qual, creio, para efeitos de cura psicanalítica, poderia ser acrescentado a contraparte: *"quando lhe perdi, me achei"*.

O que deve restar claro é que a denominação de "vínculo tantalizante" somente fica justificada nos casos em que predomina nitidamente uma relação amorosa com características de uma situação de aprisionamento que tende à cronificação, nos mesmos moldes de alguma outra forma de adição, consistente num continuado jogo perverso de acenos e promessas de um "dar", seguidos de um "retirar", com periódicos términos e reaproximações que "recarregam as pilhas" deste amor patológico. Também deve ficar claro que, nestes casos, não cabe exatamente rotular de bandido um dos participantes do par amoroso, e o outro de vítima, porquanto o que está realmente doente é a relação, o vínculo sadomasoquista, que na imensa maioria das vezes tem uma origem muito antiga, pré-genital, uma representação de uma criancinha mendigando para a mãe tantalizante provas de que é amada por ela, que não vai ficar repudiada, desamada, desamparada e abandonada numa solidão para sempre.

Por guardar raízes tão primitivas e organizadas, está justificada para as pessoas que querem sair dessa adição doentia, a indicação prioritária para um tratamento psicanalítico – individual ou de casal – o qual, quando bem conduzido, quase certamente terá um curso com períodos bastante penosos, tendo em vista que não há nada que provoque mais sofrimento do que a renúncia ao mundo das ilusões narcisistas.

Caso o leitor tenha um interesse especial em se aprofundar um pouco mais no conhecimento da dinâmica psíquica que, separadamente, no homem e na mulher, induzem a este tipo de patologia de "amar" e de desejar acompanhar as sugestões técnicas num tratamento de base psicanalítica, recomendo a leitura do capítulo "Uma forma patológica de amar: O vínculo tantalizante", no livro *Manual de Técnica Psicanalítica*, Zimerman, D., Artmed, 2007.

AMOR ACOMPANHADO POR UMA FOBIA AO CASAMENTO

Uma das principais características do vínculo do amor consiste no fato de que um grande contingente de pessoas, homens ou mulheres, têm um grande medo de amar, porque isso pode lhes representar a possibilidade de se apegar a alguém, com o risco de vir a perder, ou por decepção, desilusão, divórcio, ou, pior, por abandono ou morte. Assim, entre outros medos, como é o de "perder a liberdade" (mais comuns nos homens), sobressai o temor da *separação,* devido a um forte sentimento de que mergulhar e assumir uma relação amorosa supõe a possibilidade de perda, até mesmo porque uma separação, quando toca em velhos traumas análogos, pode vir acompanhada de uma vivência de total desamparo, às vezes num nível de sensação de morte.

Em muitas situações, o fato de cada um do casal ter que fazer novas adaptações, o que pode significar que um ou os dois devem renunciar (se separar, perder) à sua forma antiga de expressão do amor, também pode vir acompanhado de sentimentos de luto (pela perda) e de culpa (como se fosse uma infidelidade aos seus antigos vínculos amorosos) Quando a perda é grave, a pessoa precisa de um tempo para se reestruturar, pois, mesmo quando mantém a individualidade (o seu sentimento de identidade relativo a "quem, de fato, ele é"!) inevitavelmente passa pelo sentimento de "ser" (no significado de "pertencer") do outro. Assim, à separação, sucede um período de luto (outras vezes, encobrindo o suposto luto depressivo, o sujeito manifesta uma reação de características maníacas).

Estes sentimentos de um pavor diante da possibilidade de ter perdas e uma consequente morte psíquica, afastam muitas pessoas de completar o vínculo amoroso. Isso acontece tanto sob a forma de a pessoa, sob diferentes racionalizações, nunca assumir completamente o vínculo amoroso, tal como foi antes descrito no vínculo tantalizante quanto também na possibilidade menos grave, mas bastante comum, de assumir a relação, até, com honesta intenção de projetar casar e constituir família, porém, na última hora, dá um jeito de desfazer, postergar, etc. Trata-se de uma verdadeira "fobia ao casamento" (o nome técnico mais apropriado é o de "gamofobia" – *gamos*, em grego, significa união de um par). Esta fobia decorre do fato de que os antigos traumas relativos ao pavor de sofrer perdas após um forte apego ficam reativados; ou o terror pode ser devido a uma identificação com um tumultuado e fracassado casamento dos seus pais, que impregnou a mente do sujeito, desde quando ele era criança.

Em outras situações, a gamofobia decorre da persistência, nele ou nela, de uma fantasia, de um velho sonho, de ter um casamento perfeito, e perto de uma oficialização do vínculo amoroso, esse tipo de pessoa se apavora diante do sentimento de que está sendo muito apressado; de que a pessoa perfeita está esperando por ele(a), e sobrevém uma culpa de que está traindo os seus ideais.

A experiência mostra que neste tipo de fobia, o fóbico, num gesto "heróico", decide se casar, ou, de forma algo melancólica, carrega o seu arrependimento para o resto de sua vida, sempre assediado por uma ideia obsessiva de se divorciar para poder construir a sua "vida perfeita" com outra pessoa, e que isso coroará o feliz encontro com a princesa encantada, ou com o príncipe maravilhoso. No entanto, pelo menos a mim parece, é que a situação mais comum, quando após o sacrifício de ter enfrentado a fobia e ter assumido o casamento e sendo o vínculo entre o casal suficientemente bom, especialmente quando nascem filhos e se revelam bons pais, a antiga fobia desaparece.

Uma outra variante desse tipo de relacionamento amoroso consiste na situação pela qual os agora cônjuges ainda estão reféns de antigas fantasias de perfeição conjugal, e assim ficam movidos continuadamente por demandas insaciáveis de quererem provas de amor, ou algo equivalente; não obstante, pelo contrário, com ameaças constantes de realizar o divórcio. Dessa forma, se configura um tipo de vínculo que pode durar toda a vida, com a característica mais marcante de que "não conseguem conviver muito juntos, porém também não conseguem viver separados".

A INFIDELIDADE NO AMOR

A *infidelidade conjugal*, pela sua frequência e importância, merece que este livro trace algumas considerações, relativamente às causas e distintas modalidades de como ela se manifesta. Assim, cabe enumerar os seguintes aspectos:

1. Num grande número de vezes, existe um "secreto conluio inconsciente" entre os protagonistas do triângulo amoroso, decorrente de conflitos neuróticos (quase sempre edípicos) que se complementam entre o par de amantes. Por complementaridade do conflito edípico, queremos significar que o lado de cada um dos adúlteros em cena, muito provavelmente, quando crianças sofreram o trauma de sentirem-se excluídos, quando os respectivos pais se amavam, a sós. Este trauma de exclusão, vivido pela criança de então como sendo rejeição pode ficar gravado na mente da criança, prolongando-se até a condição de adulto, acompanhado de um afã de preencher o vazio que ficou, além de um certo sabor de vingança que também ficou fixado nos porões da "triste" memória da exclusão.
2. Este enredo de um antigo triângulo edípico em que um dos três fica excluído, também pode ser uma das causas de infidelidade, ou seja, o(a) terceiro(a) que entra neste tripé desempenha um dos papéis próprios das vicissitudes que caracterizaram o tipo de vínculos que marcou o "teatro do psiquismo", com a peça "quem fica com a posse do(a) genitor(a), e quem fica fora?".

3. O desejo predominante daquele que trai é de que a(o) amante supra as falhas do cônjuge traído, as quais podem ser reais, porém, na imensa maioria das vezes, as falhas do cônjuge refletem um deslocamento de uma falha bastante mais primitiva de um dos pais, ou dos dois, que teriam "falhado" na satisfação das necessidades, dos desejos e das demandas de quando os adultos infiéis ainda eram criancinhas, e que agora procuram (quase sempre, de forma ilusória) na figura do(a) amante.
4. Em muitas outras situações, a entrada de um "terceiro" representa uma tentativa de preencher as faltas de uma "incompletude", que vem muito antes de Édipo, e que se manifesta através de "vazios" no psiquismo, os quais se comportam como verdadeiros "buracos negros". Neste tipo de trauma, a infidelidade amorosa busca restaurar a eterna e ilusória (é o que acontece, na imensa maioria das vezes) busca esperançosa de, finalmente, encontrar a "fada madrinha" ou o "príncipe encantado" tão sonhados, desde que eram criancinhas.
5. A infidelidade pode estar representando uma forma de *vingança*, com propósitos agressivos, às vezes, cruéis. Em nossa cultura, predominantemente machista, o mais frequente é quando a mulher descobre que foi traída pelo seu marido e, mesmo que a educação e formação moral dela nunca a deixara, sequer, cogitar de uma infidelidade, ela cai num estado depressivo mesclado com muito ódio, o qual vem acompanhado de uma maquinação de vingança, como, por exemplo, traí-lo com o melhor amigo dele, e coisas assim.
6. Assim, como existe a possibilidade de a vingança ser um detonador de um revide com uma infidelidade, também pode acontecer que uma pessoa que tenha uma forte estrutura masoquista, ou pelo menos um mandamento interno que a compele a cumprir um "enredo" de vir a ser vítima de uma traição, é bem possível que o seu inconsciente prepare uma armadilha, que a leve a induzir o seu cônjuge a cometer o adultério.
7. Em alguns casos, paradoxalmente, a infidelidade pode estar significando o início de um movimento de "individuação". Com outras palavras, um dos cônjuges que se manteve, durante longos anos de vida, numa absoluta fidelidade, mais ditada por uma submissão ao outro(a), decide se "livrar da escravidão", desejoso de recuperar a sua, passada, adolescência.

8. Neste último caso, a inclusão de um "terceiro" pode aliviar a ansiedade de "engolfamento" do casal, a qual, às vezes pode atingir um alto grau do temor de permanecerem em estados de "indiferenciação", numa simbiose exagerada que desperta uma ameaça de perda da identidade individual. Neste caso, o alívio do sufoco se dá porque a figura do amante permite as táticas alternativas de *inclusão* (ele entra e participa do triângulo) *e de exclusão* (se afasta, para sempre ou temporariamente), assim, reproduzindo o trauma infantil de quando o pai (ou a mãe) estava incluído e de quando se excluía, meio que desaparecendo do lar.
9. Este último aspecto é bastante relevante, porque nos conduz ao fenômeno chamado de "compulsão à repetição", o qual consiste no fato de que determinados traumas antigos, quando não estão suficientemente bem resolvidos, têm uma forte tendência a se repetirem de forma compulsiva.
10. Essa "reprise" se processa como se fosse uma peça teatral, com um certo enredo, produzido no seu passado e ainda fixado em sua mente, que pode ser encenado e reapresentado inúmeras vezes, com o mesmo *"script"*, com os mesmos personagens, porém com atores que podem variar. Por exemplo, se uma pessoa, repetindo um trauma antigo, com um enredo que exige uma capacidade para fazer uma conquista amorosa, seguida de um término por abandono, é capaz que ela repita, e repita, inúmeras vezes, da mesma maneira, embora com parceiros (as) diferentes.
11. A consentida inclusão do amante, embora disfarçada por uma denegação por parte do cônjuge traído, pode estar a serviço de conflitos inconscientes, de natureza homossexual. Dizendo com outras palavras, é possível que, por exemplo, um marido traído pela sua esposa, nega essa evidência, porque existe a possibilidade de que ele esteja atraído sexualmente pelo amante de sua mulher, e projeta nela a satisfação que ele gostaria de gozar.
12. Uma das causas mais comuns nos processos de infidelidade, refere-se ao tipo de pessoa que alguém escolhe para se unir em matrimônio. Assim, se escolheu uma pessoa de características históricas, insaciáveis, torna-se elevada a possibilidade de vir a ser traído(a). Isso acontece porque, por exemplo, uma mulher histérica ou um homem bastante narcisista e sedento de ser desejado têm uma forte necessidade de seduzir e de ser seduzida(o),

logo, está aberto o caminho para a infidelidade. Em casos mais extremos, forma-se uma verdadeira adição à infidelidade.

13. Os graus extremos de infidelidade, anteriormente referidos, acontecem com homens "*don juans*" que só gostam de quem goste deles; têm uma necessidade compulsiva de provar para os outros, e para si mesmos, que são irresistíveis. No fundo, são adultos que, subjacente a uma aparência de pessoa forte e feliz, existe uma criança desamparada e fragilizada, com uma fome enorme de deslocar para um aparente "amor" erótico genital adulto, as necessidades impulsivas de preencher, de forma insaciável, os vazios do período narcisista, logo, oral. Quando a mesma dinâmica psíquica que, de uma forma compulsiva, adquire a forma de uma adicção ao sexo, se processa em mulheres, estas são chamadas de *ninfomaníacas*.

O AMOR PELA INTERNET

Impõe-se acrescentar uma, relativamente frequente, nova forma de cometer infidelidade: refiro-me aos diversos tipos de vínculos amorosos que se estabelecem através da internet. Tanto pode acontecer que os internautas, muitas vezes, aparentemente bem casados, embalados por uma idealização, ou por um estudado jogo de sedução, avancem no namoro virtual, marquem encontros clandestinos e que, de fato, cometam uma plena infidelidade física, de curta ou de longa duração.

Outra possibilidade de infidelidade, creio que mais frequente, é aquela em que ela fica restrita a uma troca de correspondência eletrônica, acompanhada de recíprocas juras de amor ou de simulação de situações orgásticas, e outras coisas do gênero.

Também nessa última possibilidade, estou utilizando o termo "infidelidade" porque consultei vários advogados que exercem o direito de família, os quais afirmaram que o cônjuge "traído" que vier a descobrir que existe um namoro-erótico, se quiser, pode mover um processo, com altas possibilidades de ganhar a causa, mesmo que não tenha se consumado uma infidelidade carnal.

Os usuários do "amor pela internet", geralmente, são pessoas que se sentem desamparadas, desejosas de um amor mais "romântico"; outros gostam de desafios e de programas com aventuras diferentes; muitos desejam não mais do que usufruir alguns fugazes momentos de gozo erótico, sem a menor intenção de permanecer num vínculo de comprometimento;

outros, ainda, têm como objetivo maior apostar na probabilidade da sorte e encontrar alguém que, igualmente deseja encontrar a pessoa certa que também queira construir ou reconstruir um novo lar e uma nova família.

Não obstante o testemunho de muitas pessoas que dizem com orgulho que o namoro eletrônico evoluiu para um casamento normal e feliz, acredito que, na grande maioria de vezes, o vínculo não avança por muito tempo, geralmente porque há uma mútua decepção, quando as expectativas por demais idealizadas, aliadas a um pensamento mágico, se desfazem. Num número menor de possibilidades merece ser registrada a existência de personalidades psicopáticas que, através do amor pela internet, objetivam algum tipo de vantagem fraudulenta.

O AMOR HOMOSSEXUAL

Em primeiro lugar, é necessário deixar claro que antes de ser enquadrada em uma única categoria nosológica – como perversão, por exemplo – a homossexualidade deve ser compreendida como sendo uma *síndrome,* ou seja, diversas causas etiológicas podem manifestar-se através de uma mesma manifestação sintomática aparente. Cabe uma analogia com o surgimento de uma febre, a qual, por si só, de forma nenhuma pode ser considerada como um quadro clínico específico, mas sim como uma síndrome febril que tanto pode ser devida a um resfriado banal, como pode traduzir uma pneumonia ou qualquer outro processo infeccioso, indo até a possibilidade extrema de um processo cancerígeno ou de uma gravíssima septicemia.

Assim, é melhor falar em *homossexualidades,* no plural, e admitir que existe um largo espectro que vai de um extremo natural até um outro psicopatológico, e que o comportamento sexual "normal" é muito mais abrangente que os concebidos pelas culturas em geral e pela psicanálise clássica, em particular.

Freud já estabelecera uma distinção entre *perversão* (fetichismo, sadomasoquismo, voyeurismo, exibicionismo, pedofilia...) e *inversão* (cujo termo designava a homossexualidade). Embora seja evidente que entre os homossexuais também se encontram muitos que apresentam características perversas (que são condenados pelos outros homossexuais, que constituem a maioria, e que não manifestam sintomas de perversão pura), este termo deveria ser evitado por esta dupla razão: sugere uma generalização injusta e, além disso, a palavra "perversão" em quase todos os idiomas tem um significado altamente pejorativo.

Para evitar que o termo *homossexualidade* rotule todas manifestações desta forma homoerótica de sexualidade com um mesmo e generalizado significado, qualitativo e quantitativo, e geralmente impregnado com uma significação pejorativa e estigmatizadora, é que muitos autores preferem empregar o termo *conduta homossexual*, o qual condiciona a necessidade de um esclarecimento quanto à forma e grau deste tipo de conduta.

A conceituação de *conduta homossexual*, ou mais simplesmente, a de *homossexualismo*, alude aos *apegos emocionais que implicam em atração sexual, ou de relações sexuais declaradas entre indivíduos de um mesmo sexo*. Como sabemos o termo *homo*, em grego quer dizer "igual, semelhante", assim como a expressão "lesbianismo" que define a homossexualidade feminina, se origina de *Lesbos*, nome da ilha grega onde residia Safo, poetisa da Grécia clássica, que se notabilizou pelas suas relações homoeróticas.

De um modo geral, os autores concordam que o emprego do termo "homossexual" deveria ficar restrito aos casos em que os indivíduos, de uma forma *mais crônica e compulsiva*, geralmente com alternância de episódios de exacerbações e de remissões, e como uma maneira de se aliviarem de fortes ansiedades paranóides ou depressivas, em distintos graus de qualidade e intensidade, *atuam* um desejo sexual de forma *muito predominante* (isto é, não requer exclusividade) *para pessoas do mesmo sexo biológico*.

Enquanto isso, o termo *homossexualidade latente* deve aludir aos desejos homossexuais disfarçados ou ocultos, não assumidos e nem concretizados. É um termo ambíguo e impreciso e que requer cautela em sua nominação. Da mesma forma, não se justifica rotular como homossexuais aquelas pessoas que, embora comumente casados e com filhos, ocasionalmente cometem *actings* de natureza homoerótica, sem que a mesma guarde uma natureza compulsória e permanente.

O mesmo vale para aqueles casos denominados como *homossexualidade situacional*, isto é, a experiência homoerótica fica restrita a determinadas situações circunstanciais (presídios, internatos, etc.) e nunca mais se repete.

O importante a frisar é que o rótulo de homossexual ainda conserva um caráter bastante pejorativo em nossa cultura, porém é possível que estejamos cometendo uma séria injustiça. Afirmo isso porque é flagrante que muitos homossexuais são, sim, pessoas muito atrapalhadas, com uma vida amorosa desregrada e que estão sujeitos a perigosas condutas masoquistas. No entanto, em inúmeras outras vezes, formam-se casais de homossexuais, masculinos ou femininos, que vivem juntos, em harmonia, durante longos anos, trabalhando e mantendo uma conduta de muita dignidade e assumindo de cabeça erguida essa sua situação de homossexualidade.

Em contrapartida, também todos nós conhecemos casais heterossexuais que tanto podem levar uma vida normal, constituindo famílias sadias, quanto também é possível que se tratem de casais que, embora sejam heterossexuais, possuam um convívio de configuração fortemente patológica sadomasoquista, por exemplo.

UMA CARTA DE FREUD ENVIADA À MÃE DE UM HOMOSSEXUAL

Muitos dizem que Freud tinha uma certa aversão à homossexualidade; por isso, com o intuito de desfazer essa injustiça a Freud, decidi transcrever, trechos de uma longa carta que em 1935 Freud enviou a uma mulher que estava aflita com algumas atitudes "desviadas" que o seu filho vinha demonstrando. A referida carta está publicada no nº 37 da excelente revista *Mente e Corpo,* que é produzida e editada pelo competente confrade, e reconhecido psicanalista, João G. Mariante. Eis a carta-resposta de Freud.

Viena IX, Bergasse 19/9/1935.

Prezada senhora,

Deduzo de sua carta, que seu filho é homossexual. Impressiona-me muito o fato de a senhora não mencionar esta palavra na sua informação sobre ele. Posso perguntar por que a evita? O homossexualismo sem dúvida não é vantagem, mas não é nada do que alguém deve envergonhar-se, nenhum vício, nenhuma degradação, não pode ser classificado como doença; consideramo-lo uma variação da função sexual, produzida por certa parada no desenvolvimento sexual. Muitos homens respeitabilíssimos da Antiguidade e dos tempos modernos foram homossexuais, entre eles vários dos maiores homens (Platão, Miguel Ângelo, Leonardo da Vinci, etc.). É uma grave injustiça perseguir o homossexualismo como um crime – e também uma crueldade. Se não me crê, leia os livros de Havelock Ellis.

Ao perguntar-me se eu posso ajudar, a senhora quer dizer, suponho eu, se posso acabar com a homossexualidade. A resposta é de que de um modo geral não podemos prometer alcançar esse resultado. Em alguns casos conseguimos desenvolver os germes gorados das tendências heterossexuais que estão presentes em todo homossexual, porém na maioria dos casos isto já não é possível. É uma questão da qualidade e da idade do indivíduo. O resultado do tratamento não pode ser previsto.

O que a análise pode fazer pelo seu filho tem sentido diferente. Se ele é infeliz, neurótico, dilacerado por conflito, inibido em sua vida social, a análise pode trazer-lhe harmonia, paz de espírito, plena eficiência, quer permaneça homossexual, quer se transforme.

Se a senhora decidir que ele faça análise comigo – o que não creio – ele terá que vir a Viena. Não tenho nenhuma intenção de sair daqui. Entretanto, não deixe de dar-me sua resposta.

Cordialmente, e com os melhores votos,
Freud

P.S. Não achei difícil de ler sua grafia. Espero que a senhora não ache mais difíceis a minha letra e o meu inglês.

A RESILIÊNCIA COMO UMA FORMA DE AMOR

A expressão "resiliência" vem, gradativamente, ocupando um crescente e significativo espaço na literatura das ciências ligadas à psicologia e também vem sendo reconhecida pelos psicanalistas. Os dicionários caracterizam o significado desse termo como sendo "uma energia armazenada que é devolvida, de uma forma que lembra um elástico espichado". A psicanálise apropriou-se desse vocábulo para definir o fenômeno da resiliência com o significado de uma força interior do sujeito, uma espécie de "garra" que contribui para que o indivíduo (ou grupo) não desista diante de situações difíceis e até desesperadoras, mediante esse elã vital que, muitas vezes, é proveniente de energias espirituais.

O importante a registrar é o fato de que, tal como o conhecido bordão popular recomendando que "façamos uma gostosa limonada diante de um limão amargo", também a resiliência costuma surgir em pessoas que sofrem ou sofreram um doloroso impacto, tanto de natureza física, quanto de tragédia familiar, ou de graves problemas emocionais e/ou afetivos, porém, impulsionados pelo apego à vida, portanto, ao vínculo do amor, não capitulam no desejo de viver e tampouco emergem numa depressão, às vezes, eterna. Pelo contrário, o sujeito retira forças vitais dos traumáticos infortúnios que apareceram alheios à sua vontade.

Frequentemente, tomamos conhecimento de situações reais que confirmam essa última afirmativa, como, por exemplo, uma pessoa nasce com um defeito físico sério e supera-o numa atividade algo compatível com seu grave defeito, tornando-se pintor, escultor, advogado, médico (por exemplo, quem não conhece algum advogado ou médico que não obstante seja cego é reconhecidamente competente?). Todos nós acompanhamos pela imprensa as verdadeiras ressurreições de atletas que tenham sofrido violentos e diferentes traumas físicos, futebolistas, remadores com amputação de pernas, etc., fazendo verdadeiros milagres de recuperação, e assim por diante. Eu poderia me estender em uma enorme quantidade de comovedores exemplos similares.

No entanto, se observarmos atentamente, a recuperação da capacidade de amar, trabalhar, ser útil à sociedade não vem de um mero acaso, mas, sim, de uma capacidade de resiliência, ou seja, de um amor à vida (aliás Freud denominava as pulsões libidinais tanto com a expressão de "pulsões de vida" [em oposição às de "morte"], quanto de "pulsões de amor" [em oposição às de "ódio" ou de "agressão"]).

O conceito do fenômeno de resiliência adquire uma especial importância na situação psicanalítica, quando, por exemplo, é útil que o analista saiba discriminar dois estados mentais do paciente no curso de um processo analítico, por exemplo no surgimento de uma provável resistência (ou mera aparência disso) do paciente em relação ao seu analista. Esses dois estados mentais são muito parecidos, porém, essencialmente, são diferentes e opostos:

1. quando realmente o paciente está resistindo, através de distintos mecanismos defensivos, conscientes e/ou, inconscientes, com a finalidade de não fazer mudanças verdadeiras na estrutura de seu psiquismo, logo, na sua conduta na maneira de viver;
2. por sua vez, no estado de resiliência, o paciente parece que está resistindo, porque fica contestando e polemizando com seu analista, porém faz isso com o propósito de se fazer escutar, de ser compreendido em seu desejo de não ficar uma pessoa submissa e por demais obediente; pelo contrário, quer ter um aval de confiança em seu desejo de adquirir uma certa autonomia, de avançar na vida mirando para frente e para cima.

Tal situação é bastante frequente nos adolescentes, quando estão lutando em prol da aquisição de um definido sentimento de identidade próprio e nem sempre os pais e educadores estão sintonizados com seus propósitos sadios.

A BIOQUÍMICA DO AMOR

Uma pergunta que há décadas não se cala: o amor – principalmente a paixão – consiste, pelo menos em grande parte, em uma reação química? Inúmeros pesquisadores estão estudando e divulgando dados estatísticos acerca da relação dos sentimentos amorosos – o estado de paixão, por exemplo – com o surgimento e o nível quantitativo de determinadas substâncias bioquímicas, inerentes ao funcionamento biológico neuroendócrino.

Dentre essas substâncias, os pesquisadores dão destaque à constatação da maior presença dos *neurotransmissores*, assim como da *testosterona*, em situações de luxúria, isto é, na ocasião de uma excessiva sensibilidade e de um ardente desejo por sexo. Igualmente aparecem altos níveis de dopamina e de norepinefrina, e níveis baixos de serotonina, nos estágios quentes da atração romântica.

A presença maior e mais constante da ocitocina e de vasopressina se manifestaria com mais claras evidências nos estágios mais calmos, seguros e duradouros do vínculo amoroso.

Como estes estudos prosseguem em muitos centros do mundo, e os resultados não são unânimes, é possível que os dados mencionados não preencham um comprovado rigor científico de pesquisa.

Por outro lado, os cientistas estão enfocando uma associação do sentimento de amor com um dos mais simples neurotransmissores – a feniletilamina – a qual é uma molécula natural, semelhante à anfetamina, e os cientistas que a pesquisam especulam que sua produção no cérebro possa ser desencadeada por eventos tão simples como uma troca de olhares ou um aperto de mão.

É justo que se mencione o nome de uma neurocientista italiana – Donatela Marazziti – psiquiatra que labuta na Universidade de Pisa e é autora do livro *La Natura dell´Amore* (Editora Rizzoli, 2002, que já mereceu uma tradução para o português [*A Natureza do Amor*], efetivada pela psiquiatra e mestra Betina Mariante Cardoso, e editada pela editora Atheneu, 2007).

Donatella Marazziti foi convidada especial e participou ativamente no XXV Congresso Brasileiro de Psiquiatria, realizado em 2007, onde ela conferenciou sobre o tema "A neurobiologia da paixão amorosa", na qual, em termos neurocientíficos, entre tantas outras revelações, ela explicou à plateia, fascinada, o fenômeno do "esplendor dos seis milissegundos em que, antes da córtex dar-se conta, a paixão já se espalhou para além de nossos confins. E então já é tarde demais para cessar o processo", conforme relata Betina Cardoso, numa síntese publicada na revista *Psiquiatria Hoje*, nº 5, 2007.

Neste mesmo Congresso, Donatella abordou o amor como um processo neurocomportamental integrado, em que ela referiu a distinção entre as etapas de atração\apaixonamento e de apego\amor. A primeira delas, segundo ela apresenta as seguintes características: alteração do estado mental, possivelmente devido a níveis aumentados de dopamina, norepinefrina, feniletilamina e opioides endógenos. A segunda característica consiste em "padrões comportamentais específicos", com o objetivo de evocar uma resposta de receptividade do parceiro, com possível redução do nível de serotonina. A terceira característica diz respeito a "pensamentos intrusivos relacionados ao parceiro", também associado a níveis reduzidos de serotonina. Quanto a este último aspecto os estudos desta neurocientista apontam para uma semelhança entre este "sintoma" de apaixonamento e a disfunção presente no Transtorno Obsessivo-Compulsivo (TOC).

Quanto à etapa de atração\apaixonamento, a Dra. Donatella mencionou o fato de que diferentes "gatilhos" predispõem nosso cérebro a se apaixonar, tornando-o suscetível a diversos estímulos (visuais, auditivos, táteis, olfativos) oriundos do outro indivíduo desencadeador do amor, da paixão. Do ponto de vista neurológico, tais estímulos ativam mais rapidamente a "amígdala" no sistema límbico; após, o córtex cerebral é avisado sobre o que está ocorrendo. Entretanto, o intervalo entre a ativação da amígdala e o aviso ao córtex dura seis milissegundos, período suficiente para que a amígdala ative outros centros cerebrais e, assim, promova uma tempestade de substâncias e reações químicas, que se traduzem em sensações físicas no sujeito que está apaixonado.

Um dos pontos que a conferencista destacou é a presença do "hipocampo"; seu papel no armazenamento de memória a longo prazo permite que possamos escolher um parceiro que nos evoque sentimentos positivos relacionados a experiências de vida bastante precoces. Ademais Donatella apresentou dados de suas pesquisas com voluntários, alunos da Universidade de Pisa, e com sujeitos em igual número (24, em cada grupo) e demonstrou que existiam alterações hormonais relevantes em sujeitos apaixonados.

Aqui, transcrevi apenas um resumo da excelente síntese que a Dra. Betina fez e, caso algum leitor tenha se interessado pelo tema, cabe transmitir que o livro *A natureza do amor* que ela traduziu do original italiano, neste campo de pesquisa, consta de sete capítulos: "O amor no mundo de hoje"; "O cérebro e o amor"; "A primeira etapa do amor: a atração"; "O apego ou a quietude após a tempestade". "Quantos tipos de amor existem?"; O amor doente; "O amor que sente a mulher é diferente do amor que sente o homem?".

A SEXUALIDADE NO VELHO

Este é um assunto bastante polêmico e que, através da longa passagem das décadas, vem sofrendo transformações, tanto do ponto de vista da atividade genital propriamente dita, quanto em relação à forma de como a família do idoso, ou a atitude da sociedade em que o velho está inserido, ou os preconceitos do próprio casal de idosos encaram a sexualidade em pessoas de idade avançada. Basta dizer que ainda há poucas décadas atrás vigia um forte preconceito que deixava os velhos constrangidos e envergonhados, principalmente as mulheres, quando eles manifestavam algum impulso de natureza erótica, ou até um simples beijo mais caloroso do casal, na frente de outras pessoas. Isso vem mudando substancialmente para uma maior liberdade e espontaneidade por parte de todos os que, de forma direta ou indireta, estão envolvidos com a questão relativa à sexualidade nos velhos.

É útil iniciar este texto enfatizando o fato de que a sexualidade, em condições normais, acompanha o ser humano por toda a vida, porém cabe estabelecer uma distinção entre sexualidade e genitalidade. Freud falava muito em "sexualidade" e esta foi confundida com genitalidade, a qual deve ser entendida como uma disposição mais adulta e madura de manter relações sexuais completas, com um pleno erotismo. O próprio Freud tentou desfazer a confusão, e declarou que a palavra *sexualidade* não é sinônimo de *genitalidade*, ou seja, ela se refere à presença da *libido*, palavra que significa uma "energia vital".

Assim, Freud falava de uma sexualidade, ou libido, de surgimento precoce no bebê quando ele mama no seio da mãe, e, mesmo quando já está com a fome saciada com o leite materno, ainda assim, se demora por um longo tempo com a sua boca presa no mamilo da mãe, e isto não tem nada a haver com desejo de possuir genitalmente a mãe, como muitos detratores da psicanálise proclamavam. A "libido sexual" se refere à, assim chamada, "tesão", a qual, segundo alguns dados estatísticos, mantém-se mais viva nos homens. Já no significado isolado de "sexualidade", a libido pode ser satisfeita de inúmeras outras formas, que não a da genitalidade.

Em livros mais antigos que abordam este assunto, aparecem afirmativas de que na mulher idosa, caso tenha havido no passado uma forte influência religiosa na sua própria família, quando mais velha, acha que, especialmente após o período da menopausa, o seu "papel" de procriar terminou e que não tem mais obrigações com deus e com o seu marido. Entretanto, é importante sublinhar que esta posição, embora num ritmo gradual, também está se modificando bastante. Por exemplo, a menopausa que servia de marco para encerrar as atividades genitais, na atualidade, nas gerações mais jovens, paradoxalmente, até reativa o desejo e a prática do sexo genital, erótico.

Isso se deve a duas razões: a primeira é que o critério de pessoa idosa já não é tanto medido pela idade cronológica, porém, sim, por uma condição psíquica interna, que mantém o idoso sentindo-se jovem, ativo e mais ligado às alegrias da vida do que à espera da doença e da morte. A segunda razão é que a menopausa indica que o período fértil para gravidez praticamente já está encerrado, e sem o risco de engravidar novamente, aumenta o desejo da mulher idosa pela atividade sexual.

A experiência mostra que a maior incidência de transtorno sexual ocorre em idosos, homens, quando vivem sós, ou institucionalizados, ou são solteirões, viúvos, divorciados, "don-juans" quando eram mais jovens e, por isso, estão deprimidos, apáticos e abúlicos (sem desejos).

A propósito, cabe lembrar que os famosos "Relatórios" Kinsey e o de Master-Johnson, que exaustivamente estudaram o comportamento da genitalidade no homem e na mulher, indicam e confiam que a maior capacidade e responsividade aos estímulos é: nos homens dos 18 aos 20 anos, e após gradativo declínio na mulher, o pico sexual erótico delas surge nos últimos 30 ou nos primeiros 40 anos.

Uma outra observação interessante é que tanto no homem quanto na mulher persiste a capacidade para a obtenção do orgasmo aproximadamente até os 90 anos, com uma liberdade na busca de novos padrões de sexo, que não unicamente os conservadores.

Ainda em relação às diferenças biológicas e comportamentais entre o homem e a mulher, cabe afirmar que o surgimento do *climatério,* tanto o feminino quanto o masculino, é a fase em que acontecem mudanças orgânicas e psíquicas, em função de que está havendo uma transição do estágio reprodutivo para o não reprodutivo. Nessa fase, na mulher cai o estrogênio (progesterona) e, na idosa, a fase do platô orgástico permanece igual a de quando ela era jovem. Já no homem, embora a libido se mantenha e também a capacidade reprodutora, em inúmeras vezes, há uma repercussão orgânica no sistema "hipotálamo-hipófise-testicular-suprarrenal". Além disso, o homem idoso está muito propenso a ser vítima de problemas prostáticos, ou diabéticos, o que pode comprometer a função erétil, fato que, não poucas vezes, pode provocar um certo descompasso orgástico no casal.

Relativamente à disfunção erétil, nas últimas décadas, essa situação melhorou bastante para os homens com esse problema, com o advento do medicamento conhecido com o nome de Viagra, e outros medicamentos, com nomes bem diferentes deste, porém com a mesma função, não de despertar diretamente a libido, mas, sim, a de promover uma adequada ereção.

Ainda em relação à fase orgástica, na mulher ela se manifesta através de contraturas musculares (miotônicas) em toda a "plataforma" orgástica, ou seja, abarca o clitóris, vagina, lábios vaginais, orifícios anal e uretral e as glândulas de Bertholin. Na mulher idosa se mantém o orgasmo, apenas reduzindo o número de contrações de modo que, das 15 ou 20 que costumam acontecer nas jovens, se reduz para 5 ou 6. No homem, a fase refratária (tempo entre um orgasmo e outro) vai de segundos ou poucos minutos nos jovens, ou minutos, horas ou dias nos idosos. Na mulher não tem período refratário. É exclusividade delas poderem ter orgasmos múltiplos.

Em casos de patologia, principalmente em homens velhos, pode acontecer um risco de perversão sexual, até porque se mantém a libido e tem uma alta probabilidade de um declínio do juízo crítico. Ainda em relação à patologia da sexualidade, o maior problema do homem consiste numa impotência eretiva, causada mais por problemas orgânicos – mais comumente de causa prostática, vascular ou neurológica – do que psíquicos. Na mulher idosa, o prejuízo no gozo sexual se deve a uma *dispareunia* (coito doloroso) devida à uma falta de lubrificação vaginal.

Entre todos os fatores mencionados para uma feliz e duradoura atividade genital erótica, é necessário acrescentar a que talvez seja a mais importante: a preservação do sentimento de amor entre o casal, com a presença dos ingredientes do amor, como são a recíproca admiração e a atração física.

AS DIFERENTES FORMAS DE AMOR NAS FAMÍLIAS

Não obstante a polêmica que existe relativamente à questão se o casamento já pode ser considerado uma instituição falida e superada, estudos estatísticos demonstram que os casamentos, em todo mundo, em números relativos, não diminuíram em números quantitativos, não obstante a duração dos matrimônios possa estar encolhendo. O que ninguém discute é que é o casamento que favorece a construção das famílias mais ou menos, felizes, ajustadas ou desajustadas, porém sempre se constituindo como o núcleo central do desenvolvimento das personalidades dos filhos, futuros cidadãos adultos, que construirão novas famílias e lares.

Assim, levando em conta que as configurações amorosas adquirem múltiplas e distintas configurações vinculares, achei que justifica traçar um painel de algumas das modalidades, as mais frequentes, de como funcionam os inter-relacionamentos entre todos os membros da família, em termos de amor ou de antiamor.

Em síntese, a família é uma unidade sistêmica que tem uma *identidade* característica, a qual, seguidamente, adquire o perfil transgeracional dos pais, de modo que, às vezes, a aludida identidade fica anquilosada, sempre repetindo as mesmas pausas de conduta e de valores. Porém, em muitas outras vezes, vai sofrendo inevitáveis *transformações,* em meio a *crises* e surgimento de novas necessidades e problemas, dessa forma adquirindo uma modificação de estrutura familiar, e uma aquisição de novos valores, normas e conduta.

PERFIL AMOROSO DAS FAMÍLIAS

Da mesma forma como se passa em qualquer indivíduo, também o grupo familiar adquire uma determinada caracterologia típica, a qual varia bastante de um familiar para outro. De forma esquemática, cabe nominar os seguintes *tipos de famílias,* tanto em nível normal, quanto com um certo grau, maior ou menor, de patologia:

1. *Aglutinadas:* neste caso, predomina, por parte dos pais, uma atitude tendente a uma simbiose generalizada, que reforça uma forte e mútua *dependência,* de características exageradas. Cabe lembrar que os anseios de dependência se manifestam em cinco planos: afetivo; econômico; sexual; social; e o de uma reafirmação de identidade, principalmente quando o sujeito se constitui através de um "espelhamento" de outros sujeitos significativos. Outro inconveniente desse tipo de família é que os necessários limites, as necessárias diferenças e o desempenho de distintos papéis, nem sempre ficam claramente delimitados, o que gera uma série de prejuízos. Assim, quando se instala uma "crise familiar", frequentemente desencadeada quando algum filho

adolescente destoa da aglutinação que tem uma aparência de união e, por meio de "transgressões", busca a sua emancipação, acontece que a aludida crise eclode sob forma de acessos agudos, disseminando um caos generalizado. Nesses casos, é bastante comum que toda a família eleja o "transgressor" como sendo o "bode expiatório", e o caracterizam como o *paciente identificado*, isto é, aquele que carrega nas suas costas as mazelas do restante da família. O contrário de uma família aglutinada, se constitui como uma família dispersada.

2. *Dispersadas:* neste tipo de família prevalece uma falta de coesão entre os membros da família, de modo que impera a lei do "cada um por si e Deus por todos". O mecanismo predominante na família dispersa é o uso excessivo de dissociações, seguidas de identificações projetivas de uns nos outros, com queixas recíprocas e formação de subgrupos, ou, pior, com um afastamento, matizado por uma indiferença de um pelo outro.

3. *Aquarteladas:* tal como o nome sugere, estas famílias se caracterizam pelo fato de que lembra um *quartel*, comandado por um chefe (pode ser o pai ou a mãe) rígido, autoritário, por vezes tirânico, que não escuta os subordinados, o "diálogo" fica na base de cobranças, perguntas e respostas, e, acima de tudo, cobra o cumprimento de suas ordens, sob a ameaça de severas penas. Tal conduta gera nos demais uma alta submissão, ou o oposto disto, ou seja, alguma forma de rebeldia; a formação de um superego de características severas e punitivas, ou, ao contrário, um desprezo pelo superego, o que se constitui matéria prima para a formação de conduta psicopática. As identificações neste tipo de família se processam principalmente pelo mecanismo de "identificação com o agressor".

4. *Narcisistas*: estas famílias se notabilizam porque estão sempre se jactando de serem os melhores em tudo; tomam a si mesmos como modelo de família exemplar e não toleram outros valores e condutas que não sejam iguais aos seus. Esta última situação, em casos mais extremos, pode atingir um estado psíquico da família, de onipotência, onisciência, arrogância e prepotência. Há uma predominância de um *ideal de ego* coletivo, num clima familiar onde a tônica reside numa constante idealização e numa imperiosa necessidade do cumprimento de expectativas, às vezes, grandiosas. Não raramente acontece que todos desta família sejam realmente bem-sucedidos; entretanto, também ocorre a possibilidade de que, tendo em vista que é mínima *a tolerância*

às frustrações deste tipo de família, diante de um insucesso de algum membro, este entre em crise depressiva e a família entre em crise de angústia. Também é característico deste tipo de família narcisista que seus membros sejam "buscadores" de *fetiches*, isto é, procuram compensar uma subjacente insegurança com substitutos ilusórios, geralmente o poder, o prestígio, a riqueza, a ostentação e as alardeadas conquistas amorosas.

5. *Com algum tipo de psicopatologia:* é bastante comum que alguma determinada família funcione de forma moderada, ou francamente *psicótica* (com condutas bizarras, transtorno da linguagem, da percepção, da comunicação e do pensamento; predomínio das pulsões de morte; um uso excessivo de mecanismos primitivos; pode haver uma sucessão de crises, transtornos de conduta e acidentes, às vezes trágicos, além de uma eventual internação psiquiátrica de alguns deles). Em outras famílias se manifesta alguma forma de *psicopatia,* em cujos casos, os padrões vigentes – tanto os sexuais, morais, sociais, éticos e estéticos – são transgredidos. Assim, é muito comum que haja uma perda dos limites, como, por exemplo, uma promiscuidade, revestida por uma, fetichizada, aparência de liberdade. Em outras vezes, o conluio inconsciente deste tipo de família consiste em que um dos familiares assuma um papel de puritanismo, enquanto a um outro cabe o papel de psicopata, sendo que, no fundo, ambos estão, inconscientemente, numa cumplicidade e cada um se comporta como o executor do lado oculto do outro.

6. Também é possível a estruturação de famílias em bases *fóbicas* (evitam tudo aquilo que lhes foi significado, e representado, como sendo perigoso); ou *obsessivas* (com os traços característicos do que nós conhecemos como sendo típicas de uma neurose obsessivo-compulsiva, de alguma pessoa); ou famílias *adictas* (nas suas múltiplas possibilidades, como é o tabagismo, a alimentação, consumismo, drogas, etc.); *somatizadoras* (uma hipocondria, por exemplo, pode acometer a todos familiares). Igualmente cabe incluir aquelas famílias que se caracterizam por uma estruturação *paranóide* (são desconfiados, querelantes, criadores de casos, sempre na defensiva, logo, sempre contra-atacando); *depressivas* (às vezes fazem um eterno "culto" a algum morto da família e, muitas outras vezes, se "proíbem de serem felizes"); *ansiosas* (quase todos membros da família são propensos a crises de angústia diante de algum "sinal de alarme"), famílias

portadoras de um *falso self* (em cujo caso, mais vale a aparência do que a essência) e assim por diante.
7. *Tipos mistos*: na maior parte das vezes, os tipos até agora descritos nem sempre são rigidamente estanques; antes disso, o mais frequente é que coexistam numa mesma família os distintos traços característicos de todas aquelas, com uma predominância maior, de uma ou de outra.
8. *Normalmente integradas:* nestas famílias, "normais" dentro dos critérios atualmente vigentes, predomina uma aceitação e preservação dos direitos e deveres de cada um, dentro de uma necessária hierarquia familiar; existe o "reconhecimento" dos limites, das diferenças, dos alcances e das limitações que particularizam individualmente os distintos membros da família. As crises também se formam, porém adquirem uma função estruturante; as vivências, as boas e as más, são compartidas com uma mutualidade da função de continência. Além disso, existe uma capacidade para suportar diversos tipos de perdas, especialmente de pessoas queridas, e de absorver a entrada de outras pessoas no seio familiar.
9. É evidente que entre o casal, ou dos pais com um ou mais filhos, ou entre os irmãos, nem tudo corre sempre às mil maravilhas; o comum é que sempre existam alguns atritos maiores ou menores, em que a causa desencadeante mais corriqueira se deve a um transtorno na forma de comunicação entre as pessoas, com o resultado de "mal-entendidos" e, daí segue um cortejo de acusações, contra-ataques, ameaças, desaforos, etc. Porém, se não for demasiado o tamanho dos atritos, nem predominante no dia a dia e, sobretudo, se o sentimento de amor é o que predomina, esta família continua sendo enquadrada como sendo normal.

3
O Vínculo do Ódio

ETIMOLOGIA E CONCEITUAÇÃO

O vocábulo "ódio" se origina do latim *odium* (Alencar, 1944), com o significado de ira, raiva, estado colérico. A versão inglesa desta palavra é *hate*, cuja inicial "H" é a que aparece em todos os textos que o psicanalista Bion utiliza quando quer fazer comentários e explanações sobre este sentimento e vínculo.

O sentimento de ódio, com os respectivos vínculos, é presente desde a existência da história da humanidade, com evidências na mitologia, na bíblia, na historiografia das guerras, em certas ideologias políticas (nazismo, por exemplo), nos relatos ocorridos na Idade Média, na violência urbana, etc. As causas responsáveis pelas guerras são variáveis: religiosas, sociais, perseguição contra minorias, atos de vingança, uma justificada defesa da honra, volúpia pelo poder, abusos do poder legislativo, interesses econômicos (cartéis de petróleo, por exemplo), etc.

No entanto, em todas elas se reúnem poderosas forças de comando, que fazem coalisões, às vezes muito estranhas, sob o velho argumento de que "os fins justificam os meios". As guerras, muitas vezes alimentadas por um trabalho de doutrinação, não se resumem a indivíduos, porque se propagam à população que, mobilizada pelo ódio latente, que existe em cada um, pode provocar, num macrocampo de *dinâmica grupal*, um verdadeiro estado de "psicose da massa".

Não é demais repisar que ódio não é o mesmo que "menos amor" e que a recíproca também é verdadeira. Assim, o clássico conflito entre o amor *versus* o ódio, que durante longas décadas a psicanálise clássica consagrou, na atualidade cede espaço para um conflito entre o amor e o menos amor, ou do ódio contra ele próprio, embora ambos vínculos – amor e ódio – estejam sempre interligados entre si e com outros vínculos também. Maiores detalhes sobre as noções gerais que abordam esta temática, estão explicitados no Capítulo 1 deste livro, intitulado "Vínculos e configurações vinculares".

Na verdade, enfocar o tema do ódio, imediatamente nos remete às pulsões agressivas que, para uns, são derivados diretos da "pulsão de morte", ou seja, dos impulsos instintivos tanáticos, também diretamente ligados à inveja primária, tal como postulou a importante psicanalista Melanie Klein.

DIFERENÇAS ENTRE AGRESSÃO E AGRESSIVIDADE

Entendo que o mais importante é iniciarmos fazendo uma distinção entre o que significam os termos *agressão* e *agressividade*, visto que, no mínimo eles encerram duas significações: uma é alusiva a uma *agressão destrutiva*, enquanto a outra merece ser chamada de *agressividade construtiva*. Palavras muito parecidas, porém de significados bastante diferentes, como exporemos mais adiante.

Entretanto, outros autores consideram que a *agressividade* se apresenta no psiquismo como uma força que exerce uma pressão irredutível e persistente que, embora de caráter construtivo, pode acontecer que a tensão psíquica pode atingir limites tão insuportáveis que o homem busca seu alívio descarregando compulsivamente esta tensão de agressividade, em forma de *agressões* contra outros.

Por sua vez, a agressão, deste ponto de vista, é considerada como sendo um "tipo de conduta". Com essa conduta o sujeito explora o seu semelhante, despoja-o de seus bens, humilha-o, maltrata, martiriza e até o mata (Freud, 1930, p. 56). Esta agressão pode somar-se a de outros sujeitos e converter-se em uma manifestação coletiva, de um grupo, de uma nação, etc. Da mesma forma um determinado grupo pode ser caracterizado por uma "agressividade", num significado positivo dessa palavra.

O verbo "agredir", etimologicamente, deriva do latim, na combinação do prefixo *ad* (com o significado da preposição "para uma direção", entre outras significações), combinado com o étimo *gradior* (o genitivo é *gressus*) (Alencar, 1944), cujo significado é o de "marcha para a frente" (o leitor pode lembrar da Lady Gradiva, no texto de Freud "Desejos e Sonhos na 'Gradiva', de Jensen", de 1907, que consta no volume IX da Standard

Edition da Obra de Freud, cuja gravura retrata uma jovem mulher caminhando, dando passos para a frente).

Assim, em princípio, "agredir" (*ad* + *gradior*) tem uma significação positiva no sentido de que nossos antepassados, inclusive os primitivos hominídeos e os animais primatas, necessitavam manter a preservação da individualidade de cada um deles e, para tanto, necessitavam se alimentar, agredindo o meio ambiente para colher frutos, ou praticando uma ação predadora contra outros animais mais frágeis. Não obstante fosse uma atividade agressiva, não deixa de ser positiva em termos de se defender, com "garra", para saciar as suas necessidades vitais.

Se, ainda na etimologia, trocarmos o prefixo *ad* por *re*, teremos *regredir*, um movimento para trás; ou se trocarmos por *pro*, o significado será de *progredir*, um movimento para a frente; já o prefixo *trans*, nos dá um significado de um movimento oblíquo, transverso, ou seja, um *transgredir* que, quando for excessivo, é próprio dos sociopatas. Podemos concluir que, com pequenas mudanças numa mesma raiz etimológica, é possível construir significados positivos ou bastante negativos.

Para avançarmos mais nas reflexões sobre o vínculo do ódio, é útil lembrarmos que Freud o tomou como ponto de partida para o desenvolvimento de sua incipiente teoria da existência de pulsões instintivas, e inspirou-se na frase do poeta e filósofo Schiller: "São a fome e o amor que movem o mundo". De fato, deve ter pensado Freud, a *fome* era saciada através da pulsão de vida que fazia o homem primitivo enfrentar a natureza em busca de alimentos, assim garantindo a preservação do indivíduo, enquanto é o *amor*, através da atividade sexual, reprodutora, que fica garantindo a preservação da espécie. Posteriormente, Freud formulou uma divisão dos instintos em dois grupos: os instintos sexuais (equivale ao amor, com fins reprodutivos e orgásticos) e os do Ego (equivale ao da fome, com o intuito de manter a vida)

Quando acontecia a satisfação dessas duas necessidades fundamentais – alimento e sexo reprodutor – a pulsão de vida, amorosa, ficava mais incrementada e o sujeito mais satisfeito; no entanto, na hipótese de que houvesse a falência de prover aquelas duas necessidades vitais, através de faltas, privações e frustrações, a agressividade ia num crescendo e o sujeito emergia num sentimento raivoso, carregado de uma conduta de agressão.

A propósito, existe uma polêmica muito antiga e que ainda não conseguiu um consenso: *as pulsões instintivas de agressão são inatas e inerentes à condição humana, ou elas emergem somente nas condições de uma alta privação que ameaça a sua vida?*

Como ainda não se chegou a uma resposta consensual, o mais provável é que ambas as possibilidades existam simultaneamente, complementando-se reciprocamente. Assim, pesquisadores do campo das neurociências estão se aprofundando nos estudos que estão comprovando como os fatores orgânicos, através de neurotransmissores, estão cada vez mais perto, conectando-se com outros fatores que mobilizam distintas emoções.

Ninguém contesta que o amor e o ódio são inseparáveis, embora a presença de um deles possa prevalecer, de longe, sobre o outro, mas ambos, acionados por algum estímulo interior ou exterior, podem sofrer transformações, pequenas ou grandes e, assim, muitas vezes, elas se complementam.

Uma metáfora talvez esclareça melhor: vamos supor a existência de uma queda d'água, cujas águas vão caindo numa lavoura que está nas cercanias, sendo que ela é atingida pela água da correnteza da cascata. Essa água representa o movimento de agressão, visto que a sua força bruta pode arruinar a lavoura e até destruí-la. Agora, vamos imaginar que alguém, criativo, instalou um sistema de tubulação, com canos junto à entrada do ímpeto da água que vem do alto da cascata, de uma maneira tal que a água encanada, dirigida para várias direções, perca o seu ímpeto destruidor e siga a direção dos canos instalados, de sorte que a água chegue mansa, macia e, no lugar de destruir, vai alimentando e hidratando a lavoura, tornando-a muito mais viva e frutífera. Vamos seguir nesta metáfora, imaginando agora que alguém lembrou que pode aproveitar o fenômeno físico de que a força mecânica da água pode mover uma turbina e, assim, produzir energia elétrica barata e suficiente para beneficiar muita gente. Indo além, essa mesma energia elétrica, quando atravessar uma "resistência" que existe nas lâmpadas, pode produzir luminosidade, que pode ser aproveitada em outras situações, numa série de transformações, úteis, logo, amorosas. Conclusão: assim como um amor frustrado pode se transformar em ódio, também uma pulsão de agressão pode transformar-se em amor.

O sentimento de ódio está presente desde a existência da humanidade, fato que pode ser percebido através de narrativas mitológicas (os mitos de Édipo ou o de Eros, por exemplo); em inúmeras passagens da bíblia (Caim matou Abel, por exemplo); nas artes, principalmente através de pinturas e esculturas; na etologia, que possibilita observar no reino animal (assim contribuindo para o entendimento do comportamento agressivo do ser humano) as mais diversas formas de violência entre espécies diferentes, ou entre animais de uma mesma espécie; na história universal de todos os tempos, no que tange às guerras pela conquista do poder; nas guerras religiosas; nas guerras contemporâneas, ainda em curso; na atual violência urbana que está presente no mundo todo, etc.

Reportando ao mencionado reino animal no qual, sabidamente, temos evidências de que também muitas espécies guerreiam entre si e se depredam, o que justifica que possamos cogitar da possibilidade de que as guerras entre os homens sejam uma herança atávica de nossos antepassados animais? E que, possivelmente, a única e maior diferença entre nós e eles é que na evolução do ser humano ele se diferenciou por ter adquirido a condição de ser bípede, de construir ferramentas, rudimentares e, progressivamente, mais sofisticados artefatos de guerra, além de possuir superioridade intelectual.

As manifestações concretas da agressão podem ser encontradas nas mais diversas formas do comportamento humano. Os psiquiatras, baseados em suas observações clínicas, costumam localizar o comportamento agressivo nos neuróticos, psicóticos e perversos, porém o espectro é muito mais amplo: costuma ocorrer com pessoas consideradas "normais", também em instituições governamentais, militares, políticas, empresariais, etc., em que a agressão é cometida, de maneiras racionalizadas, organizadas e ritualizadas de violência. Outras vezes, em situações mais extremas e graves, a violência emerge de explosões místicas e ideológicas; ou matanças rituais, de magia negra; ou fanáticos movimentos contestatórios, etc.

Da mesma forma, existem certas dicotomias que devem ser bem diferenciadas para não cometermos injustiças de julgamento, entre agressão destrutiva e agressividade construtiva; entre agressão justificada e injustificada; normal e anormal (até pela desproporção entre o estímulo provocador e a intensidade da resposta com uma violenta e desproporcional agressão); agressividade que dá uma sensação de prazer pela coragem de enfrentamento e agressão que se manifesta como um sintoma preocupante de sadismo; agressão como mera descarga pulsional e agressão a serviço do ego; agressão motivada por ideias persecutórias e agressão como um revide sadio a alguma calúnia, injúria ou difamação, etc.

Alguns autores da psiquiatria, no tocante às manifestações clínicas da agressão, separavam-nas em dois tipos:

1. agressões *diretas* (sadismo erótico, sadismo moral, homicídio, conduta impulsiva perigosa e incontrolável), quando elas são repetitivas;
2. agressões *indiretas* (quando se manifestam através de sintomas, decorrentes do uso de defesas inconscientes, como somatizações,

traços de caráter excessivamente narcisistas ou paranóides, fobias, obsessões, depressões, traços perversos, etc.).

A IRA E O ÓDIO

Convém responder a uma pergunta que é muito frequente e que muita gente formula: "existe diferença entre raiva (ira) e ódio?". A minha resposta costuma ser a de dizer que, sim, existem diferenças entre os respectivos significados. Assim, a *ira* se expressa através de um rompante de raiva, às vezes abrupta, com uma qualidade aguda, transitória e disruptiva, não necessariamente acompanhada de ódio.

A ira surge em quatro situações que, de certa forma, se superpõem: a primeira decorre de uma tentativa vigorosa de eliminar uma fonte de frustração ou provocadora de dor, ou de reagir a alguma grave injustiça. A segunda função da ira é a de eliminar um obstáculo ou barreira que existam no caminho da gratificação. A terceira função, mais intensa, é a de eliminar o "mau objeto" que o frustra, mas é de quem a criança ou o sujeito irado depende. Já a quarta função da ira resulta de uma busca de autonomia, autoafirmação e de um grito de liberdade em relação aos opressores externos, e pode vir acompanhada de tentativas sublimatórias da resposta agressiva.

Por sua vez, o *ódio* resulta de um derivativo complexo e estruturado do sentimento de ira, de modo que o ódio pode adquirir uma configuração crônica, permanente – por vezes permanecendo como um traço caracterológico – centrada num desejo de destruir a reputação, por exemplo, de algum desafeto (representante do mau objeto), de fazê-lo sofrer, de controlá-lo e de se vingar dele.

Pela sua importância e multiplicidade de modalidades da agressão, cabe descrever, em uma série de subtítulos nesta parte do livro, as múltiplas facetas de como o ódio destrutivo se origina e se manifesta nas mais diferentes situações da existência humana, como é mostrado a seguir.

O ÓDIO NA MITOLOGIA

Quatro mitos caracterizam o conhecimento da existência das pulsões criminosas: o mito de Édipo (*parricídio*); o mito bíblico de Abrahão, em relação ao quase sacrifício de seu filho Isaac (*filicídio*) e o mito de Caim, assassinando o seu irmão Abel (*fratricídio*). Em relação ao "filicídio", é útil distinguir essa palavra do termo "infanticídio", em cujo caso, o homicídio abrange muito mais do que o de um filho, isto é, nas guerras as maiores vítimas são os jovens (infantes), logo, é um infanticídio.

Tanto o mito de Eros quanto o de Édipo, que serviram para ilustrar o vínculo do amor, também se prestam, numa versão um pouco diferente, para confirmarmos a forte presença do ódio nestes mitos. Pela forte influência que o mito de Édipo exerceu em Freud, do que resultou um importantíssimo marco na história da psicanálise, creio que é justo dar um destaque especial a este mito, e também ao mito da Esfinge, que está intimamente ligado ao decifrador (Édipo) dos enigmas que ela propunha.

Mito de Édipo (Grandon, 2000)

Em *Édipo Rei*, tragédia escrita por Sófocles, sabemos o enredo de que Laio, rei de Tebas, ouviu do oráculo de Delfos o presságio trágico de que ele seria morto pelo seu filho e que este desposaria a sua mãe. Para fugir desta terrível tragédia, o rei Laio, com a concordância de sua mulher, Jocasta, decidiu armar e executar um plano de abandonar o seu filho recém-nascido, no alto de um morro e depois matá-lo. Este plano fracassou porque o escravo encarregado ficou condoído pelo bebê, prendeu-lhe pelos pezinhos e suspendeu-o numa árvore, sobre um monte. Um pastor, atraído pelo choro, dirigiu-se para o local, desamarrou-o e levou-o à rainha que, como não tinha filhos, resolveu adotá-lo.

Pelo fato de que os pezinhos do bebê estavam inchados, resolveram dar o nome de Édipo, que, em grego, significa "aquele que tem os pés inchados". Algum tempo após, numa encruzilhada das estradas de Delfos e Tebas, um velho de barbas brancas, acompanhado de seu cocheiro, vindo de Tebas, de forma arrogante insulta um jovem, ambos se engalfinham e o jovem mata o velho e o cocheiro. O velho era Laio e o jovem era Édipo. Com a morte de Laio, o trono fica vazio e passa a ser assumido por Creonte, irmão de Jocasta, cujo primeiro ato foi o de declarar que daria a mão de Jocasta e o reino a quem matasse a terrível Esfinge.

O MITO DA ESFINGE

Essa famosa figura mitológica que tinha um corpo composto por várias partes de figuras diferentes, fôra enviado pela deusa Juno para se vingar do falecido Laio em função do rapto de uma jovem por quem esse rei se apaixonara. A Esfinge era um monstro, alado, com rosto e peito de *mulher*; o corpo de *leão*; com asas de *águia* e com uma parte de *serpente* (segundo uma outra versão), que propunha enigmas a todas as pessoas que transitassem pelo local onde ela estava, no alto de uma montanha. Quem não resolvesse satisfatoriamente os seus enigmas, era imediatamente devorado (o clássico "Decifra-me ou te devoro").

O jovem Édipo, cheio de vitalidade, aceitou o desafio proposto por Creonte e resolveu enfrentar a Esfinge que, postando-se diante dele, perguntou-lhe: "Qual é o animal que de manhã caminha com quatro pés, ao meio dia com dois e à tarde com três?" Édipo não hesitou em responder que era o homem: ao nascer, engatinha com os quatro pés; quando adulto, caminha agilmente com seus dois pés; e, no ocaso da vida, apoia-se a uma bengala, que funciona como um terceiro pé. Raivosa, humilhada e desmoralizada, a Esfinge jogou-se nas ondas do mar e desapareceu.

Cessara o flagelo; a cidade de Tebas estava salva. Os habitantes receberam Édipo como um herói; tornou-se rei de Tebas e marido de Jocasta, sua mãe. Após um período florescente de prosperidade, um novo flagelo se abateu sobre os tebanos: começaram a morrer homens, mulheres, crianças, jovens e animais. Correram a consultar o oráculo que lhes respondeu que a cidade estava profanada pela presença do assassino do antigo rei de Tebas, Laio.

O flagelo só teria fim quando os tebanos afastassem o cruel matador. Rei Édipo, embora suspeitando que pudesse ter sido ele o assassino, envidou todos os seus esforços e incentivou uma investigação profunda e sem pausa por parte de todos habitantes, até descobrirem o verdadeiro assassino. Quando a verdade se tornou insofismável – Édipo era o assassino! –, imediatamente relatou toda a verdade da tragédia para Jocasta, sua mulher e mãe, que, não suportando tanto horror, enforca-se com seu cinto; imediatamente Édipo tira a fivela do cinto e com ele vaza os seus próprios olhos, ficando totalmente cego.

Dos quatro filhos que teve com Jocasta, somente Antígona fica de seu lado e o ajuda no desterro para Colona, lugarejo próximo de Atenas, onde ele, já velho, cego e alquebrado, vem a morrer, com o sentimento do "dever cumprido", ou seja, o pagamento de autopunições através de atos masoquistas.

Comentário

É evidente que este mito relativo à Esfinge (que deu origem ao mito de Édipo) permite várias reflexões e interpretações de natureza psicanalítica, porém, para o propósito deste texto, basta reconhecer o fato de que os mitos, muito especialmente os da mitologia greco-romana, decorridos mais de dois milênios, continuam sendo uma eterna fonte de inspiração para estudiosos, artistas, literatos, psicanalistas, etc. Essa mitologia é um acervo de lendas que, com o correr dos tempos transformaram-se em mitos, espelhando o penoso caminhar da humanidade.

O grande mérito dos mitos é o fato de que tudo que se passa com os deuses, heróis, reis, etc., entre lutas pelo poder, intrigas, inveja, amor e ódio, solidariedade e vingança, bons e maus caracteres e, coisas assim, constitui-se como um fiel retrato do que se passa com o gênero humano, nas suas grandezas e pequenezas. Na verdade, os mitos representam para a humanidade o mesmo que os sonhos para qualquer sujeito, isto é, eles revelam verdades, sentimentos, pulsões, conflitos e fantasias inconscientes que estão reprimidas no fundo do inconsciente e surgem camufladas nos mitos, da mesma forma como acontece nos sonhos, isto é, há uma riqueza de simbolismos, com a predominância do pensamento e da linguagem próprios do primitivo processo primário.

De um viés psicanalítico, creio que se justifica fazer o seguinte entendimento desse mito:

1. O conjunto de partes distintas que formam o corpo da Esfinge, lembra muito de perto as *diferentes partes* (bebê, criança, adolescente, adulto; parte sadia e doente; simbiótica e independente; obsessiva, fóbica, paranóide, sádica ou masoquista, ou todas essas em estado de íntima interligação com uma predominância amorosa construtiva ou agressiva destrutiva, etc.) que compõem a formação de nosso psiquismo.
2. O significado desse tipo de corpo não é simplesmente para descrever uma bizarrice ou um monstro. Antes, penso que revela a sabedoria mística, através de símbolos, visando dar um significado a cada uma das partes ocultas no inconsciente de qualquer pessoa, grupo ou sociedade.
3. Assim, o rosto da figura feminina possivelmente representa a nossa origem e a função de maternagem, boa ou má, de nossa *mãe* internalizada. A esfinge estaria representando a mãe má, horrenda, asfixiadora e devoradora. Aliás, a raiz etimológica da palavra "esfinge" vem do grego *esfinx* que significa sufocar, estrangular, e também origina o termo "esfíncter".
4. Já a *águia* deve representar a busca de um espaço livre, como uma alusão positiva de que o sujeito tem potencialidades para

"voar" para cima e para a frente, porém sabemos que a condição de ave de rapina da águia, tanto pode significar a parte de rapinagem (roubo) do ser humano quanto também a palavra "águia" designa "pessoa esperta, ou de muita perspicácia e talento que, lamentavelmente, às vezes é dirigida para velhacarias".
5. Por sua vez, o *leão* é símbolo de força, de poder, de pés na terra, o rei dos animais, tudo isso provavelmente esteja representando tanto a nossa onipotência excessiva ou uma força autêntica do sujeito.
6. A possível parte *serpente*, reconhecida pela sua imagem de venenosa e traiçoeira, deve estar aludindo ao significado contido no "Gênesis" da bíblia, relativo a Adão e Eva no paraíso, isto é, significa a parte da pessoa que, tal como a serpente, seduz, porém de forma pérfida, enganadora e traiçoeira.
7. A morte da Esfinge, que se suicidou quando foi descoberta e decifrada em seus enigmas, resolveu sumir, desaparecer. Em meu entendimento, acho muito viável que o simbolismo do desaparecimento da monstruosidade tenha o significado de que quando uma pessoa, especialmente no curso de um processo psicanalítico, consiga decifrar o lado "monstruoso" de seu psiquismo, esse lado doentio desaparece e cede lugar para a força do leão e para os voos do lado sadio da águia.
8. Também pensei, forçando um pouco a imaginação, mas inspirado na coincidência, que as quatro partes da Esfinge possam estar representando os *quatro vínculos*, separados, porém sempre juntos, inseparáveis, numa permanente interação, com o predomínio de um ou de outro tipo de vínculo.

Mito de Eros

Não obstante este mito já ter sido descrito no capítulo "O vínculo do amor", creio que, pela sua importância e significação se justifica reproduzir com uma versão algo diferente. Neste conhecido mito, ao lado do amor, houve uma inveja e um sentimento de ciúme muito intenso por parte de Afrodite (em romano é conhecida como Vênus, deusa do amor), dirigido contra a grande e admirável beleza de Psiquê, de modo que, não suportando a inveja, Afrodite tramou uma forma de humilhar e estragar a vida da rival odiada.

Neste seu macabro ódio, Afrodite tentou usar o seu filho Eros, com a finalidade de que, através de alguma "seta do amor", ele flechasse algum homem, de última classe social, e que se encantasse perdidamente de amor por Psiquê, e que esta também ficasse num estado de encantamento.

Aconteceu, no entanto, que o "feitiço virou contra o feiticeiro", de sorte que foi Eros quem ficou perdidamente apaixonado por Psiquê, a quem ele desposou, o que acarretou um maior desespero e ódio de Afrodite.

No entanto, Psiquê é a alma humana que não pode amar sem sofrer e fazer os seus enamorados também sofrerem, o que também aconteceu com Eros. Psiquê não sabia que o seu amante era o deus do amor; ele só vinha visitá-la à noite e nunca a deixava ver o seu rosto. Instigada por suas duas irmãs invejosas, Psiquê, numa noite, enquanto Eros dormia, aproxima uma lâmpada ao seu rosto. Fica deslumbrada com a beleza de Eros, reconhece-o como deus do amor, porém da lâmpada pinga uma gota de azeite fervente no rosto de Eros que desperta e desaparece imediatamente, sem jamais voltar. Psiquê entra em desespero, chora sem cessar e resolve dirigir-se a Afrodite. Esta, ainda ressentida com Psiquê, faz dela a sua escrava e obriga-a a viver no meio da tristeza e da inquietação.

Com uma mediação de Zeus, Vênus (Afrodite) abranda o seu ressentimento e vingança, e o Olimpo se rejubila e comemora, com um banquete esplêndido, o retorno da paz, não obstante Afrodite garanta que Psiquê seria de sua propriedade. Então, Eros volta a viver com ela, num verdadeiro hino ao amor e o casal tem uma filha, Volúpia. Em algumas versões deste mito Eros tinha um complemento ("uma outra parte dele") que, conforme a tradução, tanto é chamado de *Imeros,* quanto de *Anteros,* o qual se caracteriza por ser o deus do amor violento, de luxúria.

Esse mito também deixa claro o quanto o amor e o ódio caminham muito juntos. Mitos como esses aparecem em grande quantidade na mitologia greco-romana, onde o amor e o ódio se superpõem e se confundem.

O ÓDIO NA RELIGIÃO E NA BÍBLIA

No desenvolvimento da cultura humana, não é possível fixar um único ponto onde termina o mito e começa a religião. Pelo contrário, ao longo de todo o curso de sua história, a religião permanece intimamente ligada a elementos da mitologia, não obstante o fato de que, gradativamente, a religião foi conquistando uma maior autonomia em sua ideologia e organização.

Relatos históricos asseguram que nas épocas anteriores a Cristo, as religiões não só amparavam como também incentivavam a vingança com requintes de crueldade. Elas eram adeptas da "Lei de Talião", ou seja, seguiam à risca a famosa sentença de "olho por olho, dente por dente", assim executando retaliações (suponho que vem de *re* = de novo + *taliação* que alude à lei de talião) que costumavam ser intensamente desproporcionais a uma provável provocação injuriosa por parte de alguma facção rival.

Pode-se afirmar que as religiões têm sofrido grandes transformações, desde um primitivo politeísmo (vários deuses) até um, atual, predomínio de um monoteísmo (um único deus). Mais precisamente, pode-se dizer que a evolução da religião atravessou três fases: a *primeira* é aquela em que predominou um pensamento mágico, de sorte que eram múltiplos deuses que surgiam em determinados momentos em que prevaleciam certas emoções (deus da alegria, deus das vitórias, deus da ira, etc.), porém também desapareciam em pouco tempo, e eram substituídos por outros, também "deuses momentâneos", mas que regiam a vida dos indivíduos.

Em um *segundo* período, começa a descoberta do sentimento de individualidade do divino, em que a ênfase atribuída aos deuses se referia à proteção, ou maldição deles, tudo isso muito ligado ao *trabalho*, de alguma forma remunerado, por parte dos indivíduos, fato que, nessa época, ganhou uma grande relevância. Deste modo, cada ato adquiria um significado religioso: o homem recorria a divindades que deviam protegê-lo a cada momento, na sua respectiva "especialidade".

Entre os gregos, por exemplo, a deusa Deméter (em latim, é Ceres, daí vem a palavra "cereal") presidia o ritmo das estações e das colheitas; Afrodite presidia o amor, e assim por diante. Nesta fase, embora já houvesse uma maior conscientização da importância da individualidade, ainda predominava um pensamento algo mágico, que se traduzia em rituais, como, por exemplo, os ritos mágicos da fertilidade, sem os quais, acreditava-se, nem a terra frutificaria e tampouco a mulher conceberia filhos.

Diante de algo malsucedido, o sentimento do homem era o de que ele estava sendo punido por algum deus específico, como sendo um castigo por algum pecado ou desobediência que teria ofendido o seu deus. Partindo daí, já podemos conceber que os deuses em geral também eram movidos pelo ódio; ou seja, convém lembrar que a magia tanto pode ser usada para o bem como para o mal, uma vez que a magia não é ligada a princípios éticos.

Já na *terceira* fase, o indivíduo passou, em grande parte, a humanizar os deuses, crendo que eles seriam capazes de sofrer, amar, odiar e de agir como os homens, de maneira que os deuses adquiriam novos nomes e se adaptavam a novas funções. Por exemplo, a deusa grega Atenas (em romano, é chamada de Minerva), filha nascida da cabeça de Zeus (para os romanos, o nome desse deus grego é Júpiter, que significa "pai celestial", nome que se forma a partir do latim *iov* = celestial+ *pater* = pai).

A deusa Atenas já nasce armada e, assim, surge inicialmente como deusa guerreira que protege os exércitos. Aos poucos, à medida que a guerra se torna um trabalho e uma profissão de guerreiro, ela passa a proteger o trabalho em geral e, mais tarde, nos períodos de menos guerras, a deusa Atenas passa a proteger o trabalho intelectual e as artes, a um mesmo tempo em que ela se consagra como deusa da sabedoria e protetora da cidade de Atenas.

Nessa mesma terceira fase, com o seu desenvolvimento, surgem as religiões monoteístas, e as forças morais dos homens se concentram no problema do bem e do mal. A natureza passa a ser abordada pelo lado da razão e não mais pelas emoções. O divino também deixa de ser concebido pelos seus poderes mágicos, e passa a ser enfocado pelo poder da *justiça*. O sentido ético começa a substituir o sentido mágico, o que converte o ser humano a uma constante luta pelo amor da justiça.

De qualquer forma, em praticamente todas as inúmeras religiões sempre existe a presença de uma divindade superior, que julga os homens pelo critério da justiça; no entanto, convenhamos, este critério é muito relativo e varia com as épocas e as relativas culturas, e seus valores ideológicos e morais. Dessa forma, muitos deuses, tanto no politeísmo quanto no monoteísmo, por vezes, são demasiadamente rígidos no julgamento do senso de justiça dos homens e, por consequência, existem inúmeros relatos do ódio e da punição divina. A leitura da *bíblia*, no que tange ao velho testamento, nos propicia observar atos de puro ódio e de vingança, inclusive por parte de Deus.

É evidente que todos estes mitos (etimologicamente, em grego, *mythos* significa "palavra", aquilo que se *diz*) refletem uma certa forma de pensar, de amar, odiar, temer castigos, de transmitir para sucessivas gerações uma maneira de não afrontar e vir a provocar um possível ódio de Deus, todo poderoso, que "tudo pode, tudo sabe e tudo vê".

Ainda nos testamentos da bíblia, principalmente no velho, mas também no novo testamento, encontramos inúmeras narrativas que comprovam a afirmativa acima, como, por exemplo: o severo castigo, de expulsão do paraíso, que Deus infligiu a Adão e Eva porque esta, desobedecendo às ordens dele, despertou a sua ira divina.

Em um outro trecho da bíblia, ficamos sabendo que, dentre os filhos do patriarca Jacob, José era o preferido e, por isso, seus onze irmãos, movidos pela inveja (é uma forma de ódio) que tinham em relação a ele, num ato de agressão destrutiva, tramaram a morte de José e deixaram-no abandonado no fundo de um poço, até quando ele foi salvo por um ato piedoso de alguém – que não algum irmão.

Aconteceu que viajantes que passavam pelo local onde José estava degredado, fizeram a sua retirada e, após o salvamento, eles negociaram com os irmãos de José a sua compra. Como proprietários de José revenderam-no então a um homem muito rico – Potifar –, porém houve um envolvimento amoroso (que não está bem esclarecido) de José com a mulher de Potifar, que redundou na prisão dele. Como José se notablizava pela sua "interpretação dos sonhos", aos poucos ele foi ganhando prestígio, saiu da prisão, caiu nas graças do faraó do Egito e chegou à condição de vice-rei. Muito tempo após, ele reconheceu os irmãos, que estavam num estado miserável, e perdoou-os.

Uma outra situação que também consta num dos relatos da bíblia, no velho testamento, é aquela pela qual Deus, enciumado porque o patriarca Abraão amava muitíssimo o seu filho Isaac, decidiu pô-lo à prova para comprovar a quem Abraão amava mais, se ao seu filho ou a ele, Deus. Este exigiu que o patriarca provasse que o maior amor era dirigido ao divino (uma clara demonstração do narcisismo humano, projetado na figura abstrata de Deus). A prova seria a de que Isaac sacrificasse o filho, no fogo, fato que quase se consumou, porém quando Deus se certificou que ele é que era o preferido por Abraão, suspendeu o cerimonial do sacrifício do filho Isaac e tudo voltou às boas com Deus.

Para não nos estendermos demasiado, ficaremos num único exemplo, contido no Novo Testamento, que relata a traição (é um ato de agressão) de Judas, ao delatar Jesus. A própria crucificação de Jesus Cristo, não deixa de ser um ato de agressão praticado, em parte, por judeus que, segundo a versão cristã, difamavam e traziam queixas contra Jesus; e, na maior parte da responsabilidade pela crueldade, ela proveio da condenação e execução final (crucificado numa cruz de madeira, entre dois bandidos), ordenada por autoridades romanas. Isso traduz como os sentimentos agressivos corriam soltos, quer praticados por religiosos, quer contra eles.

Fora da bíblia e adentrando na história universal, teremos claras evidências de que existiam – e ainda existem – *boas* práticas das religiões; no entanto, também houve – e de certa forma, ainda há – uma *má* prática, de variadas maneiras. Porém, basta dar o exemplo do movimento das Cruzadas – guerras religiosas, dos séculos XI a XIII – nas quais, em nome da salvação da cidade santa de Jerusalém e do amor à preservação do cristianismo (que, segundo os cristãos da época, seria a única saída para salvar as almas humanas), o ódio preponderou, embora encoberto por racionalizações, e muita gente, entre cristãos e maometanos, morreu nesta forma de guerra, demorada e cruenta. Alguns estudiosos já referiram que "as muitas guerras religiosas são sempre as mais fúteis, cruéis, radicais e duradouras na história da humanidade".

Também sabemos que por iniciativa de autoridades religiosas cristãs, houve uma época negra de ódio dirigida a minorias raciais que não comungassem com a única doutrina que, segundo os aludidos religiosos verdugos, traria paz e amor para a humanidade: refiro-me à Santa Inquisição que também custou muitos castigos e muitas vidas.

Mais ou menos nessa época, os célebres cientistas astrônomos Giordano Bruno e Galileu Galilei, seguindo a linha proposta por Copérnico de que o universo não era geocêntrico (tudo girando em torno da terra, tal como Ptolomeu postulara), mas, sim, heliocêntrico (a terra e outros planetas é que estariam girando em torno do sol) foram severamente punidos.

Também Galileu (1564 –1642), italiano que lecionou nas universidades de Pisa e de Pádua, foi responsável por ter afrontado a posição de Aristóteles –seguidor de Ptolomeu – que defendia o geocentrismo (*geo* = terra), tendo batalhado pelo advento da moderna concepção de ciência, incluída a concepção de héliocentrismo (*hélio* = sol). Essa posição custou muito caro a Galileu porque a sua vida passou a ser marcada pela perseguição política e religiosa, de modo que foi condenado pela Inquisição e foi obrigado (senão seria queimado na fogueira) a desmentir publicamente suas ideias, sendo confinado em prisão domiciliar a partir de 1633.

Já Giordano Bruno recusou-se a abdicar de suas posições respaldadas pela ciência e, por isso, pagou com a própria vida, sendo queimado na fogueira erguida no "mercado de flores", de Roma.

Esses homicídios se processavam sob o argumento de que esses cientistas estariam cometendo um sacrilégio, um crime, por discordarem da doutrina cristã da época, e por afirmarem a "blasfêmia" de que o universo (logo, Deus) era infinito, ou seja, o planeta Terra não seria o centro em torno do qual o universo girava. Nestes exemplos, o ódio era devido a um ataque ao narcisismo dos *déspotas* da época, que mantinham um narcisismo, com uma onipotência tamanha, que qualquer discordância era tomada como um insulto contra si e contra deus, merecedora, portanto, de uma cruel e extrema punição.

Aliás, a palavra "déspota"– vem do grego *despotês* – é uma figura da sociedade e da política gregas; é o chefe da família, a relação do senhor com o escravo, a do marido com a mulher e a do pai com os filhos. O déspota é o senhor absoluto das suas propriedades e das pessoas que dele dependem para sobreviver (escravos e familiares), sendo que é unicamente ele quem, com absoluta soberania, define as normas, regras e obrigações de convivência, em seu espaço privado. A mesma coisa despótica se passava com um chefe de estado, ou na hierarquia religiosa, etc. Seria um claro exemplo de ódio, não fora a atenuante de que na época essa conduta era considerada normal.

Ademais, é justo destacar que também na Idade Média houve perseguições e processos condenatórios contra supostos bruxos e bruxas, com a pena de serem incendiados em fogueiras públicas. Tudo isso em nome do amor!

É necessário fazer a ressalva, óbvia, de que estes movimentos bélicos não partiam unicamente dos cristãos, como foi exemplificado neste texto; tanto que seria fácil nomear situações análogas patrocinadas por outras religiões, todas elas achando que possuíam a verdade, a preferência e o reconhecimento de Deus.

Outra observação evidente é a de que as guerras nem sempre tinham alguma participação, maior ou menor, das religiões; inúmeras outras guerras do passado remoto ou guerras mundiais algo recentes foram mobilizadas pela volúpia do poder, de conquistas de territórios pertencentes a outros países, sob alegações não convincentes, provindas de líderes fanáticos, fortemente narcisistas e paranóicos. Os historiadores afirmam que os êxitos das guerras não são duradouros porque, invariavelmente, se formam novas cisões entre os que triunfaram determinada guerra.

Para comprovar o ódio que abastece a eclosão de guerras, basta reparar na palavra "infantaria" (alude às tropas que enfrentam as batalhas, muitas vezes, no corpo-a-corpo), a qual significa que ela é constituída por "infantes", isto é, por pré-adultos, na sua maioria jovens no início da adolescência, enquanto os adultos, mandantes das guerras... (o leitor já entendeu).

Talvez o exemplo mais eloquente do ódio grassando no apogeu da religiosidade cristã, era o que acontecia durante a longa obscuridade da Idade Média, quando a Europa perdeu gradativamente o contato com a ciência, com a medicina e com o racionalismo das antigas Grécia e Roma, cedendo espaço para o poder da Igreja. Assim, a partir do século XII, a Igreja católica criou uma estrutura permanente para perseguir e eliminar aqueles que considerava hereges, muito especialmente as "bruxas" e os "bruxos", aos quais processavam e condenavam com punições severas, incluídas as mortes em fogueiras.

Nessa época, então, a Igreja assumiu uma ideologia fanática pela preservação do "bem" contra o "mal", de modo que qualquer desastre que ocorresse na natureza, como vendavais, inundações ou secas, com perdas totais das colheitas, etc., não poderia jamais ser atribuído a Deus, logo o responsável só poderia ser Satanás (o "demônio"), representado pelas bruxas.

Desse modo, em 1231 o papa Gregório IX conferiu à ordem dominicana o encargo da Inquisição, sendo que alguns séculos após foram instaladas seções permanentes da Inquisição em todos países católicos (portanto, também no Brasil), juntamente com a tortura, seu principal instrumento de investigação e de intimidação. No final do século XV, as disputas entre os papas e os candidatos a serem papas abalou a credibilidade, a autoridade e o poder da Igreja, e os camponeses começaram a se rebelar contra as autoridades estabelecidas. E a culpa disso tudo passou a ser do "demônio que estava por toda parte", e a solução seria revigorar uma implacável caça às bruxas.

Cabe transcrever um trecho do livro *Médicos Revolucionários* (Adler, R. 2006, p. 82, Ediouro):

> Para reforçar a perseguição que faziam às "bruxas", um ou dois anos após foi publicado o "infame" *Malleus Malleficarum – O Martelo das Bruxas*. O livro tornou-se rapidamente a bíblia dos caçadores de bruxas por toda a Europa. Da perspectiva de hoje, *Malleus Malleficarum* é um documento misógino (desprezo ou aversão às mulheres) e inacreditavelmente cruel, talvez o livro mais aterrorizante jamais escrito, sendo que além das bruxas o alvo maior do ataque era contra as mulheres em geral, que eram definidas como seres inferiores e impuros por natureza.

O ÓDIO NA FILOSOFIA E NA POLÍTICA

No desenvolvimento da cultura humana vimos que não é possível fixar um ponto certo de onde termina o mito e começa a religião. De forma análoga, pode-se dizer que nos primeiros tempos do surgimento da filosofia havia uma forte superposição entre a filosofia e a religião. Assim, sabemos que os primeiros filósofos da humanidade foram gregos, da mesma forma que havia grandes homens pensadores, na China (Confúcio, Lao Tsé), na Índia (Buda), na Pérsia (Zaratustra). Todos eles exerceram uma forte influência nas crenças e nos comportamentos de seus respectivos seguidores. Esses primitivos "filósofos" eram adorados, criaram suas teorias, porém um outro ponto em comum entre eles é que suas ideias estão por demais vinculadas à religião para que se possa dizer que já eram figuras que tinham reflexões filosóficas, tal como entendemos hoje.

É no período arcaico que surgem os primeiros filósofos gregos, por volta de fins do início do século VI a. C. e eles exerceram o importante papel de facilitar a "milagrosa" (como dizem alguns autores) transição do pensamento mitológico para o pensamento crítico, racional e filosófico. Na verdade estes primeiros ensaios da filosofia (os seus praticantes, hoje são chamados de "pré-socráticos") encontraram um terreno fértil nas pioneiras grandes descobertas, como a escrita, a moeda, a lei escrita, a condição de cidadão da *polis* (cidade), tudo isso contribuindo para uma ruptura entre *mythos* (mitos; palavras) e *logos* (razão).

Dessa forma, a filosofia vai estabelecendo uma clara diferença entre o – dogmático – pensamento mítico, e o pensamento racional dos filósofos de então que, acima de tudo, buscavam encontrar explicações para os mistérios da natureza com uma pluralidade de explicações possíveis, dentro de certa lógica. No entanto, as múltiplas explicações não convergiam e isto gerou grandes divergências e alguns conflitos entre eles, às vezes com agressividade produtiva e, outras vezes, com agressão verbal de tonalidade destrutiva, uns das ideias dos outros.

Entretanto, na época, a maior fonte de ódio provém dos dogmáticos, principalmente por parte do poderio da igreja cristã que, sentindo-se ameaçada na aceitação generalizada de seus dogmas, ritos e ainda de alguns mitos, moveu uma forte perseguição aos mais notórios filósofos que ousassem discordar de suas crenças absolutas. Isso ocorria, tal como antes já foi assinalado, em relação às severas punições cometidas contra cientistas (então, muito próximos dos filósofos) como Copérnico, Galilleu Galillei, Giordano Bruno, o filósofo Sócrates, e tantos outros que, assim, eram considerados hereges, logo, passíveis de pesadas punições.

É evidente o fato de que talvez a palavra "ódio" esteja sendo mal empregada aqui, porque não dá para fazer a afirmativa categórica de que os verdugos estivessem cheios de ódio contra as vítimas, visto que, de certa forma, estavam em conformidade com os valores éticos, morais e culturais da época.

O mesmo se poderia dizer do grande filósofo Aristóteles que abertamente proclamava que as mulheres eram seres inferiores e que funcionavam não mais do que na sombra dos homens. O próprio filósofo Santo Agostinho, um seguidor de Aristóteles na maioria das ideias, comungava deste mesmo preconceito contra o sexo feminino. Seria ódio?

O ÓDIO NO ESTADO

Com o crescimento da filosofia e, logo, de uma abertura para o pensamento científico, o poder da Igreja foi aos poucos perdendo a sua pujança e a Política gradativamente foi assumindo uma autonomia em relação às autoridades eclesiásticas. Embora ainda permanecessem interligados por longo tempo, o poder da Igreja foi sendo transferido para o Estado. O próprio avanço das ciências, com as respectivas descobertas e invenções, facilitou uma previsibilidade e algum controle sobre os fenômenos da natureza, fato que aumentou ainda mais o poder do Estado.

No entanto, a aliança do poder do Estado, com o da Ciência, restou ambígua, porque tanto ficou a serviço do homem, como também contra ele. A maior manifestação da presença do ódio provinda do Estado, consiste no fato de que a utopia que Platão (1981) preconizou, em seu célebre *A República*, como sendo uma espécie de salvação da humanidade, amparada pelos cuidados estatais para os cidadãos de todas as latitudes do mundo, nunca saiu de seus escritos.

É interessante registrar que Platão em sua utópica *A República* diz que o livro foi escrito para ser lido por jovens de ambos os sexos no futuro, e talvez chegue um dia em que alguns deles estejam em posição de moldar o ambiente psicopolítico. E Platão completa:

> Pois, como diz Sócrates, somente quando os governantes tornarem-se filósofos ou os filósofos tornarem-se governantes, as pessoas serão felizes. Elas saberão como criar uma sociedade na qual os jovens são educados corretamente, e somente então a felicidade e a harmonia tornar-se-ão uma realidade política e psicológica.

Comentário

Na realidade, pelo contrário, já naquela época acontecia o mesmo que, de forma altamente descarada, observamos no mundo atual, em que os governos, estejam onde estiverem, na imensa maioria das vezes, apesar de possíveis boas intenções, ficam aprisionados por uma rede narcisista, onde se sobressai a volúpia pelo poder, com os inevitáveis conflitos, impregnados pelo ódio, entre os interesses do povo e os seus próprios.

Este é o maior dano que o dissimulado ódio do Estado comete contra a população em geral, porque os direitos e as esperanças dos cidadãos bem intencionados e crentes nas promessas que lhes fazem, mais cedo ou mais tarde, sentem-se frustrados, desiludidos, indignados por se sentirem enganados, às vezes, espoliados, enxovalhados e humilhados.

Um simples exemplo disso: recentemente, em nosso meio político brasileiro, um deputado federal, ocupando uma alto cargo governamental que consiste em presidir – pasmem – um "Conselho de *Ética*", afirmou publicamente, de forma arrogante, para os jornalistas que o entrevistavam acerca de um suspeito ato dele, que ele estava "se lixando para a opinião pública". Sabemos que o sentimento de ser injustiçado e enganado desperta em qualquer pessoa um estado de indignação, a qual vem sempre acompanhada por um sentimento de alguma forma de ódio, o qual, por sua vez, desperta fantasias de vingança, com os inevitáveis riscos que isso pode acarretar.

O ÓDIO NO PODER

Não obstante o fato de que o conceito de "poder" permite inúmeros significados e interpretações, em linhas gerais podemos defini-lo como sendo a capacidade ou possibilidade de agir e produzir os efeitos desejados sobre indivíduos ou grupos humanos. Assim, o exercício do poder implica num duplo vínculo: o de quem exerce o poder e, reciprocamente, a interação com o qual (ou quais) esse poder é efetivado.

Para que alguém exerça o poder, é necessário que ele tenha "força" – não é no sentido de uma força física, ou de coerção, violência, etc.; antes, trata-se de uma força *política* (a etimologia desta palavra vem do grego *polis* que significa "cidade"), no sentido de poder mobilizar um número significativo de pessoas para os fins que ambiciona.

Quando for na área da política de uma cidade ou nação, a força é a arregimentação de votos suficientes, ou de ter uma força para ter uma forte influência sobre os poderes legislativo ou judiciário; na hipótese de que seja num sindicato, o poder se manifestaria na força em poder mobilizar uma greve geral, e assim por diante.

Na Idade Antiga, o poder da igreja era praticamente absoluto. Na Idade Média, muitas atribuições podiam ser executadas pelos nobres, em seus respectivos territórios, onde muitas vezes eram mais poderosos que o próprio rei. A partir da Idade Moderna, o Estado resgatou o seu poder, porém sem o controle absoluto sobre tudo e todos; os cidadãos, em grande parte, já conhecem seus deveres e direitos que, sabemos, nem sempre são respeitados.

De forma resumida, podemos dizer que existem variantes do poder do Estado: assim, se predominar um estado fortemente *teocrático*, o uso do poder tem o respaldo da "vontade de Deus" (em grego, *Teos* significa Deus). Em um regime governamental de natureza *monárquica* (a palavra "monarca" significa soberano vitalício e comumente hereditário) predomina a força de uma tradição, quando então o poder é transmitido de geração em geração (embora na atualidade o monarca que assume está cada vez mais esvaziado do poder, que é exercido por um primeiro ministro e parlamentos).

Nos governos *aristocráticos*, o poder inevitavelmente fica nas mãos de uma elite de nobres, ou dos mais ricos, ou importantes pessoas de um grande brilho intelectual. Já no governo *democrático*, teoricamente, o poder vem do consenso e da vontade do povo, porém na realidade nem sempre as coisas se passam assim, como nos mostra o modelo da Venezuela, a partir de 2009, com o "democrático" voto da maioria do povo venezuelano aprovando o direito de Hugo Chaves se perpetuar – eternamente – na presidência da nação.

A palavra "poder" tem a sua raiz etimológica no étimo latino *pot* (o genitivo é *potis)* e significa "aquele que pode, que é capaz", com palavras derivadas, como o verbo *possum*, as palavras "potência", "impotência", "onipotência", "prepotência" *e* também o verbo *possedere* que, segundo alguns estudiosos, se forma de *pot-potis* (poder) + *sedere* (sentar), ou seja, "aquele que senta no trono e possui todo o poder" (não é por nada que quando a criancinha está evacuando suas fezes (seus tesouros) no vaso, costuma-se dizer que ela está no "trono", logo, isto lembra a onipotência própria do período *anal* da evolução e formação da personalidade).

A história da humanidade, desde o início da civilização, comprova que o ódio, em suas diversas manifestações, está sempre presente de forma absoluta e, muitas vezes, completamente cega e estúpida, principalmente quando diferentes Estados guerreiam entre si, em guerras de conquistas.

A BIOQUÍMICA DO ÓDIO

Durante longas décadas a psicanálise priorizou a metapsicologia e, assim, criou um certo "vazio teórico-técnico", logo, uma dificuldade para encontrar determinadas explicações para complexos fenômenos psíquicos. Igualmente, também pecou pelo fato ter-se isolado e se manter afastada de demais ciências que, hoje, são, comprovadamente, reconhecidas como sendo muito importantes para a compreensão dos referidos fenômenos mentais.

Pode-se dizer que nessas duas últimas décadas, a relação entre a psicanálise e as neurociências teve um notável reencontro (tal como era o desejo inicial de Freud, como atesta o seu *Projeto*) e um enorme desenvolvimento, sendo que muitas concordâncias e complementações estão sendo confirmadas.

Na atualidade ninguém mais contesta que está crescendo a evidência de que a anormalidade dos sistemas neuroquímicos e neuro-hormonais pode estar relacionada com aspectos significativos da patologia da personalidade, principalmente a tendência para comportamento agressivo e irresponsável. Tudo isso está apontando para a importância de determinantes genéticos, com uma disposição inata para um certo nível de intensidade, qualidade, ritmo e limiar da resposta afetiva a fatores estressantes, cujas fontes principais são as frustrações, acompanhadas por uma urgente necessidade do sujeito de *evitar* os estímulos de desprazer ou dor, ou de *enfrentar belicosamente* aos que lhe frustram.

Portanto, está havendo uma construtiva aliança entre os fatores genéticos, constitucionais, com os fatores ambientais, os cognitivos e os psicodinâmicos, na compreensão e no manejo dos transtornos da esfera mental-emocional.

Existem estudos experimentais que comprovam uma forte e recíproca influência entre as emoções e a neurobiologia cerebral. Assim, o psicanalista Paulo Marchon (no livro *Violência* – 2003, p. 18) destacou o fato de que quando importantes pesquisadores estudaram os efeitos neurofisiológicos do isolamento em primatas, chegaram à conclusão impressionante de que a *privação* pode produzir alterações nos processos neuroquímicos do cérebro, processos esses que provocariam comportamento perturbado.

Essa afirmativa é confirmada por outros importantes pesquisadores (no passado com estudos etológicos de Konrad Lorenz, que em experimentos com animais, como gansos e patos recém-nascidos enfatizou os fenômenos do "apego" e o de *"imprinting"* (sensações que ficam impressas na mente).

Também cabe mencionar experimentos de Bowlby (sobre "apego e perdas"); de Harlow (sobre *a privação* de mãe, através de estudos com "mães de arame") e, mais recentemente, do importante neurocientista Antônio Damásio que acredita no fato de que

> a deterioração dos sociopatas deve provir de redes anômalas de circuitos neuronais, e de sinais químicos também anômalos que se registram no início do desenvolvimento individual. A compreensão da neurobiologia na sociopatia poderia levar à prevenção ou ao tratamento desse problema, além de favorecer a sua interação com os fenômenos socioculturais.

Mais recentemente, segundo uma consulta que fiz no Google, uma pesquisadora brasileira – Silvana Chiavezatte – nos Estados Unidos, descobriu um mecanismo bioquímico do cérebro que tem uma linha direta com o comportamento agressivo. Isso provém fundamentalmente de duas moléculas neurotransmissoras: o óxido nítrico e a serotonina.

Estudando as experiências com camundongos, a Dra Silvana constatou que o medo e a passividade provocam um aumento de óxido nítrico no cérebro. Como a ciência já sabia que a serotonina regula a agressividade, logo, propicia um estado de prazer, ela concluiu que é viável estabelecer uma espécie de reação em cadeia, combinando-se no cérebro a produção de mais óxido nítrico, com mais serotonina, o que pode desligar no cérebro o impulso agressivo.

Desse modo, quanto menos serotonina houver, maior será o surgimento da agressão; em contrapartida, quanto maior for o estímulo para a produção do óxido nítrico, também haverá um estímulo para a produção de serotoninas, portanto, consegue-se uma inibição dos impulsos agressivos.

O ÓDIO DO PONTO DE VISTA DA PSICANÁLISE

São inúmeros e importantes os autores psicanalistas que estudaram profundamente e contribuíram bastante para a compreensão da presença das pulsões agressivas e do sentimento do ódio em diversas situações da vida dos indivíduos e de grupos. Na atualidade, ninguém mais duvida que existe uma expressiva prevalência das pulsões agressivas nas fantasias, no comportamento e na psicodinâmica de pacientes portadores de graves transtornos da personalidade, como é o caso de pacientes psicóticos, *borderline*, somatizadores, nas perversões, etc.

O que continua a dividir os autores – os clínicos, teóricos e pesquisadores – é que ainda não há um consenso entre eles sobre a questão referente a em que medida a pulsão agressiva é inata e em que medida ela é secundária, resultante de frustrações e de traumas. Nos dias de hoje, de modo consensual, acredita-se que a origem do sentimento agressivo surge de um conjunto de elementos, como são os determinantes fatores genético-constitucionais, ambientais, neuroquímicos e neuro-hormonais, além dos mecanismos da dinâmica do psiquismo.

Freud

Desde o início de sua vasta obra, Freud dava uma grande importância à demanda libidinal, seja de natureza sexual-genital, ou autoerótica, narcísica, ou objetal (os objetos primaciais, ou seja, os que têm primazia, sempre foram, e são, considerados como sendo a mãe e o pai); no entanto, em relação ao ódio, durante muito tempo, Freud se referia de uma forma muito esporádica e superficial.

O seu primeiro estudo mais denso sobre o sentimento de ódio surge em 1915, em seu trabalho sobre "Metapsicologia", onde, partindo do princípio da "busca do prazer" e o da "fuga do desprazer", Freud reconheceu que o amor e o ódio coexistem, se opõem, ou se substituem, porém a pulsão da agressão começou a ser vista como sendo essencial na estruturação da mente e na preservação da vida do indivíduo e da espécie. Ademais, partindo da hipótese de que o narcisismo repudia a vivência do desprazer da realidade exterior, Freud postulou a possibilidade de que, nas relações objetais, o sentimento de ódio precede ao do amor.

Uma alusão à essa afirmativa pode ser exemplificada na mitologia greco-romana, mais exatamente no mito de Eros, no qual aparece o fato de que foi o ódio de Afrodite que propiciou o amor entre seu filho Eros e Psiquê, a mais linda de todas as mulheres mortais.

Os demais títulos importantes na obra de Freud, nos quais mais diretamente aparecem o sentimento de ódio e a ação de violência, que, aqui, serão mencionados em ordem cronológica, são os que seguem. Em 1915: *Reflexões para os tempos de guerra e de morte* (vol. XIX da Standard Edition). Em 1920 surge o clássico *Além do Princípio do Prazer* (vol. XIX), no qual Freud faz importantíssimas considerações sobre a pulsão instintiva de morte. Em 1927, surge *O futuro de uma ilusão* (vol. XXI) e em 1930 é publicado o seu clássico *O mal-estar na civilização* (vol. XXI), ambos os livros enfocando as pulsões agressivas intimamente relacionadas com os aspectos culturais e sociais em que os indivíduos e grupos estão inseridos.

Este embate entre os valores culturais e os pulsionais foi sintetizado por Freud nesta bela frase: "Eros e Ananke (significa Amor e Necessidades) se tornaram os pais da civilização humana". Em 1939, surge *Por que a guerra?* (vol. XXII), fruto de uma rica troca de correspondência entre os dois gênios, Freud e Einstein, ambos preocupados com o futuro da civilização e o que seria possível fazer com o ódio destrutivo das autoridades responsáveis, e das pessoas em geral.

Melanie Klein

Esta importante psicanalista centralizou o eixo de sua obra nas "pulsões de morte", porém, é necessário esclarecer que, não obstante tenha usado a mesma terminologia de Freud – a de "pulsão instintiva de morte" – ela deu uma significação bem distinta daquela original de Freud.

Assim, na referida concepção freudiana, a pulsão de morte significava uma irreversível força que, agindo por dentro (o excedente dessa pulsão era dirigido ao mundo exterior) cumpria o destino de todo ser humano de ter um tempo determinado de vida, à espera da inevitável morte, na base da sentença bíblica: "do pó viestes, ao pó voltarás".

Diferentemente de Freud, na concepção kleiniana, a pulsão de morte alude a uma força, inata, que, voltada para a preservação da vida, luta com uma instintiva energia agressiva – diretamente ligada e confundida com o conceito dela, de "inveja primária" – a qual, quando estiver num patamar excessivo, se transforma numa agressão sádico-destrutiva (portanto, carregada de ódio, contra os objetos frustradores de suas necessidades básicas).

Segundo M. Klein, as aludidas pulsões sádicas, excessivamente invejosas, dirigidas contra objetos (inicialmente a mãe do bebê) ambivalentemente amados e odiados, porém sempre necessitados, vêm acompanhadas de sentimentos de culpa, de medo de ter destruído objetos bons, de um temor (às vezes "terror") de sofrer um revide, de modo que o psiquismo, através de fantasias inconscientes, pode ficar inundado de sentimentos persecutórios.

A recomendação dos kleinianos era a de que a análise clínica, além de promover a aquisição de *insight* dessas pulsões de agressão invejosa, deveria ser seguida de um trabalho que propiciasse ao paciente fazer "reparações verdadeiras" aos objetos atacados, até a possibilidade de reconhecer um sentimento de gratidão por eles.

D. Winnicott

O psicanalista britânico Winnicott foi, durante muito tempo, um fiel e muito entusiasmado psicanalista pertencente ao grupo kleiniano, seguindo os seus preceitos teóricos e também a prática clínica voltada primordialmente para a pulsão de morte e seus derivados. Porém, foi justamente em 1957, quando M. Klein, anunciou a sua nova concepção de "inveja primária", que Winnicott decidiu fazer uma pública dissidência em relação ao compacto grupo kleiniano da época.

Winnicott, então, explicava que ele não podia aceitar essa concepção de M. Klein, porque, segundo ela, a inveja já nasce com o bebê, que começa a devotar uma inveja raivosa ao seio materno que o alimenta, dividindo-o num seio "bom" (que lhe dá prazer, saciando as suas necessidades orgânicas) e um "seio mau" quando o seio se constitui como uma fonte de desprazer, o que acontece quando o seio não está presente, lhe priva, ou lhe frustra.

Principalmente por essa razão, Winnicott saiu do grupo de Klein e se incorporou ao *"middle group"* – ou "grupo independente", como é conhecido na atualidade – da Sociedade Britânica de Psicanálise. Desde então, Winnicott passou a produzir uma relevante obra com concepções originais, as quais voltam a valorizar o vínculo da mãe com o bebê, não unicamente centrado nas pulsões de agressão, mas, pelo contrário, na capacidade do *holding* (sustentação) materno; na função da mãe como um espelho do bebê, no sentido de que este se mira no olhar da mãe, nas suas expressões faciais, na forma de como ela o amamenta, a tonalidade de sua voz, etc., e tudo isso faz o bebê, nesta resposta especular da mãe, ficar com um sentimento, embora primitivo, que lhe confirma se ele é amado ou odiado por ela.

Muitas outras importantes contribuições de Winnicott poderiam ser mencionadas, mas, relativamente ao ódio, impõe-se acentuar a posição dele de que as manifestações de sofrimento e de protesto da criança são uma forma de pedir ajuda, e não uma manifestação de ódio e, muito menos, de crueldade. O leitor há de concordar que essa posição de um psicanalista representa uma alta influência na atitude de como ele compreende e trabalha com o seus pacientes.

W. Bion

Bion, considerado como um dos gênios da psicanálise – tais e tantas foram as suas contribuições originais, criando novos paradigmas psicanalíticos – também pertencia ao grupo kleiniano (ele foi analisando e discípulo de M. Klein), porém, não obstante estudar, trabalhar e aportar novas e originais concepções, separado dela, diferentemente de Winnicott, ele não rompeu com o grupo kleiniano.

Dentre as incontáveis contribuições que Bion legou à psicanálise, uma das mais significativas é referente à formação, aos tipos e ao funcionamento dos "vínculos", e os arranjos entre eles, determinando diferentes configurações vinculares, desde a condição do bebê mamando no seio materno, passando por todos os inter-relacionamentos humanos (grupo familiar, grupos espontâneos, grupos nas escolas, futuros grupos sociais, esportivos, profissionais, etc.). Assim, inspirado na ênfase que Freud deu aos vínculos ligados às diversas formas do amor, Bion destacou e cunhou o nome de *Vínculo do Amor*.

Da mesma forma, embasado na tônica que M. Klein deu à agressão, Bion introduziu e divulgou as múltiplas faces do *Vínculo do Ódio*. A seguir, de modo independente, estimulado pelas observações que fazia em seu atendimento e em estudos de terapias de grupo, muito especialmente a dos mecanismos psicóticos presentes nos grupos, começou a se interessar principalmente pelos transtornos do pensamento e, em seguida, da função do ego relativo à capacidade de exercer a tomada de "conhecimento", o que lhe fez criar o *Vínculo do Conhecimento*.

Ademais, com sua nova concepção de vincularidade, Bion modificou o significado de "conflito" classicamente fundado na oposição entre as pulsões de amor *versus* às do ódio. Ele passou a postular a ideia de que o conflito psíquico gira em torno de "amor *versus* menos amor", ou seja, são facetas diferentes e opostas de uma mesma pulsão, no caso, a do amor. O mesmo vale para "ódio *versus* menos ódio" e de "conhecimento contra uma oposição ao conhecimento". Essa última faceta significa que o estado mental do sujeito (por exemplo, o paciente na situação analítica) *não quer*, consciente ou inconscientemente, tomar conhecimento de verdades que possam lhe ser penosas.

Bion também enfatizou que, no seu entender, o desenvolvimento da personalidade depende de três fatores essenciais: os genético-constitucionais; os ambientais; e os que decorrem de situações, traumáticas ou prazerosas, que acontecem ao longo da vida do sujeito e que ficam inscritas no psiquismo (assim, ele reproduz a "equação etiológica" ou "série complementar", de Freud).

No entanto, ao longo de sua obra, especialmente no que tange ao vínculo do ódio, Bion enfatizou a relevância dos fatores ambientais e, entre estes, sublinhou a decisiva qualidade do vínculo mãe-bebê e, neste último, ele ressaltou a alta importância desempenhada pelas *frustrações*, tal como segue um pouco mais adiante.

Creio que, partindo das afirmativas acima, não seja difícil depreender que, não obstante Bion nunca ter manifestado qualquer tipo de ruptura com M. Klein, gradualmente ele foi se distanciando das concepções dela, não valorizando tanto as ideias de inveja primária, da presença maciça de fantasias inconscientes terroríficas e do radicalismo dela em relação ao que se passa na dinâmica psíquica de qualquer paciente. Então, também Bion passou a valorizar significativamente muito mais, no lugar da inveja primária, a função de uma maternagem, boa ou má.

No caso de a mãe ser "suficientemente boa" (expressão de Winnicott) – igualmente ao que se espera de um psicanalista no tratamento de pacientes, especialmente os muito regressivos – vai acontecer que ela, mãe, com seu filho, ou ele, psicanalista, com seu paciente severamente regredido, possuam as capacidades mínimas necessárias. Dentre essas, cabe destacar as de continência, de empatia, de amor às verdades, de sobrevivência aos ataques libidinais, agressivos ou narcisistas, por parte das crianças, adolescentes, ou pacientes psicóticos, *borderline*, perversos ou somatizadores graves. Também diferentemente de Klein, Bion, no lugar de certezas acabadas, optou em seguir com os seus pacientes o assim chamado "princípio da incerteza".

Bion concebeu que uma quantidade por demais excessiva de ódio no psiquismo da criança, continuada no adulto que ele será, promove uma série de inconvenientes no desenvolvimento da personalidade, tais como:

1. A formação do que ele denominou como sendo "a parte psicótica da personalidade".
2. Nesta parte existe uma forte mobilização de defesas muito primitivas, como é o caso de um exagero de dissociações, de identificações projetivas, de uso de defesas mágicas, como a onipotência (o sujeito pensa que "pode tudo"); onisciência (imagina que "sabe tudo"); prepotência (nega que por trás de sua aparente força, existe uma pobre criança frágil e desamparada); além do tripé arrogância, curiosidade intrusiva (bisbilhotice) e estupidez (ou seja, um pseudorretardo).
3. Essas condições, associadas a um prejuízo da capacidade para pensar, conhecer e se relacionar, propiciam a instalação de, regressivos, quadros da psicopatologia, como psicoses, estados *borderline,* perversões, etc.
4. Como tanto a gratificação quanto a frustração procedem de uma mesma fonte (o seio da mãe, originalmente), isto pode causar um estado de confusão ou depressão (pelo remorso de agredir a quem também lhe foi tão gratificador).
5. Existe na criança uma forte tendência ao fenômeno psíquico de fazer *identificações* e, no caso de uma prevalência do ódio, podem se produzir dois modelos de identificação, igualmente patogênicos: o primeiro é uma alta possibilidade de se formar no filho uma *identificação com o agressor*, em cujo caso o sujeito se queixa e critica constantemente um dos genitores, ou a ambos, e não se dá conta de que, rigorosamente, está fazendo a mesmíssima coisa que ele tanto se queixa e abomina no outro, de quem está se tornando uma cópia fiel.

A segunda forma de identificação, patologicamente daninha, é a que venho propondo que chamemos de *identificação com a vítima* (Zimerman, 2001), a qual resulta de um ódio que não foi sublimado e, por despertar remorsos, faz o sujeito imaginar que causou vítimas por ação dos seus ataques (na maioria das vezes, imaginários) e, como autocastigo, inconscientemente, o faz mutilar suas capacidades, colecionar insucessos em sua vida profissional, social ou conjugal, não se permitir ultrapassar, em qualidade de vida, uma mãe, pai ou irmãos (vivos ou falecidos) que, por razões várias, tiveram graves fracassos físicos ou emocionais.

A IMPORTÂNCIA DAS FRUSTRAÇÕES

Voltando às importantes repercussões das *frustrações*, no tocante ao desenvolvimento da personalidade da criança, pode-se dizer que Bion distinguiu duas categorias de frustrações: as que podemos chamar de *positivas*, pela razão de que, quando são adequadamente aplicadas, certas frustrações, além de serem inevitáveis, por serem inerentes à natureza humana, também são necessárias e indispensáveis às colocações de limites, o que representa, para a criança, uma frustração.

Dessa forma, o mínimo que se espera de um educador (mãe, pai, professor, etc.) é que ele modele os aludidos limites à criança, e que a faça reconhecer que ela tem muitos alcances, mas que também tem muitas limitações, tudo isso convergindo para a criança entrar em contato com a realidade exterior. Esta última, nem sempre está totalmente favorável, de modo que, a um mesmo tempo, o educador vá plantando na criança as noções dos direitos dela, mas também dos deveres, em uma obediência a uma escala hierárquica na sua família.

Caso contrário, a frustração pode assumir uma evolução *negativa* no desenvolvimento da personalidade do filho. Isso acontece, numa das seguintes hipóteses: a título de serem muito "humanitários", os pais dão tudo que a criança pede, nunca levantam a firmeza da voz e sequer colocam limites: assim, estamos diante de uma situação em que as frustrações são por demais *escassas* e, nesse caso, por melhor boa vontade que os pais tenham, eles estão formando um "reizinho" ou uma "rainha" dentro de casa. Daí, vai resultar uma forte tendência dessa criança tentar repetir esta soberania na sua vida adulta, e, portanto, vir a sofrer bastante porque não está preparada para as óbvias limitações, privações e frustrações que a realidade da vida exterior sempre apronta. Nessas situações a criança fica perdida, deslocada em seus grupos de convívio, o que acarreta o surgimento do sentimento de ódio.

Um outro exemplo de frustração de resultados negativos acontece quando as frustrações em casa são demasiadamente *excessivas*, ou repetitivamente injustas, incoerentes, acompanhadas de sermões e de ameaças, a tal ponto que a criança, por mais estática que aparentemente se mantenha, vai sendo invadida por um crescente sentimento de ódio contra os frustradores, quando esses são excessivos e injustos. Este tipo de ódio do filho pode manifestar-se de diferentes maneiras, sendo que uma delas, bastante frequente, é a de, por exemplo, fazer desaforos contra os pais, sendo reprovado na escola, ou na prova do vestibular, ou na forma de se comportar, etc., como uma forma sádica de revidar os ataques que sente sofrer por parte de seus educadores.

Talvez o maior prejuízo que um excessivo e continuado sentimento de ódio provoca na criança, ou adolescente, consiste em ficar mais fixado na "posição esquizo-paranóide"; logo, prejudicar o ingresso na "posição depressiva"; assim, danificando a capacidade da função de *pensar* adequadamente, e a nobre função de formar símbolos. Tudo isso está intimamente ligado a uma disposição inata no bebê para a vinculação – boa ou má – com a mãe, acrescida de uma capacidade, também inata, de "ler" as implicações afetivas expressadas no rosto, na voz e nos gestos maternos.

Em resumo, pode-se afirmar que virtualmente todas as correntes psicanalíticas atuais, de certa forma convergem para a concepção de que o sentimento de ódio se origina no início da vida, em função da qualidade do vínculo de apego que o bebê tem com a mãe, e que esta, inadvertidamente, pode ter falhado, e disso teria resultado "faltas básicas" já no início da vida. Assim, a *falta básica* é a que promove a formação de "vazios" no psiquismo precoce, fato que também provoca o primitivo sentimento de ódio. Isso acontece quando a criança sofre de situações traumáticas (pelo menos, como ela significa e sente) que a levam a sentir-se rejeitada, não amada, desamparada, do que decorre sentimentos, pensamentos, impulsividade e conduta provocativa, hostil e beligerante.

As mencionadas situações traumáticas podem ser sintetizadas em três causas fundamentais:

1. a criança sente *privações* (ausência, física ou afetiva, da pessoa, geralmente a mãe, nutridora e amparadora);
2. sofre *frustrações*, quando então, embora haja a presença física dos pais, esses não entendem e não atendem as necessidades e os desejos básicos dos filhos menores;
3. tem fantasias inconscientes, relativas a um sentimento de *castração*, as quais se dirigem a um, proibido, desejo de se fundir e de ter a posse da mãe, ou a vivência de um conflito no auge do triângulo edípico, e, em consequência, a criança receia sofrer um castigo castrador por parte do pai que, então, fica sendo imaginado como sendo um tirano vingativo, às vezes, até monstruoso.

Ainda uma outra contribuição importante de Bion no ato analítico é aquela que ele denominou como *ataque aos vínculos*, o qual, não obstante também seja determinado por algum sentimento de ódio às verdades intoleráveis, será mais bem estudado no capítulo que trata do "Vínculo do Conhecimento" (K e – K).

Do ponto de vista do campo psicanalítico, é útil lembrar que na chamada *transferência negativa* é frequente que o paciente faça algum tipo de manifestação de ódio (ataques verbais, acusações, ressentimentos, ameaças de vingança, resistências excessivas, reação terapêutica negativa, etc.), o que exige do psicanalista que ele possua uma boa *capacidade negativa*, isto é que ele tenha uma suficiente continência para suportar os aludidos sentimentos "negativos", dirigidos a ele.

Destaco este aspecto porque o sentimento de ódio, ao longo da análise, pode ser transformado numa agressividade construtiva, além do importante fato de que, especialmente pacientes excessivamente regressivos (*borderline*, por exemplo), têm uma extrema necessidade de reexperimentar fazer ataques similares aos que faziam no seu passado primitivo, assim propiciando ao analista ter uma reação totalmente diferente daquelas que os pais tiveram na infância do paciente. Com outras palavras, o analista exerce um papel fundamental no crescimento do paciente: refiro-me ao fato de que o terapeuta funciona como *um novo modelo de identificação* para seus pacientes.

Assim, se os pais primitivos deste hipotético paciente regressivo foram demasiado frágeis, ou excessivamente rígidos e punitivos, impacientes e intolerantes, afetivamente afastados e fazendo ameaças de abandono e de castigos, facilmente entrando em estado de depressão ou de cólera, etc., o modelo do seu psicanalista deverá ser exatamente o oposto, sobretudo nas capacidades de *continência* (conter as angústias e o ódio se, e quando, surgirem); de *empatia* (conseguir sentir o que o paciente sente e não consegue verbalizar); saber *escutar* (é diferente de somente "ouvir") e, principalmente, ter uma capacidade de *sobrevivência* aos ataques agressivos, eróticos e narcisistas do paciente.

OS SENTIMENTOS DE RESSENTIMENTO

A formação da palavra *ressentimento*, por si só já dá uma ideia que sintetiza a gênese, o significado e a importância deste tipo de sentimento, até mesmo pela sua alta frequência não só em pacientes, como entre as pessoas em geral, com graus e modalidades diferentes. Assim, o vocábulo "ressentimento" se origina do prefixo *re* que significa "de novo;

mais uma vez" + *sentimento*, que é o ato de sentir. A importância da presença do ressentimento nas pessoas em geral, deve-se não só a sua frequência muito elevada, mas também a sua influência direta na qualidade de vida do sujeito e, principalmente, pelo fato de que a pessoa está "re-sentindo" no presente os mesmos traumas que sofreu num passado.

Um psicanalista atento percebe durante o tratamento analítico uma série de manifestações que caracterizam um estado mental de ressentimento, tais como:

1. uma extrema sensibilidade diante de uma determinada frustração;
2. a intensa reação de dor e ira é bastante desproporcional ao fato externo, causador;
3. essa desproporção se deve ao fato de que a aludida frustração deve ter incidido numa antiga ferida (trauma, em grego) que ainda está aberta, não cicatrizada;
4. existe uma forte "compulsão à repetição", reiterada e torturante, ou seja, a natureza dos mesmos acontecimentos, por mais banais que estes possam ser, desperta a mesma intensidade de reação adversa;
5. quase sempre, o ressentimento despertado vem acompanhado de um desejo de vingança; ainda que em situações variáveis, o rancor pode permanecer ao longo de toda vida.

Já o termo *rancor*, etimologicamente, procede do latim *rancidus* (Pe Koheler, 1960), que significa algo que é antigo, que sofre a pátina do tempo, e isso pode ser comprovado em certas palavras derivadas, como, por exemplo, além de "rancor", também "ranço, rançoso", "ranzinza", etc., as quais são empregadas para designar que "a manteiga está rançosa", ou seja, velha demais, perdeu o sabor natural, e ficou "azeda", tal como costumam serem chamadas as pessoas demasiadamente ressentidas e, logo, por demais queixosas.

É útil traçar uma diferença entre "memória-dor" e "rancor". A primeira, alude à fixação de lembranças doloridas, porém é possível que elas, mercê da preponderância da pulsão de vida e de uma capacidade de "aprender com as experiências", tanto as boas quanto, principalmente, as más, elas possam colaborar para uma mais sadia e harmônica estruturação da personalidade. A segunda – o "rancor" – tem uma prevalência da pulsão de morte, com os respectivos impulsos destrutivos, às vezes, sádicos.

Nesse caso, os conteúdos do ressentimento funcionam como corpos estranhos, cindidos (próprio da posição esquizoparanoide), o que impede a entrada na posição depressiva, o que prejudica a capacidade de simbolização, porque os elementos estruturantes se mantêm fora da circulação psíquica.

Também cabe fazer uma distinção entre ressentimento e ódio, visto que o primeiro é sempre de finalidade destrutiva, enquanto o ódio pode vir a tornar-se bastante construtivo.

Desse modo, é útil reconhecer que na prática psicanalítica – desde Freud, que sentenciou que "o neurótico sofre de reminiscências e ao analista cabe a tarefa de fazê-las chegar ao consciente" – quase todos os psicanalistas reconhecem que este recurso ainda continua sendo bastante válido, porém é mais utilizado para pacientes que, no passado remoto, acumularam múltiplas e diferentes repressões, como, por exemplo, as personalidades histéricas.

A propósito, convém recordar que as pessoas de características histéricas são "impressionistas", isto é, demonstram uma coleção de impressões (ou seja, estão "impressas" na mente primitiva) que confirmam a tese de que elas merecem serem ressarcidas por antigas injustiças. Assim, elas criam *cenas* que dramatizam fantasias, necessidades, desejos e forçam os protagonistas com quem convivem a assumirem e a desempenharem determinados papéis. Dessa maneira, as personalidades histéricas têm facilidade para criar e dramatizar os enredos do teatro da mente que se construíram a partir de significados que continuam impressos no psiquismo, à espera de serem ressignificados.

O termo "reminiscência" foi criado por Platão, e Freud o empregou no sentido de que o paciente tome conhecimento de onde o reprimido provém. Pessoalmente, no lugar dos termos reminiscência, ou lembrança, ou memorização, eu prefiro utilizar a palavra *recordação*, pela razão de que a etimologia deste vocábulo vem de *re* (de novo, mais uma vez) + "*cordação*" vem de "*cor*", cujo genitivo é *cordis*, que, em latim, quer dizer "do coração".

Dessa forma, creio que, no ato analítico, a reminiscência deve ir muito além de um conhecimento, ou de uma simples ab-reação (desabafo); antes, deve provir do "coração", ou seja, a lembrança juntamente com as emoções, afetos e significados que cercaram o fato doloroso que está reprimido há um longo tempo. O importante da "re-cordação" é que propicia a que o analista auxilie o paciente a fazer novos significados daquilo que foi reprimido em seu inconsciente, com significações daninhas, do tipo de que seus pensamentos, sentimentos, suas fantasias e ações terem sido pecaminosos, vergonhosos, culposos, arrasadores da autoestima, ameaçadores de castigo, etc.

Um breve exemplo clínico: uma paciente atribuía sua exagerada e injusta depressão, com uma autoestima muito baixa, a um grave pecado que teria cometido contra Deus, mas que não podia me contar, tão horrível seria o seu pecado. Respeitei a sua dor e dificuldade e, decorridos uns dois anos, a paciente, já então sentindo-se mais segura e confiante, "confessou" o seu grande pecado: "doutor, quando eu era menina, eu me masturbava". Diante da minha atitude de escutar com naturalidade, a paciente estranhou que não fiquei perplexo porque, segundo ela, a madre que era a professora de sua turma, insistia em dizer que a masturbação era um crime que Deus nunca perdoaria e que seria merecedora de punições. Este relato, que veio do coração, propiciou que eu e ela fizéssemos *ressignificações*, trocando o significado pecador e punitivo que foi plantado dentro dela, por outros significados, inclusive sadios, do ato da masturbação. O leitor pode imaginar a tonelada de vergonha, culpas e medos que a paciente tirou de seus ombros, o que lhe fez sentir-se mais "leve" e com a autoestima para cima.

Creio que a sorte desta paciente é que ela não nutriu *ressentimentos* contra Deus e, tampouco, à madre, professora de educação religiosa. Caso tivesse se formado uma zona psíquica impregnada de ressentimentos, não tratados, é muito provável que ela estivesse num permanente estado de uma "compulsão à repetição" de, inconscientemente criar situações em que sistematicamente se sentiria culpada e provocaria alguma forma de punição contra ela mesma.

Da mesma forma como reconhecemos a possibilidade de que o sentimento de ódio, em muitas ocasiões, seja justificado e sua energia possa ser drenada para uma finalidade positiva, de oposição a atitudes de outros, que ferem nossa dignidade e direitos, também o ressentimento, se devidamente compreendido quanto ao porque de suas origens, pode representar uma energia positiva. Isto é, essa energia fica investida num autorrespeito, autodefesa contra ataques sórdidos, respeito pela ordem moral e um não conformismo com injustiças, numa corajosa posição de preservar os seus legítimos direitos.

Com outras palavras, estamos diante de uma bifurcação, em possíveis dois extremos, igualmente daninhos. Um seria que fosse vigente a "lei das selvas", em que cada pessoa ofendida se julgasse no pleno direito de fazer justiça "pelas próprias mãos". Isso redundaria num caos, a sociedade entraria em colapso, além do fato de que desembocaríamos num interminável círculo vicioso, como acontece com alguma frequência entre famílias desafetas. Nesses casos, não é raro acontecer, por exemplo, que ocorra um assassinato numa pessoa de uma das famílias, a qual se vinga matando a um outro da outra família, e assim por diante, morrendo, em sucessivos revides, uma quantidade grande de pessoas.

Num outro extremo existe um expressivo contingente de pessoas com uma grande *ausência de ressentimentos*, o que também pode revelar personalidades servis e sem respeito pelos seus direitos e sua condição de sujeitos livres e moralmente respeitáveis. "Dar a outra face" diante de uma grave injúria é uma atitude passiva (masoquista ou de alta nobreza?) pregada há mais de 2000 anos pelo cristianismo, com sucesso muito duvidoso. No entanto, isso é bem melhor do que era antes de Cristo, quando as religiões não apenas amparavam como incentivavam a vingança desproporcional ao agravo.

Gradativamente, com o correr dos milênios, a humanidade encontrou maneiras de conter a força vingativa que existe na natureza humana. O principal controle foi o sistema judiciário que passou a mediar as disputas entre vítimas e agressores.

Quando, numa outra parte do livro, nos referimos ao "vínculo do amor", foi importante enfatizar que, simplesmente, uma pessoa dizer que está amando é insuficiente para sabermos qual é a qualidade deste amor, como é a essência de sua forma de amar e de ser amada. De forma análoga, também é muito relativo, superficialmente, nós julgarmos mal alguém que esteja odiando algo ou um outro alguém, porque o mais relevante é saber se a pessoa "sabe odiar, por que odeia, de onde vem o ódio, e se consegue suportar e refletir sobre por que está sendo odiado". Em linhas gerais, enquanto não bem elaborado, o sentimento de ressentimento sempre vem acompanhado por um desejo, maior ou menor, de surgimento esporádico ou como uma ideia obsessiva fixa, de um desejo de vingança.

O SENTIMENTO DE VINGANÇA

Estudos de antropólogos confirmam as evidências de retaliações em chimpanzés, há mais de 5 milhões de anos. A propósito, o relativamente recente mapeamento do genoma humano comprova uma grande aproximação genética entre os chimpanzés e o ser humano.

Como existe uma importante e frequente manifestação do sentimento de ódio vingativo na espécie humana, é útil lembrar que este sentimento é intimamente ligado à sentença da "Lei de Talião", na base de "dente por dente; olho por olho". Dessa forma, o sujeito vingativo, ou no seu imaginário passado, ou na realidade dos fatos, sofreu muitas decepções, injustiças, humilhações, rejeições, que possam estar se repetindo no presente através de calúnias, injúrias e difamação pública.

Também aqui temos uma repetição compulsiva, obcecada, reiterada e torturante, de um desejo de se vingar, na fantasia ou na ação. Nesse caso, o passado e o presente se aliam para "lavar a honra" de ofensas antigas que, por deslocamento, ainda estão presentes no presente. Nesses casos, mesmo em pessoas essencialmente amorosas, pode-se dizer que no ato, ou no desejo vingativo, esteja havendo uma regressão do amor para etapas sádico-orais-anais do penoso passado remoto, quase sempre originado num, então, turbulento relacionamento com os pais.

Uma forma de vingança que o sujeito ansioso por se vingar mantém, consiste na posse e na retenção do personagem que está dentro dele em conexão com o que está fora dele, de forma que, por projeção do interior para o exterior, lhe é muito justificado assumir uma posição de injustiçado. Este aspecto é deveras importante porque costuma acontecer que este tipo de pessoa, em sua ânsia de vingança, construa ao longo de sua vida um eterno papel de "vítima" o que, no fundo, lhe justifica exercer o desejo de ser um "vitimador".

Um possível efeito positivo do ato de vingança, observado com claras evidências no reino animal, consiste em intimidar e, assim, dar limites ao agressor. O sentimento de medo é decorrente da espera de uma retaliação, o que ajuda a preservação da espécie. Com outros recursos mais sofisticados, o mesmo se passa no "reino humano".

Existem muitas modalidades de vingança, como: uma retaliação nos mesmíssimos aspectos de que o vingador acha que sofreu por parte de quem ele está se vingando (por exemplo, traição amorosa); litígio por uma demanda de indenização milionária; vingança sob forma de "guerras" verbais (como acontece num determinado casal, ou família, ou instituição, sociedades, nações, religiões, torcidas de futebol, etc.). Uma maneira que está cada vez mais frequente é aquela que se efetua através do recurso eletrônico (a facilidade de vingança pela rede é altamente tentadora), em que o sujeito vingativo planta alguma notícia sórdida, alguma foto comprometedora do desafeto, alguma calúnia inventada e coisas do gênero, por puro sadismo, inveja ou por vingança. O espírito de vingança predominante pode fazer com que a "guerra" se perpetue numa situação sem fim.

Entre as mais frequentes guerras estão as "vinganças amorosas" que resultam de desilusões, especialmente quando um dos cônjuges, ou amante, foi traído e, pior, quando foi trocado(a) por outra pessoa. Este fato atrai um sentimento de traição, de abandono, de injustiça, de ter sido vítima de cafajestice, de humilhação pública, e quando isto incide em velhos traumas com este colorido emocional, a pessoa atingida pode sentir uma ânsia mortífera de vingança, que, infelizmente, levam a uma guerra, às vezes interminável, efetivada através dos filhos, as maiores vítimas deste tipo de guerra.

Um outro fator desencadeante de uma ânsia de vingança repousa num possível sentimento de inveja contra uma outra pessoa mais bem-sucedida que ele, o que lhe soa como se fosse um ataque ao seu narcisismo. Uma situação equivalente a essa, em personalidades por demais narcisistas, acontece quando estas pessoas se acham num pleno direito de exercer uma represália contra aqueles que perturbaram (e outros que ainda perturbam!) a ilusão da perfeição infantil.

Acompanhando a sabedoria popular podemos dizer que "o ato de vingança começa pelo coração (sentimentos), é *tramado* pelo cérebro (pensamentos, fantasias...), fica guardado na memória-rancor (ressentimentos), e sua *execução* é cuidadosamente lapidada, burilada e determinada pelo inconsciente".

As evidências dos atos vingativos são enormes em todas as áreas do convívio humano, além das relações interpessoais, nos enredos da literatura, filmes, peças teatrais, na mitologia, nas guerras religiosas, de poder e de conquistas, na bíblia, etc.

Como exemplo da última situação mencionada, cabe lembrar que no velho testamento consta um registro bastante ilustrativo disto: é aquele em que o profeta Eliseu é chamado de "careca" por um grupo de crianças e, como retaliação, ele manda soltar dois ursos para saírem da floresta e despedaçar 42 criancinhas. Também é útil registrar que a "vingança cerebral" (tramada intencionalmente), quando é efetivada num grupo ou instituição transforma-se em *punição*.

Em termos de tratamento em base analítica, algumas medidas são recomendáveis para um paciente que procura um terapeuta para administrar seus ímpetos vingativos exacerbados e fixados como uma obsessão incontrolável:

1. Procurar instalar no psiquismo do paciente uma verdadeira motivação para querer mudar.
2. A mudança consistiria em não recair em nenhum dos dois extremos antes aludidos, ou seja, nem excesso e tampouco escassez dos ressentimentos.
3. Para tanto, é necessário localizar a época, as fontes e mais os porquês dos ressentimentos e dos ímpetos de vingança.

4. O paciente poder transformar o impulso de retaliação (está subordinado à pulsão de morte) em um estado mental de resignação (não é o mesmo que acomodação e, muito menos, que covardia) que está mais a serviço da pulsão de vida. A terapia também visa a trocar a *memória-rancor* (reminiscências com ressentimentos) pela *elaboração,* o que permitiria uma forma mais adequada de *pensar,* logo de *saber,* e, mais importante, de *ser!*

A VIOLÊNCIA

Este termo aparece com bastante frequência na literatura, no cinema, diariamente na mídia escrita, falada e televisionada, e também na literatura psicanalítica, abordado a partir de diferentes vértices de entendimento e com significações distintas. Ou seja, o sentimento de ódio se manifesta de múltiplas e diferentes formas, relativas às suas origens, seus propósitos e tipos de manifestações, desde as mais brandas e, algumas, até construtivas, até outras formas que atingem um extremo de crueldade e destruição.

Dentre estas distintas modalidades de ódio, uma delas é a da *violência* que, por sua vez, também engloba uma larga variedade de apresentações, tanto as urbanas, as familiares, as sociais, as econômicas, as políticas, as religiosas, as disputas pelo poder, as guerras e revoluções, entre tantas outras mais. Destarte, o propósito deste texto é o de enfocar a violência em geral – mais particularmente a violência urbana e a força do "poder".

Na psicanálise, coube à M. Klein centralizar a sua obra nas pulsões sádico-destrutivas, portanto, também responsáveis pelas violências, enquanto outros autores psicanalíticos situam o surgimento da violência como uma transformação da agressividade normal, e até construtiva, em agressão destrutiva, diante de situações traumáticas, como injustiças, humilhações, não atendimento de necessidades básicas (fome, por exemplo) e desamparo.

Uma forma superextremada da violência é o *terrorismo*, em cujo caso, independentemente da nobreza, ou não, das motivações e das necessidades não atendidas, um ódio cego está sempre presente, aliado a uma espécie de fanatismo, de fundamentalismo (incluído o emprego de "homens-bomba suicidas") pela causa que defendem, contra uma outra nação ou alguma organização internacional que não lhes dê ganho de causa.

Etimologicamente, a palavra "violência" se origina do étimo *vis*, que nos dicionários latinos aparece como "força, energia, coragem, poder das armas". Fazendo jus à ambiguidade do conceito de violência, também o étimo latino *vis*, tanto dá origem aos vocábulos construtivos de "vida" (vita, em latim); vitalidade; vigor, vitamina, vitalício, quanto também origina os termos, de significado destrutivo, como "violência" e "violação".

Convém lembrar que a violência acompanha a história da humanidade e ela se manifesta em qualquer tempo (comprovado pelos historiadores de passados séculos e milênios) e em qualquer espaço (não existe nenhum lugar do mundo em que não tenha havido, ou não haja na atualidade, alguma forma de violência, armada ou não). Pela impossibilidade de ocupar um longo espaço para ilustrar as violências acontecidas no passado e que acontecem no presente, em todos os cantos do mundo, vamos nos ater ao nosso Brasil.

Dessa forma, cabe exemplificar, nestes pouco mais de 500 anos de descoberta do Brasil, situações de violência, como foram: a dizimação dos índios; a escravatura dos negros, vindos da África em horríveis navios negreiros, para sofrerem torturas e toda sorte de humilhação; a exploração que o reino de Portugal impunha à sua colônia – o Brasil –, além de bárbaras punições e até penas de morte, em casos de desobediência, muito especialmente aos que ousavam se rebelar, pela forca e, não raramente, pelo esquartejamento. Ademais, os colonizadores de Portugal praticavam uma "violência institucionalizada", isto é, criavam leis que lhes permitiam submeter os brasileiros colonizados a impostos escorchantes, um permanente desdém e humilhações.

Ainda na história do Brasil, outras formas de violência se manifestaram através dos abusos do coronelismo, do cangaço, nas revoluções internas, nas guerras externas (Paraguai, etc.), nos governos ditatoriais e na prática da iníqua *Inquisição*. A Inquisição consistia num Tribunal eclesiástico estabelecido para inquirir e castigar os "hereges", isto é, aqueles que cometiam o "crime de alta traição", por atentarem contra a fé e a doutrina cristã, reconhecida pelo Estado. As punições, nestes casos, eram violentas: cassação dos direitos eclesiásticos e civis; desterro e condenação à morte. A Inquisição que operava, processava e condenava, através das leis do Santo Oficio, foi extinta em 1774.

Uma outra forma de violência consistia, já naquela época e, parece que com maior vigor, na atualidade, da prática da *corrupção,* daninha sob todos os pontos de vista e, com um acréscimo da violência: este mal está ficando banalizado, impune e gerou um conformismo por parte da grande população.

De forma idêntica (o que pode fazer supor que a prática da violência seja de natureza genética) ou bastante pior, a história da humanidade comprova o quanto as violências sempre estiveram – e estão! – disseminadas pelo mundo todo, embora sempre justificadas com o argumento de que elas fazem parte das causas nobres, como, por exemplo, as *Cruzadas.*

Nesta altura, impõe-se reconhecer que nem toda violência é acompanhada sistematicamente de ódio, e que é necessário estabelecer uma distinção do grau quantitativo e qualitativo, em relação à ambiguidade do conceito de violência. Por exemplo, a desigualdade social, econômica, cultural e racial não deixa de ser uma forma de violência, com a presença, ou não, do sentimento de ódio. Vamos nos restringir, sinteticamente, a duas formas de violências, a urbana e a das guerras.

VIOLÊNCIA URBANA

Tal como indica a etimologia da palavra "urbana" (a qual procede do latim *urbs-urbis,* que significa "cidade"), esta modalidade de violência se refere às diferentes violências que acontecem no dia a dia das cidades. Os exemplos também são múltiplos e variados. Assim, existe a *violência familiar*, que está registrada nos mitos, nas narrativas da bíblia e no seio das famílias, quer seja entre o casal, ou entre pais e filhos (o que, costumeiramente, é conhecido com o nome de "conflitos de gerações"), ou de irmãos em oposição a irmãos, ou desencadeadas por alguma circunstância especial (por exemplo, uma família aparentemente unida e harmônica, desagrega-se e vira um campo de guerra, por ocasião da partilha de bens, após o falecimento dos genitores, etc.).

Outra violência, nada rara, é o cometimento de sérias agressões físicas, até um extremo de crimes de morte, em nome de um "amor", quando este se reveste de um ciúme patológico, isto é, no, assim chamado, *crime passional.*

Provavelmente o débito do maior número de vítimas e de mortes se deve à *violência do trânsito,* na maioria das vezes causada por motoristas alcoolizados ou tresnoitados e cansados.

Uma persistente forma de ódio é aquela que se manifesta por uma perseguição, oculta e bem disfarçada ou, num outro extremo, de maneira bem ostensiva, contra *minorias* (negros, judeus, estrangeiros em geral, homossexuais, pessoas pobres assim como há algumas décadas atrás era um ódio que se dirigia aos "comunistas", artistas de teatro, etc.).

É óbvio que temos que fazer constar entre as violências urbanas, a desilusão e o ódio contido contra as constantes *corrupções e conchavos pérfidos,* principalmente quando partem de políticos e órgãos governamentais. Igualmente, podemos considerar uma violência situações como um estado de *fome* (de crianças e de adultos); os frequentes assaltos e assassinatos (até por motivos banais) cometidos, quase sempre, por *gangues* criminosas, intoxicados que estão, com uma outra forma de violência: a do número crescente de *adictos às drogas, os sequestros, uma precária assistência médica, a crueldade do desemprego,* etc., etc.

Em uma recente revisão (em 2007) da literatura que tem estudado e pesquisado o problema da violência urbana em nosso país, recolhi alguns dados estatísticos, provindos de lugares distintos, como, por exemplo, os que, de forma muitíssimo sintética, são os que seguem. Em relação à violência do trânsito, em 90% dos acidentes, a responsabilidade é dos motoristas (a maioria em algum estado de alcoolismo). A propósito, penso que o automóvel, e a forma de dirigi-lo pode ser considerado como sendo uma extensão do corpo e do psiquismo do seu proprietário, assim refletindo o seu caráter, sua índole, seus impulsos de amor e de ódio, onde cometimentos de homicídios não são raros; e intentos suicidas também não são raros.

Da mesma forma, a condução do carro pode expressar um provável narcisismo exibicionista ou uma excessiva timidez, brigas por causas paranóides, disputas à moda de corrida de velocidade à la fórmula 1, e coisas assim.

Outro dado interessante e paradoxal: diminuíram bastante os *furtos* (neste caso, não existe violência direta, o furto decorre de alguma circunstância que o favorece) de automóveis, até pelos modernos equipamentos, alarmes, chaves codificadas, rastreadores por satélites, enquanto, paralelamente, têm aumentado bastante o número de *roubos* (nestas situações existe a violência, por meio de assaltos, terrorismo, agressão física, etc.). Em Porto Alegre, uma estatística realizada em 2007 concluiu que numa média de 21 carros furtados por dia, comparativamente com o ano de 2006, houve um decréscimo de 29,2% de furtos e uma aumento de 17,5% de roubos.

Ainda mais outra observação significativa é a de que o cometimento de violências está caindo numa banalização e acomodação. Um outro dado estatístico: uma socióloga de Recife que estudou a "violência no seio das famílias", tanto de forma verbal quanto moral e sexual, concluiu que em aproximadamente 20% dos casos, a violência é cometida contra adolescentes e crianças, agredidos em suas próprias casas. Um dado preocupante é que dados estatísticos comprovam que *a cada dia,* quatro crianças sofrem maus tratos ou violência sexual. Ainda em Recife, estatísticas evidenciam que *a cada fim de semana,* são mortas, em média, 50 pessoas, enquanto que, nessa mesma época, nos Estados unidos também morriam vitimados, uma média de 50 pessoas, porém *por ano.* O lado positivo disso é que aumentou o número de denúncias em delegacias e conselhos tutelares.

Diferentemente das agressões físicas que deixam marcas (hematomas, fraturas de ossos, queimaduras), mesmo quando este tipo de *violência contra a criança* não deixa pistas visíveis (em casos de pedofilia, por exemplo), as marcas do abuso ficam impressas no psiquismo da criança sob a forma de sérios "traumas" que podem acompanhá-la por toda a vida, com consideráveis prejuízos no comportamento do futuro adulto. Um dado estatístico mostra que esse tipo de abuso não é, como geralmente pensamos, maior nas classes humildes; pelo contrário, um enorme contingente de crianças abusadas provém de famílias de classe média, ou alta.

Ainda cabe acrescentar a violência que é cometida contra a própria pessoa e, muitas vezes, como forma de agredir outras pessoas (isso transparece na "carta-testamento" de Getúlio Vargas): refiro-me ao *suicídio*, fato que merece ser levado muito a sério porque, de forma direta ou indireta, atinge um número impressionante de pessoas, em estado de depressão, ou não.

Existem muitas instituições, sérias, que estão batalhando por uma tentativa de recuperação dos transgressores e violentadores – muito particularmente, adolescentes – com resultados que não são nulos, porém também não são muito entusiasmantes. Essa dificuldade em relação a uma verdadeira recuperação acontece porque são muitos os fatores que concorrem para a delinquência, como são os sócio-culturais-econômicos; um código de valores éticos, morais e jurídicos, muitas vezes, bastante abaixo da crítica, e que se propaga de geração a geração.

Em inúmeras vezes, as "gangues" idealizam a sua violência, como se fosse uma "grife de coragem" e, por isso, se opõem a qualquer tentativa de se readaptar ao "mundo do bem"; também existe uma acentuada falta de recursos de órgãos governamentais e a falta de um maior investimento psicológico dirigido às crianças na primeira infância e aos respectivos pais dessas crianças.

AS GUERRAS

Todos sabemos das guerras que acompanham toda a história da humanidade, algumas breves e outras bastante prolongadas, algumas com armamentos primitivos, enquanto outras com um arsenal bélico tremendamente sofisticado e mortífero. Algumas ficam localizadas entre duas nações, enquanto em outras, houve coligações de nações (por exemplo, na 2ª grande Guerra Mundial, a grande carnificina foi entre o, assim chamado, "Eixo" (formado basicamente por Alemanha, Itália e Japão) *versus* os "Aliados" (Estados Unidos, Inglaterra e França).

As causas detonantes das guerras são distintas: podem resultar de uma *cobiça* para ganhar uma *expansão territorial;* pode ser por uma grande *volúpia pelo poder (*essas duas primeiras, enquadram-se no nazismo, liderado por Hitler); outras vezes a causa desencadeante está nas *guerras religiosas* (quando professam credos diferentes); não são raras as guerras que são deflagradas unicamente por razões econômicas como, por exemplo, uma apropriação de campos petrolíferos (tal como foi a atual, dos Estados Unidos contra o Iraque). Também não são raras as guerras que são declaradas, tanto por um ato de puro *sadismo destrutivo*, de natureza xenofóbica, quanto por um ato de *vingança* por alguma derrota diante de uma nação rival, numa guerra anterior.

CORRESPONDÊNCIA ENTRE FREUD E EINSTEIN SOBRE "O PORQUÊ DAS GUERRAS"

O assunto relativo às guerras é sempre tão relevante que entendi ser útil transcrever trechos, tanto da carta que Einstein dirigiu a Freud, quanto a carta-resposta que Freud dirigiu a Einstein, expondo as suas ideias e concepções relativas aos fenômenos desencadeantes da "maldição das guerras", que ainda conservam um cunho de valor atual. As cartas originais de Einstein e a de Freud estão transcritas na íntegra no vol. XX da Obra Completa de Freud (Standard Edition).

As cartas trocadas por Freud e Einstein a respeito da guerra foram escritas em 1932. Os dois nunca foram íntimos e encontraram-se pessoalmente apenas uma vez, no início de 1927, na casa do filho mais jovem de Freud, em Berlim. Freud já escrevera anteriormente sobre o assunto da guerra, na primeira parte de seu trabalho "Pensamentos para os tempos de guerra e de morte" (1915), produzido logo após o início da primeira Guerra Mundial.

Um resumo da carta que Einstein enviou a Freud

Em julho de 1932, em nome da *Liga das Nações* e de seu *Instituto para a Cooperação Intelectual*, em Paris, Einstein optou por convidar Freud a escrever um artigo que trouxesse algum entendimento à famosa pergunta de Einstein: *existe alguma forma de livrar a humanidade da ameaça de guerra?* De forma reduzida pode-se dizer que Einstein, um reconhecido pacifista, destacava o fato de que com o progresso da ciência moderna, escreveu ele na carta, a questão da guerra transformou-se numa questão de vida ou morte para a civilização tal como a conhecemos; não obstante, apesar de todo o zelo demonstrado, todas as tentativas para resolver o problema das guerras resultaram em fracasso lamentável.

Como um homem imune a preconceitos nacionalistas, Einstein vê um meio simples de tratar do aspecto superficial (isto é, administrativo) do problema: a constituição, por acordo internacional, de um órgão legislativo e judiciário para dirimir todos os conflitos que surjam entre nações. Cada nação invocaria a decisão desse órgão em todas as disputas, aceitaria sem reservas suas decisões e optaria por todas as medidas que o tribunal julgasse necessárias à execução de sentenças. Todavia, um tribunal é uma instituição humana que, quando não dispõe de força adequada para impor seus veredictos, apresenta forte tendência para que tais veredictos sejam influenciados por pressões extrajudiciais.

Segundo Einstein, a busca da segurança internacional envolve a abdicação incondicional de todas as nações, em certa medida, de sua liberdade de ação ou de sua soberania. É evidente, fora de qualquer dúvida, que nenhum outro caminho pode conduzir a tal segurança. Ao final da carta, Einstein sintetiza tudo com essa pergunta dirigida a Freud: "Existe uma possibilidade de dirigir o desenvolvimento psíquico dos homens de modo que se tornem capazes de resistir à psicose (que pode evoluir para a psicose da massa) de ódio e destruição?" (extraído de *Sinopses da Standard Edition da Obra Psicológica Completa de Sigmund Freud*, 1979)

Trechos da Carta-resposta de Freud a Einstein

Prezado Professor Einstein

(...) O senhor começou com a relação entre o *direito e o poder*. Não se pode duvidar de que seja este o ponto de partida correto de nossa investigação. Mas, permita-me substituir a palavra "poder" pela palavra, mais nua e crua, "violência". Atualmente, direito e violência se nos afiguram como antíteses. No entanto, é fácil mostrar que uma se desenvolveu da outra e, se nos reportarmos às origens primeiras e examinarmos como essas coisas se passaram, resolve-se o problema facilmente. (...) É, pois, um princípio geral que os conflitos de interesses entre os homens são resolvidos pelo uso da violência. É isto o que se passa em todo o reino animal, do qual o homem não tem motivo para se excluir.

(...) Outrossim, um rápido olhar sobre a história da raça humana revela uma série infindável de conflitos entre uma comunidade e outra, ou diversas outras, entre unidades maiores e menores – entre cidades, províncias, raças, nações, impérios – que quase sempre se formaram pela força das armas. Guerras dessa espécie terminam ou pelo saque ou pelo completo aniquilamento e conquista de uma das partes. É impossível estabelecer qualquer julgamento geral das guerras de conquista.

(...) Já vimos que uma comunidade se mantém unida por duas coisas: a força coercitiva da violência e os vínculos emocionais (identificação, é o nome técnico) entre seus membros. Se estiver ausente um dos fatores, é possível que a comunidade se mantenha ainda pelo outro fator. As ideias a que se faz o apelo só podem, naturalmente, ter importância se exprimirem afinidades importantes entre os membros, e pode-se perguntar quanta força essas ideias podem exercer. A história nos ensina que, em certa medida, elas foram eficazes. Algumas pessoas tendem a profetizar que não será possível pôr um fim à guerra, enquanto a forma comunista de pensar não tenha encontrado aceitação universal. Mas esse objetivo em todo caso, está muito remoto, atualmente, e talvez só pudesse ser alcançado, após as mais terríveis guerras civis. Assim sendo, presentemente, parece estar condenada ao fracasso a tentativa de substituir a força real pela força das ideias.

Passo agora, a acrescentar algumas das observações aos seus comentários. O senhor expressa surpresa ante o fato de ser tão fácil inflamar nos homens o entusiasmo pela guerra e insere a suspeita de que neles exige em atividade alguma coisa – um instinto de ódio e de destruição – que coopera com os esforços dos mercadores da guerra. Também nisto apenas posso exprimir meu inteiro acordo. Acreditamos na existência de um instinto dessa natureza, e durante os últimos anos temos nos ocupado realmente em estudar suas manifestações. De acordo com nossa hipótese, os instintos humanos são de apenas dois tipos: aqueles que tendem a preservar e unir – que denominamos "eróticos", e aqueles que tendem a destruir e matar, os quais agrupamos como instinto agressivo ou destrutivo. Entretanto não devemos ser demasiado apressados em introduzir juízos éticos de bem e do mal. Nenhum desses dois instintos é menos essencial do que o outro; os fenômenos da vida surgem da ação contrária de ambos.

Se o senhor quiser acompanhar-me um pouco mais, verá que as ações humanas estão sujeitas a uma outra complicação de natureza diferente. Muito raramente uma ação é obra de um impulso instintual único (que deve estar composto de Eros e de destrutividade). (...) A satisfação desses impulsos destrutivos naturalmente é facilitada por sua mistura com outros motivos de natureza erótica e idealista. Quando lemos sobre as atrocidades do passado, amiúde é como se os motivos idealistas servissem apenas de excusa para os desejos destrutivos; e, às vezes – por exemplo, no caso das crueldades da *Inquisição* – é como se os motivos idealistas tivessem assomado a um primeiro plano na consciência, enquanto os destrutivos lhes emprestassem um reforço inconsciente. Ambos podem ser verdadeiros.

(...) Para nosso propósito imediato, portanto, não é tudo o que resulta daquilo que ficou dito: de nada vale tentar eliminar as inclinações agressivas dos homens. Segundo se nos conta, em determinadas regiões privilegiadas da Terra, onde a natureza provê em abundância tudo o que é necessário ao homem, existem povos cuja vida transcorre em meio à tranquilidade, povos que não conhecem nem a coerção nem a agressão. Dificilmente posso acreditar nisso e me agradaria saber mais a respeito de coisas tão afortunadas. Também os bolchevistas esperam ser capazes da fazer a agressividade humana desaparecer mediante a garantia de satisfação de todas as necessidades materiais e o estabelecimento da igualdade, entre outros aspectos, entre todos os membros da comunidade. Isto, na minha opinião, é uma ilusão. Eles próprios, hoje em dia, estão armados da maneira mais cautelosa, e o método não menos importante que empregam para manter juntos os seus adeptos é o ódio contra qualquer pessoa além de suas fronteiras. Em todo caso, como o senhor mesmo observou, não há maneira de eliminar totalmente os impulsos agressivos do homem, pode-se tentar desviá-los num grau tal que não necessitem encontrar expressão na guerra.

Uma queixa que o senhor formulou acerca do abuso da autoridade leva-me a uma outra sugestão para o combate indireto à propensão da guerra. Um exemplo da desigualdade inata e irremovível dos homens é sua tendência a se classificarem em dois tipos, o dos líderes e o dos seguidores. Esses últimos constituem a vasta maioria, têm necessidade de uma autoridade que tome decisões por eles e à qual, na sua maioria, devotam uma submissão ilimitada. Isto sugere que se deva dar mais atenção do que até hoje se tem dado à educação da camada superior dos homens dotados de mentalidade independente, não passível de intimidação e desejosa de manter-se fiel à verdade, cuja preocupação seja a de dirigir as massas dependentes. É desnecessário dizer que as usurpações cometidas pelo poder executivo do Estado e a proibição estabelecida pela Igreja contra a liberdade de pensamento não são nada favoráveis à formação de uma classe desse tipo. A situação ideal, naturalmente, seria a comunidade humana que tivesse subordinado sua vida instintual ao domínio da razão.

Penso que a principal razão por que nos rebelamos contra a guerra é que não podemos fazer outra coisa. Somos pacifistas porque somos obrigados a sê-lo, por motivos orgânicos, básicos. E sendo assim, temos dificuldade em encontrar argumentos que justifiquem nossa atitude.

(...) E quanto tempo teremos de esperar até que o restante da humanidade também se torne pacifista? Não há como dizê-lo. Mas pode não ser utópico esperar que esses dois fatores, a atitude cultural e o justificado medo das consequências de uma guerra futura, venham a resultar, dentro de um tempo previsível, em que se ponha um término à ameaça de guerra. Por quais caminhos ou por quais atalhos isto se realizará, não podemos adivinhar. Mas uma coisa *podemos* dizer: tudo o que estimula o "crescimento da civilização" trabalha simultaneamente contra a guerra.

Espero que o senhor me perdoe se o que eu disse o desapontou, e com expressão de toda estima, subscrevo-me.

Cordialmente
Sigm. Freud

Comentários

Conforme o que Freud pressentiu na última linha da sua carta, também creio que Einstein tenha ficado desapontado com a resposta de Freud, porque ela não lhe trouxe nada de novo que pudesse renovar suas esperanças, ou que abrisse uma nova luz. Na verdade, ambos destacaram os mesmos aspectos básicos no que diz respeito à eclosão de guerra, não obstante a carta de Einstein tenha ocupado um espaço de uma página e meia e a de Freud se estendeu por aproximadamente 13 páginas... Dessa forma, Einstein e Freud destacaram os seguintes pontos:

1. é um princípio geral que os conflitos de interesse entre os homens sejam resolvidos através do emprego de violência;
2. o Direito é o Poder de uma comunidade;
3. existe uma inata carga instintiva de pulsões de amor e de ódio, com a possibilidade de que o ódio possa adquirir uma forma de violência destrutiva;
4. é inútil tentar abolir as inclinações agressivas do homem;
5. são inúmeros os fatores que contribuem para o incremento da pulsão de morte (ódio);
6. assim, as modificações psíquicas que acompanham o acelerado processo de civilização e de cultura são impressionantes e inequívocas;
7. teoricamente, as guerras só poderão ser evitadas com certeza se a humanidade se unir no estabelecimento de uma autoridade central, por acor-

do consensual internacional, com amplos poderes legislativos e judiciários (creio que caberia incluir um comitê com a presença de psiquiatras e psicanalistas) para dirimir todos os conflitos que surjam entre as nações;
8. a carta de Einstein enfatizava – e Freud concordava – que, até então, todas as tentativas para resolver o problema da guerra têm resultado num triste fracasso.

Creio que cabe acrescentar:

9. tanto eles estavam certos que, cinco ou seis anos após as cartas deles, eclodiu a 2ª grande Guerra Mundial, a mais terrível de todas;
10. não obstante a Organização das Nações Unidas (ONU) tenha abrandado muitas guerras mais recentes, e tenha feito importantes mediações, a verdade é que as guerras sangrentas continuam acontecendo;
11. cabe tirar a seguinte conclusão: não basta boa vontade e boas intenções dos homens; as motivações para a violência encampam muitas outras razões, tanto de um justificado heroísmo em defesa da pátria ultrajada quanto de interesses de ordem econômica; de um fundamentalismo religioso; de um fanatismo ferrenho de muitos governantes que os cega a todos; de um ato de vingança, muitas vezes procedente de antigas derrotas em ações bélicas; além de um possível estado de miséria de países, com carência de suprir as mínimas necessidades da população, tanto as orgânicas, como as da fome, quanto as carências emocionais;
12. a isso acresce uma falha grotesca no processo de comunicação entre nações, no que tange à capacidade de reconhecer as inevitáveis diferenças (culturais, econômicas, religiosas, etc.): de saber transmitir seus argumentos e, principalmente, a capacidade para escutar e refletir acerca da simples equação que acompanha a vida de todos nós: a de fazer o clássico levantamento entre o eventual Benefício (restaurar a honra; resgatar territórios que foram ocupados...) e o Custo (um tremendo sacrifício dos recursos econômicos que poderiam ser tão melhor aplicados; as vidas perdidas, contadas em milhões; um eventual triunfo que na maioria das vezes lembra o célebre "Triunfo de Pirro", isto é, não leva a nada);
13. em termos utópicos, creio que só existiria uma saída para esse impasse: uma – consensual e universal – Educação para a Paz, desde os recém-nascidos e, marcantemente, na primeira infância, simultaneamente com grupos de reflexão com os pais. Sabemos que isso é uma utopia, visto que os fatores das diferenças culturais entre os povos, o regime tirânico de muitos países, o fato incontestável de que muitas das nações fundamentalistas, independentemente da justeza, ou não, de suas aspirações, preparam a mente e o corpo de crianças, para serem voltadas para o ódio e para a guerra destrutiva, ou adultos já fanatizados, mercê de promessas celestiais, místicas, e de pagamentos em dinheiro e benesses para ressarcir a família que perdeu um filho, mas ganhou um herói, se cumprir *exitosamente* o seu papel de "homem-bomba", que num único atentado tenha conseguido destruir centenas de vidas, entre crianças, adultos e anciãos.

Repisando: é uma utopia? É. Mas não custa sonhar!

PERVERSÃO DE GRUPOS

Em relação às concepções referentes aos fenômenos da dinâmica dos Grupos, o presente texto visa abordar as múltiplas contribuições de Bion no que se refere à formação e inter-relações que se estabelecem entre a psicanálise, a sociedade e a perversão dos sistemas sociais. Para tanto, cabe discriminar, separadamente, as sete diferentes dimensões em que Bion estuda os referidos fenômenos sociais, as vertentes:

1. atávica;
2. mítica;
3. metapsicológica;
4. vincular;
5. comunicacional;
6. clínica, e a dimensão da
7. psicologia social.

Por fim, o artigo tentará descrever as múltiplas causas e distintas modalidades de como se manifestam as perversões de certas instituições e sistemas sociais em geral.

Bion sempre evidenciou que grande parte da sua obra foi inspirada pelas concepções originais de Freud e de M. Klein, porém mais restritamente, no campo da dinâmica psíquica que preside os grupos humanos, ele ficou muito mais próximo do primeiro que da segunda.

Freud, embora nunca tenha trabalhado diretamente com grupos, em diversos trabalhos demonstrou interesse pela psicologia das massas e pelas inter-relações que existem entre o indivíduo e a sociedade, postulando que a subjetividade humana é gerada no seio de uma cultura e vice-versa. Assim, as postulações de Freud relativamente aos fenômenos psicológicos que se processam nos grupos, sistemas sociais e na formação da cultura estão presentes em muitos de seus trabalhos, principalmente nos cinco seguintes: *As perspectivas futuras da psicanálise* (1910); *Totem e Tabu* (1913); *Psicologia das massas e análise do ego* (1921); *O futuro de uma ilusão* (1927) e *O mal-estar da civilização* (1930).

No entanto, foi no aludido trabalho de 1927 que, fundamentado nas concepções de Le Bon, Freud fez aprofundados estudos sobre os fenômenos psicológicos primitivos, inerentes às multidões. Neste mesmo trabalho, Freud fez importantes contribuições relativamente às *lideranças,* tanto as que se processam nas forças militares (a projeção na pessoa do comandante dos anseios, do ideal do ego de cada um e de todos os subordinados), como também quanto ao tipo de liderança que é própria da igreja cristã (em cujo caso, todos seguidores estão fraternalmente identificados, em função da introjeção comum da figura de Jesus Cristo).

Igualmente a Freud, também Bion, desde os seus primeiros passos no campo do psiquismo humano, trabalhou e valorizou sobremodo esses referidos aspectos, como pode ser sintetizado na frase, na qual ele concorda com Aristóteles, de que "o homem é um animal político". Portanto, vale afirmar que o homem político não pode realizar-se fora de um grupo, nem tampouco satisfazer qualquer impulso – não só os sexuais e agressivos, mas também os narcísicos – sem que os respectivos componentes emocionais se expressem em relação com outras pessoas.

Lideranças

Uma distinção entre Freud e Bion, relativamente ao fenômeno do surgimento das lideranças, é que Freud considerava o grupo social como um emergente do líder (isto é, o líder como sendo alguém de quem o grupo depende e de cuja personalidade vai derivar as qualidades dos demais), enquanto Bion fundamentou a postulação inversa, a de que o líder é um emergente do grupo. Creio que esse ponto de vista está bem consubstanciado nesta afirmação do grande líder Churchill, no curso da segunda guerra mundial: "Como me escolheram como líder, eu devo ser comandado por vocês". Relativamente a M. Klein, Bion diferenciou-se bastante dela porque ele sempre evidenciou um especial interesse pela dimensão social da psicanálise, ao contrário de Klein.

Para o entendimento do campo grupal, impõe-se que elas podem ser percebidas a partir de diferentes dimensões, como são as que seguem:

1. A dimensão *atávica* refere-se à crença de que a evolução histórica do ser humano tem evidenciado que existe uma tendência inata, herdada de seu passado animal, a unir-se em rebanhos e a formar famílias, tribos e clãs. No reino animal observa-se três características grupais fundamentais: um estado de *dependência* (principalmente, por parte dos filhotes); uma constante ação de *luta* (para garantir a sobrevivência, através de uma "caça" de alimentos), e de *fuga* (com o fim de fugir dos animais mais fortes, predadores); em terceiro lugar, existe uma necessidade de *acasalamento* (para garantir a eternidade da preservação da

espécie). Repare, leitor, que os grupos humanos são regidos por esses mesmos três "supostos básicos".

2. *Lideranças*. Cada grupo humano elege um tipo específico de *líder*, conforme a predominância do suposto básico, de sorte que no *suposto de dependência*, a liderança costuma ser do tipo carismática, enquanto no de *luta e fuga* predomina a liderança com características tirânicas, caudilhescas, e no *suposto de acasalamento*, o grupo escolhe uma liderança de natureza mais mística, que acene para o nascimento de um messias que represente o porvir da realização dos sonhos de cada um e de todos, de grandeza e felicidade plena. É possível que um mesmo líder possa preencher esses três supostos básicos, tal como, me parece, foi a figura de Hitler na época da Alemanha nazista.

Para ficar num único exemplo que ilustre o tipo de liderança própria da "dimensão atávica", basta citar o dos grupos fanatizados, nos quais predomina, de longe, o suposto básico de dependência, em cujo caso, mercê de uma extrema idealização, cada um e todos os liderados esvaziam totalmente as suas capacidades próprias e obedecem cegamente ao líder carismático, tal como, há algumas décadas, na Guiana, aconteceu um planejado suicídio coletivo de centenas de pessoas seguidoras do fanático pastor J. Jones.

Ainda em relação aos grupos fanatizados, também é útil exemplificar com os chamados "fundamentalistas", encontrados em distintas religiões, que, a título de defender os "fundamentos" básicos, essenciais, ditados por Deus (algo diferente, em cada uma das religiões), atacam cegamente a qualquer avanço científico, ou econômico, social, moral... que ameace as suas crenças atávicas.

3. Dimensão *mítica*. Como forma de encarar os grupos, considera-se que os seres humanos também buscam a sua sobrevivência física e psíquica, muitas vezes à custa de uma submissão, ou de rebeldia a Deus, com as devidas recompensas e castigos, além de intrigas invejosas e de um ataque ao conhecimento das verdades. Tudo isso, de forma implícita, aparece nos mitos grupais, tais como são os relatos das agruras de Adão e Eva no mito de *Éden*; a confusão de línguas no mito de *Babel*; os conhecidos mitos de *Édipo* (que inspirou, na psicanálise, o clássico "triângulo edípico") o de *Narciso* (uma autoadoração acompanhada de uma proibição

de conhecer a verdade) entre outros tantos que configuram esse plano transpessoal do convívio entre os seres humanos.
4. A dimensão *metapsicológica* alude ao fato de que, da mesma forma de como o aparelho psíquico de todo e qualquer indivíduo tem zonas de funcionamento tanto consciente quanto inconsciente, também nos grupos existe um aparelho psíquico grupal que opera no plano consciente e, subjacente a este, existe uma forma de funcionamento provindo do plano inconsciente. O funcionamento consciente é denominado como *Grupo de Trabalho* (todos participantes, deliberadamente, estão voltados para uma tarefa de interesse comum), enquanto o funcionamento inconsciente corresponde aos, antes mencionados, *supostos básicos*, os quais costumam interferir na tarefa a que o grupo se propôs conscientemente, devido à pressão oculta de sentimentos como inveja, ciúme, rivalidades, disputa pelo poder, etc.
5. A *dimensão vincular* refere que, indo muito além da existência das pulsões libidinais (enfaticamente descritas por Freud) e das agressivas (exaustivamente estudadas por M. Klein), Bion postulou a noção de uma permanente interação dessas duas formas de experiência emocional, às quais ele acrescentou uma terceira, ou seja, a que se refere à emocionalidade mais diretamente conectada ao desejo de um indivíduo, ou de um determinado grupo, em desejar, ou se recusar, a fazer um contato consciente com as verdades ameaçadoras. A psicanálise contemporânea está gradativamente concedendo uma expressiva importância às múltiplas formas de como se estruturam as configurações vinculares entre casais, famílias, grupos, instituições, comunidades, nações e sistemas sociais em geral.
6. Relativamente à *dimensão comunicacional* não parece ser exagero a afirmativa de que "o maior mal da humanidade consiste no problema dos mal-entendidos da comunicação". Dessa forma, uma significativa parte do estudo dos importantes "transtornos da comunicação", enfatiza um tríplice aspecto: o da *transmissão* das mensagens (muitas vezes, ao contrário do que seria de esperar, o discurso verbal está mais a serviço de, justamente, não comunicar, mas, sim, de confundir); o da *recepção* das mensagens verbais que provêm dos outros (distorções devidas a um estado de uma defensividade paranóide, uma demanda narcisista, etc.); e o que se refere aos *canais de comunicação* (neste particular, dá-se uma

primazia à valorização da primitiva comunicação não verbal, como pode ser a dos gestos, atitudes, *actings*, somatizações, efeitos contratransferenciais na situação analítica, posições ambíguas e, sobretudo, a importância, em todos os níveis da comunicação humana).
7. Já no que diz respeito à dimensão *clínica,* ao contrário dos autores psicanalíticos mais importantes, Bion praticou ativamente distintas formas de "grupoterapias" e criou um conjunto de relevantes contribuições originais para o entendimento e manejo dos fenômenos da dinâmica do campo grupal, que continuam plenamente vigentes na atualidade.
8. A *psicologia social.* Neste campo, sempre existe uma "cultura grupal" resultante da necessidade de uma adaptação dos interesses do indivíduo em oposição aos do grupo como uma totalidade. É útil lembrar que um grupo não é um simples somatório de individualidades, pelo contrário, ele se constitui como uma nova entidade, com feições e valores próprios e singulares. Com outras palavras, é frequente o embate que se estabelece entre o *indivíduo excepcional* e o *establishment* (o indivíduo excepcional refere-se àquela pessoa que é portadora de alguma ideia ou concepção que, por ser nova, representa uma ameaça para a estabilidade do *establishment).* Esta última denominação é utilizada para designar uma casta dirigente numa determinada época e lugar, tal como pode ser um poder político, uma cultura vigente, instituições em geral, como pode ser uma associação médica, jurídica, sociedade psicanalítica, etc.

Igualmente, vai haver a formação de uma, hierárquica, distribuição de *papéis* a serem desempenhados, *lugares* a serem ocupados, com *posições* e *funções* a serem definidas. A recíproca disso também é verdadeira, ou seja, o grupo da instituição estabelecida também necessita do sujeito excepcional (às vezes Bion o chama de "gênio"), caso contrário, ela está fadada a um destino de esclerose e de inanição.

Desse modo, toda instituição sempre está estruturada como uma organização sistêmica, isto é, as partes constituintes do todo são indissociáveis entre si, de sorte que cada parte influencia e sofre a influência das demais. Isto pode acontecer tanto de uma forma harmônica e saudável, como também, num outro extremo, o funcionamento da instituição corre riscos, desde o de uma imperceptível estagnação até o de uma manifesta adulteração dos objetivos para os quais ela foi inicialmente criada, isto é, pode acontecer uma perversão da instituição.

ÓDIO EM SISTEMAS SOCIAIS: COMO SE MANIFESTA EM GRUPOS E EM INSTITUIÇÕES

A terminologia "sistema social" neste texto designa tanto o campo da microssociologia (por exemplo, qualquer tipo de instituição), quanto o da macrossociologia (por exemplo, o poder político de uma nação) de modo que, guardando as devidas proporções e respeitando as óbvias diferenças, pode-se dizer que todos sistemas sociais estão sujeitos a sofrerem predominantes influências de fatores patogênicos inconscientes, o que pode determinar diversas formas de patologia, inclusive a de uma perversão.

Cabe aventar uma série de possibilidades quanto à formação de alguma forma de patologia de um determinado sistema social e, unicamente como exemplificação, vamos ilustrar com a patologia de uma hipotética instituição de ensino-aprendizagem.

Caso, nessa instituição, haja um forte predomínio do suposto básico de "dependência", vai acontecer uma extrema idealização dos líderes, à custa de uma infantilização e submissão dos liderados, o que concorre para um prejuízo da capacidade para pensar e criar, porquanto nessas situações as ideias não são realmente pensadas, mas, sim, elas ficam negadas, deificadas, dogmatizadas, com a repetição de chavões familiares. Tudo isso vem aliado a uma conduta de bom comportamento por parte dos alunos, que vai servir como um passaporte para cair nas boas graças dos mestres venerados.

Penso que uma das formas possíveis de embotar a criatividade e uma saudável capacidade para a contestação, por parte dos alunos, provém do efeito de *deslumbramento* causado pelo discurso de um professor especialmente brilhante (às vezes trata-se de um "falso brilhante"). Convém lembrar que a palavra "deslumbramento" provém dos étimos "des" (quer dizer: "retirada de") e "lumbre" (quer dizer: luz), ou seja, provoca o mesmo efeito de um farol de luz alta de um carro que vindo em direção contrário ao nosso, nos ofusca de tão brilhante que ele é.

Na hipótese que a predominância seja, de longe, a do suposto básico de "luta e fuga", vai acontecer a formação de um clima em que a totalidade do grupo da instituição mantém-se unida, porquanto o "inimigo" está projetado em outras instituições congêneres, rivais. Nas circunstâncias em que essa paranóia, colocada no inimigo externo, diminua de intensidade, é bastante frequente que o desafeto seja colocado em "bodes expiatórios", em indivíduos ou subgrupos dentro do seio da instituição, os quais passam a ser hostilizados de alguma forma, ou até mesmo cassados como sendo "inimigos na trincheira".

Por essa razão, nestes casos, o maior prejuízo reside no fato de que quando alguém pensar diferente da maioria que comunga com a cúpula dirigente, venha a ser reputado como indesejável, de modo que boas cabeças pensantes venham a ser eliminadas por distintas racionalizações, o que costuma acarretar sucessivas dissidências que poderiam ser evitadas.

Comentário

> Se houver uma forte emergência da *parte psicótica do grupo* (eu adaptei essa expressão, inspirado na concepção de Bion de "parte psicótica da personalidade"), o "grupo de trabalho" será invadido pelos supostos básicos, em cujo caso, prevalecerá uma *posição narcisista* (Zimerman, 1999). Neste caso, haverá o primado da inveja destrutiva, ou de indivíduos separadamente, ou de fortes subgrupos, com os seus clássicos derivados, como é a volúpia pelo poder, prestígio, riqueza, vantagens pessoais, palco para brilhaturas e a não aceitação dos limites, limitações, inevitável finitude e tampouco o reconhecimento das diferenças entre os confrades.

Além disso, na perversão de instituições que estejam sob a égide da "parte psicótica do grupo", reinará um clima de *onipotência* (que substitui a capacidade para pensar); de *onisciência* (no lugar de uma capacidade para o aprendizado com as experiências); de *prepotência* (a qual substitui o contato verdadeiro com as próprias fragilidades, ou seja, trata-se de uma pré-potência); de *hipocrisia* ou de *cinismo* (este último é quando as pulsões sádico-destrutivas ficam dissimuladas e ocultas por uma atitude de uma simpatia sedutora); de certa *confusão* (obscurece a discriminação, ou seja, a tomada de conhecimento de verdades penosas); e de ambiguidade (não há coerência entre o que se diz, o que se faz e o que, de fato, se é!).

Nessas condições, as consequências patogênicas são bem conhecidas, como é o caso de um prolongamento atávico da demarcação do território exclusivo, de sorte que, tal como acontece no reino animal, o grupo dominante de alguma instituição também pode fazer de tudo para perpetuar-se no poder e jamais renunciar à posse do "seu" território. Embora a aparência seja a de uma democracia, uma observação mais detida comprova o quanto a perpetuação no comando ideológico e administrativo da instituição mantém-se por meio do recurso de um constante rodízio de um mesmo círculo restrito de pessoas que alternam entre si os cargos diretivos.

Um outro fator perpetuador do poder consiste na formação de uma corte de seguidores e bajuladores em pessoas da geração que a segue, as quais demonstram uma aceitação incondicionalmente adoradora da cúpula dirigente, não raramente funcionando de forma esvaziada, subserviente e mimética. Dessa forma, quando o sistema social aproxima-se de uma estrutura de natureza perversa, costuma acontecer que a liderança que compõe o comando da instituição apresenta uma aparência democrática e um bonito discurso demagógico (trata-se de um discurso fetichizado, portanto perverso, que consiste em usar a teoria como um fetiche arrogante e dogmático, visando seduzir e impor aos demais as suas próprias verdades), os quais, sutilmente, ocultam uma ideologia autocrática, logo, esterilizadora.

O produto final pode redundar em um dos dois extremos: o de uma atmosfera opressiva, ou a de um estado de *laisser faire*, onde cada um, de uma maneira algo oculta e dissimulada, dá um jeito de fazer aquilo que bem entende. Um outro prejuízo causado pela predominância de uma "posição narcisista" consiste numa dificuldade para a atingir a "posição depressiva" (a única que possibilitaria a abertura para novas saídas) porque, tal como a mitológica figura de Medusa, os detentores do poder (o *establishment*) morrem de pavor de ver a própria imagem.

Em relação ao problema da *patologia* dos grupos e instituições de toda espécie, podemos dizer que a relação que o *establishment* estabelece com o ameaçador "indivíduo excepcional", se processa através dos seguintes passos:

1. simplesmente não aceitam a sua filiação, ou
2. aceitam, porém cedo caracterizam-no como bode expiatório;
3. daí decorre que ora o expulsam, ou ignoram, ou desqualificam;
4. é frequente que procurem cooptá-lo através da atribuição de funções administrativas honrosas (Bion lembra que um bom epitáfio seria: "coberto de glórias, morreu sem deixar vestígios");
5. ou, ainda, existe a possibilidade de que, decorrido algum tempo, mercê da progressiva aceitação das ideias dele por grande parte de outros, adotem suas ideias, porém divulgam-na como se elas tivessem partido dos pró-homens da cúpula diretiva.

Aliás, essa última afirmativa encontra respaldo neste trecho de uma entrevista concedida por Freud, em 1926 (Revista Gradiva, 1988): "A história, essa velha plagiadora, repete-se após cada descoberta. Os doutores (creio que pode ser lido como "*os detentores do poder*") combatem cada nova verdade no começo. Depois procuram monopolizá-la".

Creio ser imprescindível esclarecer que estamos enfocando um fenômeno grupal, de sorte que a existência de alguma instituição que, por razões inconscientes, resvala para uma natureza perversa, não refere que os indivíduos que compõem a cúpula sejam pessoas perversas; pelo contrário, na maioria das vezes, são sérios, simpáticos, bem-intencionados, tenazes e apaixonados pelo que fazem em favor da instituição que dirigem.

4

O Vínculo do Conhecimento (K)

UMA INTRODUÇÃO

Além dos clássicos vínculos do amor (fortemente inspirados nas teorias centradas na libido, de Freud) e do vínculo do ódio (fundamentadas em M. Klein, que em sua obra deu uma ênfase especial à agressão sádico-destrutiva), Bion sentiu que algo faltava nesses dois vínculos, e isso o motivou a aprofundar-se nos estudos acerca do *conhecimento*, ou seja, da importância da verdade, ou o contrário, as falsificações, mentiras, distorções, etc. que exercem uma influência capital em toda e qualquer espécie de vínculo.

Para tanto, Bion mergulhou nos conhecimentos da evolução da humanidade (a origem dos fenômenos, o pensamento, a linguagem, o conhecimento, as descobertas, os inter-relacionamentos, etc.) e da filosofia, em busca de onde está a essência da verdade e das transformações. Dessa forma, pode-se dizer que Bion fez uma importantíssima inovação na prática psicanalítica cotidiana porque, no lugar da clássica atitude de o analista se julgar o detentor das verdades sobre a pessoa do paciente, a psicanálise contemporânea prefere fugir do "princípio da certeza" e, pelo contrário, enaltecer o *"princípio da incerteza"*. Essa tomada de posição tem o respaldo de filósofos e de cientistas que ensinam que a verdade é sempre relativa e varia com épocas, lugares, valores culturais, valores emocionais, e assim por diante.

Para dar um único exemplo quanto à importância dessa inovação na atual prática psicanalítica, ou seja, a de incluir o fator de o paciente desejar, ou não, tomar conhecimento de certas verdades, as externas e, principalmente, das ocultas verdades internas, vamos esboçar uma comparação evolutiva de um dos instrumentos mais importantes dos psicanalistas, no ato analítico: refiro-me à *atividade interpretativa*.

Assim, até algumas décadas atrás, o paciente, na sessão analítica, falava, fazia adequadamente as suas associações de ideias, e cabia ao analista fazer a interpretação dos conflitos internos contidos no conteúdo do "material" trazido. Ambos ficavam felizes, o paciente (porque se sentiu entendido e apreciado), e o analista (porque interpretou corretamente). No entanto, Bion deixou perceber nas entrelinhas de seus textos que uma interpretação mesmo sendo *certa* e exata, tanto no conteúdo quanto na forma, e no momento adequado em que ela foi formulada para o paciente, não é a mesma coisa que interpretação *eficaz*. Isso pode acontecer quando o paciente, não obstante concorde com a interpretação que lhe foi dada, não manifesta nenhuma mudança perceptível, o que, segundo Bion, acontece porque, lá no fundo do psiquismo do analisando, é bastante provável que ele não quer tomar um conhecimento "para valer", que o levasse a fazer reflexões.

Com outras palavras, uma interpretação na qual o analista só se preocupa com a exatidão pode resultar inócua. Pelo contrário, o essencial seria este analista preocupar-se com o *destino* que a aludida interpretação toma no psiquismo do paciente: ele a escutou? (escutar é diferente de, simplesmente, "ouvir"), refletiu sobre ela? Ou a esterilizou, a esvaziou, ou, inconscientemente, a negou totalmente?

Este exemplo visa sublinhar a importância de a pessoa, ou um grupo, instituição, etc. desejar ou não – consciente ou inconscientemente – tomar conhecimento de verdades desagradáveis e penosas. Este tipo de conflito que foi exemplificado numa situação psicanalítica, certamente, pertence à natureza do homem e é tão antigo quanto a historia da humanidade. Com o propósito de exemplificar essa afirmativa, cabe recordar dois conhecidos mitos que seguem.

O CONHECIMENTO NA MITOLOGIA

Existem inúmeros mitos que, de alguma maneira, aludem de forma direta ou indireta à função de "conhecimento", no entanto, aqui, unicamente cabe registrar dois mitos, em extremos opostos: um, é o de uma vontade férrea de conhecer as verdades por mais penosas que elas sejam, tal como foi demonstrado por *Édipo* (a narrativa deste mito aparece no Capítulo 2 –"O vínculo do Amor"). Num outro extremo, aparece o mito de *Narciso,* ao qual Ovídio (poeta romano, 43 a. C. – 18 d. C.), em sua obra *Metamorfosis*, faz referência quando nos relata que o personagem cego, Tirésias, profetizara que Narciso morreria, caso e quando viesse a *conhecer-se* (totalmente oposto à famosa sentença libertadora de Sócrates: "Conhece-te a ti mesmo").

Como os profetas eram considerados como sendo uma espécie de "porta-vozes" dos deuses, podemos deduzir que essa macabra profecia tem uma similaridade com a punição que Deus aplicou em Adão e Eva (mito descrito na Bíblia, e também sendo apresentado a seguir no presente texto) por eles terem desobedecido a sua ordem, que os liberava para comerem os frutos de todas as árvores do Éden, com exceção, unicamente, dos frutos da *árvore do conhecimento*, os quais estavam terminantemente proibidos.

Através desse mito podemos avaliar o quanto pessoas num patamar de grandiosidade, como governantes, educadores, pais, autoridades possuidoras do poder, etc., têm medo de que seus discípulos e subordinados saibam de certas verdades que possam ameaçar o seu poderio. Assim, no terreno da Educação cabe dizer que há mestres que ajudam o aluno a ser livre; mestres que escravizam o aluno; e mestres que *des-lumbram* o aluno (ou seja, neste caso, são tão eruditos e brilhantes que chegam a "cegar" (*"des"* = tirar; *"lumbre"* = luz) o aluno nas suas capacidades e potencialidades de meditar e criar.

O CONHECIMENTO NA BÍBLIA E NA HISTÓRIA

Na Bíblia – "o livro dos livros" – no "Gênesis", lemos em sua versão metafórica que Deus, após criar o céu e a terra, criou o homem e sua companheira Eva.

> *Disse Deus a eles: Não comereis de toda árvore do jardim. Disse a mulher à serpente: Do fruto das árvores do jardim comeremos, mas do fruto da árvore que está no meio do jardim, disse Deus que não comeríamos. A serpente falou à mulher: certamente não morrereis porque Deus sabe que no dia em que dela comerem abrir-se-ão vossos olhos e sereis como Deus, conhecendo o bem e o mal. Então, vendo Eva que os frutos daquela árvore eram bons para se comer, agradáveis aos olhos e davam entendimento, tomou um de seus frutos, comeu-o, dando também um pedaço a Adão. A partir do momento em que comeram o fruto, abriram-se lhes os olhos: conheceram que estavam nus e se cobriram com folhas de figueira. O final do mito, todos sabemos: Adão e Eva foram punidos por Deus com a expulsão do paraíso, o Éden.*

Comentário

O entendimento que desse simbolismo podemos extrair é

1. a presença permanente, e simultânea, do bem (Deus) e do mal (Satanás, representado pela serpente cínica);
2. o lado frágil do ser humano em ceder às tentações, o que é um convite para cometer transgressões;
3. porém, visto por um outro viés, podemos dizer que o gesto de Eva e Adão representa um aspecto do ser humano em busca da liberdade e, assim, de descumprir proibições excessivas, especialmente, no caso, de exercer o sagrado direito de conhecer-se a si próprios;
4. no entanto, creio que o aspecto mais significativo consiste na demonstração de que as autoridades políticas, religiosas, pais, educadores (representadas por Deus) podem ser generosos, com a condição de que os dependentes sejam obedientes, completamente servis, que não ousem conhecer fatos proibidos, sob pena de, tal qual uma criancinha, serem severamente punidos, com a restrição de uma boa "alimentação" da mãe.

Para não passar a falsa impressão de que isso somente se passa nos mitos, convém recordar situações ocorridas na realidade, com provas documentadas, no embate que a ciência do passado manteve com o poder da Igreja. Assim, a nova ciência da astronomia se debatia contra os postulados da religião cristã da época, que tinha o respaldo dos conhecimentos aportados pelo matemático e astrônomo *Ptolomeu*, o qual, de longa data, plantou a teoria *geocêntrica* – isto é, de que a terra (*geo*) era plana e o centro do universo. Essa falsa posição foi posteriormente reforçada pelo filósofo Aristóteles que dava integral apoio a essa concepção física.

Todas essas autoridades da época repudiaram e execraram o físico *Copérnico* que tentava impor a sua concepção de que a terra não passava de um pequeno planeta girando em torno do sol; igualmente moveram uma violenta perseguição ao grande físico *Galileu Galilei* que foi obrigado a abjurar sua posição idêntica a de Copérnico, contra a de Ptolomeu, que estava vigente há séculos e que assegurava o narcisismo humano com a garantia de todos homens da terra, acima de tudo, estarem sob a infalível bênção e proteção de Deus.

Galileu, como prêmio por ter desmentido sua crença no *heliocentrismo* (vem de *hélios* que, em grego, significa "sol") e, neste caso, a terra é que gira em torno do sol – astro-rei – salvou a sua vida, mas ficou encarcerado por longo tempo. Outro eminente físico da época – *Giordano Bruno* – também seguidor de Copérnico, por ter-se se recusado a desmentir sua posição, foi considerado um herege e, logo, condenado a morrer queimado numa fogueira erguida em Roma. (Essas situações estão descritas no capítulo que trata do "Vínculo do Ódio").

Como é possível perceber, a história real confirma o mito bíblico da expulsão de Adão e Eva, por castigo de Deus, que, assim, agiu como os representantes políticos e eclesiásticos que também se opunham contra a tomada de novos conhecimentos. Neste último caso, como uma tentativa de agradar a Deus e de manter o narcisismo, como meio de negar a fragilidade do homem.

Mais do que uma simples coincidência, esse fato assinala que a natureza humana condiciona o fato de que um enorme contingente de pessoas tem uma alta propensão a negar a função de tomar conhecimento daquilo que temem.

Este ataque contra a tomada de conhecimento é o que Bion caracteriza como sendo "não conhecimento", ou seja, algo como "não sei; não quero saber e sinto ódio de quem sabe" (e na situação analítica quem, supostamente, sabe é o analista, daí o surgimento de uma série de formas de *resistências*).

É interessante acrescentar que quando a bíblia se refere ao fato de que um determinado patriarca ou um notório personagem bíblico "conheceu" tal figura feminina, quer significar que manteve relações sexuais com ela.

CONCEITUAÇÃO DE CONHECIMENTO

Classicamente, o "conhecimento" é considerado como sendo uma função do psiquismo que faça uma adequada ligação entre o pensamento e a realidade. A analogia mais costumeira dessa definição é a que se refere à sentença de "dar ordem ao caos" (é útil lembrar que "caos" não significa vazio, mas, sim, desordem; enquanto "cosmos" significa ordem no mundo), até porque só assim será possível ao ser humano também agir sobre o mundo que o cerca e tentar transformá-lo. Uma outra forma de definir o conhecimento é a de que ele resulta da relação que se estabelece entre o sujeito que conhece e o objeto a ser conhecido.

Em termos evolutivos da humanidade, no início, o homem precisava de crenças e de verdades acabadas, sob a forma de mitos e preceitos religiosos, a fim de apaziguar a angústia diante do desconhecido e do caos. Com o advento da filosofia, começou uma inquietude no sentido de conhecer as verdades relativas aos mistérios da *cosmogonia* (origem e formação do mundo), do nascimento, vida e morte, etc. Os filósofos e os incipientes cientistas induziram a que os homens, em determinados momentos, não ficassem simplesmente conformados e apáticos e que, pelo contrário, fossem capazes de "reintroduzir o caos", para exercitar o uso da capacidade para pensar, a fim de criticar verdades já sedimentadas e insatisfatórias, abrindo dúvidas e incertezas quanto ao "já conhecido", ou seja, buscando novos conhecimentos.

Do ponto de vista psicanalítico, o conhecimento está sempre, mutuamente, ligado ao *pensamento* e aos problemas da *verdade*, com um destaque para o fato de que o pensamento pode provir do desconhecido *inconsciente*, de modo que, muitas vezes, a realidade psíquica é diferente da realidade exterior objetiva, como, por exemplo, são os sonhos, as alucinações e as ideias delirantes. Ademais, a psicanálise acrescenta um gradativo conhecimento dos fenômenos psíquicos, os mais diversos, que determinam a conduta do homem diante dos problemas que vão surgindo.

O CONHECIMENTO NA FILOSOFIA: ALGUMAS FORMAS DE PENSAR E DE CONHECER

Não obstante o fato de que o *pensar* e o *conhecer* tenham funções e características específicas e próprias, eles estão sempre juntos, complementando-se, e assumindo diferentes modalidades nas pessoas. Dessa forma, seguem algumas das formas de o sujeito (ou das coletividades) de pensar com o propósito de conhecer e lidar com as verdades.

1. Conhecimento *discursivo*, o qual resulta do "discurso" e da "razão" de valores que vão sendo transmitidos, pelos discursos dos pais e pela cultura, às vezes atravessando muitas gerações. A razão consiste na faculdade de julgar, de sorte que aquilo que é trazido por meio dos discursos vai evoluindo para ideias, as quais evoluem para juízos, raciocínios e pensamentos abstratos que levam para conclusões, sobre a tomada de conhecimentos.
2. Conhecimento *intuitivo*: conforme sua etimologia: *in* = "dentro de" + *tueri* que, em latim, significa "ver", o conhecimento por intuição designa que, provinda desde dentro do psiquismo, o sujeito tem uma visão súbita que traz uma sensação imediata, muito próxima do caminho para chegar ao conhecimento e que é inefável (não consegue explicar, pela lógica, de onde saiu a sua intuição).

Partindo do viés psicanalítico, intuição não tem nada de mágico, místico, sobrenatural e, muito menos, de mero palpite: antes disso, o indivíduo faz um contato imediato com o seu inconsciente onde a verdade já existia, em estado latente.

3. *Dogmatismo*. Este termo se origina de *Dogmatikós* que, em grego, significa "aquilo que é relativo a uma doutrina" e que não admite contestação. Por exemplo, do ponto de vista religioso, *dogma* é uma verdade fundamental e indiscutível da doutrina. É evidente que esse tipo de pensamento e conhecimento não é exclusivo de doutrinas religiosas, pelo contrário, é amplamente manifesto em certos círculos de ensino, de descobertas científicas, etc.

4. *Pragmatismo*. Neste caso, a verdade de uma determinada proposição está direta e unicamente, ligada à confirmação da "prática" e dos efeitos nas experiências de vida do sujeito. Etimologicamente, o termo "pragmatismo" se origina do grego *pragmátikós* que, em latim, ficou *pragmaticus*, e sua significação, segundo os dicionários, designa "suscetível de ações práticas"; "experimentado em negócios políticos, hábil, entendido, conhecedor das leis e ordem dos processos".

5. *Ceticismo*. De forma totalmente oposta ao pragmatismo, para o cético (vem de *skeptikós* que, em grego significa "o que observa; o que considera"), de tanto observar e ruminar obsessivamente as suas dúvidas, o sujeito fica descrente e não consegue chegar perto do conhecimento, que lhe iniciaria uma determinada verdade.

6. *Conformismo*. Neste caso, a pessoa sequer toma a iniciativa de pensar, ou desejar conhecer se determinadas verdades são coerentes com o que ela sente e pensa; pelo contrário, aceita passivamente uma verdade consensual que predomina em certa época e a transmite a seus circunstantes e aos seus descendentes.

7. *Uso de falácias*. O termo "falácia" designa um tipo de raciocínio que é incorreto, embora tenha um discurso com aparência de ser absolutamente correto. A falácia também é conhecida como *sofisma*, em cujo caso prevalece um significado pejorativo, decorrente de uma intenção consciente de enganar o interlocutor (fato que é bastante comum por parte de muitos políticos). Convém não confundir "falácia" com *paralogismo* (esta palavra designa um raciocínio errado, que parte de premissas falsas, porém a intenção de enganar não existe).

Uma forma de falácia é a de "tomar uma parte como sendo uma totalidade", como, por exemplo, algum erro cometido por um psicanalista ser usado de forma falaciosa como sendo verdade que "toda a psicanálise é cheia de erros que só prejudicam". Uma outra forma de falácia consiste no *silogismo* do tipo "todo homem precisa se alimentar; o meu cachorro também precisa; logo, o meu cachorro é um homem".

Quanto à *origem* do pensamento, existem três modalidades de pontos de partida: a do *racionalismo* (a figura principal dessa posição é *Descartes*, para quem a *razão* tem uma absoluta preponderância como critério de todo conhecimento possível). A segunda é chamada de *empirismo* (seu maior expoente é o inglês *Lock*), e, aí, a teoria do conhecimento consiste no concepção de que as ideias derivam, direta ou indiretamente, não da *razão* como apregoava Descartes, mas, sim, da *sensibilidade*).

A terceira modalidade, conhecida como *criticismo,* foi proposta pelo filósofo *Kant* que, no século XIII, discorda das duas anteriores, e na sua clássica obra *Crítica da razão pura* (daí o termo "criticismo") se propõe a fazer a avaliação das reais condições dos limites da razão para o conhecimento.

Assim, ele chama de "dogmáticos" todos os filósofos anteriores a ele, inclusive Descartes, por eles não terem, em primeiro lugar, colocado críticas aos seus próprios postulados que, assim, ficaram dogmáticos, não permitindo dúvidas e contestações, as quais se constituiriam como um caminho para novas descobertas de outras facetas da verdade.

DISTORÇÕES QUE O PENSAMENTO MÁGICO PROVOCA NA FUNÇÃO DO CONHECIMENTO

Antes do surgimento dos primeiros filósofos, as transformações e os fenômenos da natureza eram explicados pelos mitos, ou seja, por um pensamento mágico que deu origem à crença em superstições várias, como, por exemplo, a do *fatalismo* (ser "fatalista" significa acreditar que tudo o que vai acontecer no curso da vida humana está previamente determinado por Deus).

Até hoje, ainda existe uma grande demanda de pessoas, inclusive por parte de pessoas de um alto padrão socioeconômico-cultural, em busca de cartomantes, ciganos, astrólogos, etc., numa afanosa procura de soluções e profecias mágicas.

Da mesma forma, na Grécia antiga e também em outros povos, existia a convicção de que os homens seriam capazes de prever (*pré* = antes

+ *ver* = prever) o seu destino através de diferentes *oráculos* (eram pessoas possuidoras de dons "divinos" que inspiravam total confiança nos crentes e, assim, respondiam a todas consultas e os orientavam), e faziam as suas "interpretações" a partir de certos *presságios* (fatos e sinais que prenunciam o futuro). Para dar um exemplo desta forma de pensamento e conhecimento mágico, é interessante lembrar que a palavra *influenza* (significa "gripe"), ainda vigente nos tempos atuais, adquiriu este nome porque significava que alguém, em estado gripal, estava sob a "influência" maligna dos astros.

Pela sua relevância cultural, para evidenciar a evolução do pensamento e do conhecimento através dos tempos e por estar ligado à história da psicanálise (no mito de Édipo), justifica-se que nos detenhamos mais particularmente no "Oráculo de Delfos", cuja síntese vem a seguir.

Oráculo de Delfos

Os gregos acreditavam que o famoso oráculo de Delfos era capaz de lhes dizer coisas sobre seu destino. Em Delfos, o deus do oráculo era *Apolo,* que era considerado como sendo o deus que sabia tudo, do passado e do presente. Ele falava através de sua sacerdotisa *Pítia,* que ficava sentada num banquinho colocado sobre uma fenda na terra. Dessa fenda subiam vapores inebriantes que colocavam Pítia num transe, condição necessária para que ela se tornasse o meio pelo qual Apolo falava.

Quem vinha a Delfos, primeiramente fazia suas perguntas para os sacerdotes locais, que depois iam consultar Pítia. A sacerdotisa do oráculo lhes dava uma resposta que era tão incompreensível ou tão ambígua que os sacerdotes tinham que "interpretá-la" para os consulentes. Assim, ela nunca errava. Muitos chefes de estado não ousavam entrar numa guerra ou tomar decisões importantes, sem antes consultar o oráculo de Delfos.

No templo de Delfos havia uma famosa inscrição: "Conhece-te a ti mesmo" (convém lembrar que essa frase, segundo Platão, era bastante pronunciada por Sócrates). Pítia ficava ali para lembrar aos homens que eles não passavam de meros mortais e que nenhum homem pode fugir do seu destino (se fosse na atualidade, poderíamos dizer que essa sentença do "conhece-te a ti mesmo" poderia ser completada assim:... "senão, repetirás compulsiva e perpetuamente o destino de tua neurose", é o resumo do propósito, *sine qua non,* de um tratamento psicanalítico). Entre os gregos contavam-se muitas histórias de pessoas que tinham sido apanhadas por seus destinos ditados pela Divindade.

Na antiga Grécia, ao longo do tempo, sucedia-se uma série de peças teatrais: eram as *tragédias* (essa palavra vem do latim *tragedis* que, por sua vez, deriva do grego *tragos*, palavra que designa o bode que era sacrificado durante os festins licenciosos de Baco – daí, vem "bacanal" –, deus do vinho). As tragédias contavam histórias trágicas sobre personalidades importantes, sendo que o exemplo mais conhecido é a história do rei Édipo que, na tentativa de fugir de seu destino, acaba, involuntariamente, correndo ao seu destino, profetizado pelo oráculo, de matar o seu pai e desposar a sua mãe, o que inspirou Freud a fazer a concepção psicanalítica do famosíssimo "Complexo de Édipo".

A EVOLUÇÃO HISTÓRICA DO CONHECIMENTO DESDE OS MITOS ATÉ A CIÊNCIA: OS FILÓSOFOS

Relativamente ao que tange às capacidades de *pensar e de conhecer*, existe uma estreita relação entre as contribuições da filosofia e as da psicanálise, principalmente pelo objetivo comum de ambas, em reconhecer a imperiosa condição de se desejar conhecer as verdades. Convém lembrar que a palavra "filosofia", etimologicamente, se forma a partir dos étimos gregos *filos* = "amigo de" + *sofos* = "verdade" ou "sabedoria". Assim, desde quando o ser humano começou a se perguntar "como nasci"?, "quem sou"?, "por que as pessoas vivem ou morrem"?, ele está filosofando, querendo *conhecer* as verdades da natureza.

Posteriormente, quando adquire a condição de possuir um pensamento abstrato (diferentemente do pensamento concreto, o abstrato permite ao sujeito fazer simbolizações e generalizações), ele continua a filosofar, agora acerca de questões mais complexas, como "de onde veio o mundo?", "como ele foi criado e por quem?", "será que estamos submetidos à vontade de algo ou de alguém?", "há vida depois da morte?" e coisas equivalentes. Isso implica na utilização de uma capacidade de *curiosidade*, seguida de *pensamento* e do *conhecimento*.

Essas perguntas têm sido feitas pelas pessoas de todas as épocas, geografias e culturas diferentes; quando não havia respostas, por deficiências das ciências do conhecimento, a mitologia, a religião e a filosofia, nesta ordem cronológica, cada uma delas, a seu modo, tentavam respondê-las. Não restam dúvidas de que muitos dos antigos estigmas e enigmas foram, e estão sendo, parcialmente, resolvidos pelas Ciências, especialmente as modernas. Assim, pode-se dizer que a melhor forma de se aproximar da filosofia e das ciências, é o sujeito se espantar, admirar e sentir curiosidade com os fenômenos desconhecidos, e procurar encontrar explicações cabíveis.

A – evolutiva – transição histórica dos *mitos* para a *religião*, daí para a *filosofia* e desta para a *ciência*, para ser bem compreendida, deve partir de nos situarmos no que significa ser a *visão mitológica do mundo*. Um único exemplo de como era essa visão mitológica: no norte da Europa era muito popular o mito de Thor e de seu martelo. Assim, antes de o cristianismo chegar até a Noruega, todos acreditavam que o deus *Thor* cruzava os céus numa carruagem puxada por dois bodes, e que, quando ele agitava o seu martelo, produziam-se raios e trovões. A palavra "trovão" justamente vem de *Thor-don* que em norueguês significa "o rugido de Thor". Quando troveja e relampeja, geralmente também chove, o que era vital para o cultivo da terra por parte dos camponeses e, com a chuva, as plantas cresciam, davam flores e frutos, de sorte que, dentro do primitivismo do conhecimento, Thor ficou sendo adorado como sendo o "deus da fertilidade".

A evolução é clara de perceber: no pensamento *mitológico* era o martelo de Thor, quando agitado por ele, que promovia toda esta bonança; para a *religião*, era Deus que fazia milagres, atendendo às preces dos crentes; a *filosofia* (surgiu na Grécia por volta de 600 a.C. e o primeiro filósofo de quem se tem notícia é *Tales de Mileto*) contestava esse pensamento mágico e, assim, facilitou o surgimento da *ciência*, que, como sabemos hoje, explica que o raio era um fenômeno atmosférico que resultava de descargas eletromagnéticas; que o trovão vinha após o raio porque a velocidade da luz (raio) é muitíssimo superior à do som (trovão); que a chuva provinha das nuvens, e a água fazia as sementes germinarem, dando flores, frutos, etc.

Desse modo, não é um exagero dizer que a teoria do conhecimento é uma disciplina filosófica que investiga quais são os problemas decorrentes da relação entre o sujeito e os objetos inseridos na realidade do mundo. Por essa razão, solicito ao leitor a tolerância para eu me expandir mais demoradamente na evolução e importância da Filosofia.

Inicialmente, o "pensamento" mitológico e religioso estava centrado no primitivismo da eterna luta entre o *bem* e o *mal*; dessa forma proliferaram toda sorte de cerimônias e de rituais para combater o mal, sendo que o principal ritual consistia na doação de oferendas e de sacrifícios, geralmente de animais, como o bode, mas também, às vezes, de pessoas, como *Odin* (na mitologia nórdica ele era o pai dos deuses e chefe dos guerreiros caídos em combate) fazia, para aplacar a ira e cativar a boa vontade dos representantes do mal.

À pergunta que acompanha a história da humanidade – e que não quer calar – "de onde vêm as coisas?", muitos respondiam que era "do nada"; porém, os primeiros filósofos partiam da hipótese de que sempre existiu alguma coisa, alguma substância básica que passou a sofrer sucessivas transformações.

Assim, com o pensamento voltado para compreender os fenômenos da natureza, sem ter que recorrer aos mitos, a filosofia também foi se libertando da religião e dos rituais religiosos e, gradativamente, foi se aliando e se direcionando a uma forma mais científica de pensar. Dessa maneira, não obstante a grande maioria dos gregos ainda mantivesse uma visão mitológica do mundo, surgiram os referidos filósofos pioneiros, como *Tales,* da colônia grega de Mileto na Ásia Menor, a figura expoente deste novo movimento filosófico (que surgiu na Grécia por volta dos anos 600 a.C.), que passou a considerar que a "água" era a origem de todas as coisas.

Os outros dois célebres filósofos de Mileto foram *Parmênides* e *Heráclito*. Este último fez a interessante constatação de que o mundo está impregnado por constantes opostos, como saúde e doença; fome e saciedade, guerra e paz, inverno e verão, etc. e conclui que sem a constante interação dos opostos, o mundo deixaria de existir. É útil registrar que a psicanálise contemporânea valoriza bastante a complementação e a interação entre as diferenças e os opostos. Pela razão de que estes primeiros filósofos estavam concentrados nas causas naturais, eles são conhecidos como "Filósofos da Natureza".

Também é justo mencionar o nome do filósofo *Empédocles*, que viveu nos anos 400 a.C. e se notabilizou com a sua clássica postulação de que a natureza possuía quatro elementos básicos: a terra, o ar, o fogo e a água, só que em diferentes proporções de mistura. Na atualidade, chamaríamos de "holograma" esta proposição de visualizar os fenômenos naturais, não como parciais e separados, mas, sim, com uma visão total que engloba as partes.

Por fim, impõe-se registrar o último dos "filósofos da natureza": Demócrito (370 a.C.). Ele foi o primeiro pensador de inclinação científica, ao presumir que todas coisas eram constituídas por uma infinidade de "pedrinhas" minúsculas, invisíveis, cada uma delas sendo eterna e imutável. A essas unidades mínimas, ele deu o nome de "átomos", palavra que, etimologicamente, deriva do prefixo "a" *(significa "privação de") + tomos* (significa "parte"; "indivisível"). É evidente que hoje sabemos que o átomo também se divide (elétrons, prótons, nêutrons, etc.), porém permanece o modelo original de Demócrito de que qualquer "todo" é composto por partes e, muito mais importante do que especificar separadamente as características de cada uma das partes, vale a visão de como elas estão arranjadas entre si.

Creio que estamos abordando um assunto de especial relevância, não só na filosofia, ou na física atômica, mas também na biologia (onde se comprovou que existe um arranjo dos *genes*, no recente mapeamento do genoma humano) e, sobretudo, no psiquismo humano. Por essa última razão, vou tentar ilustrar com duas metáforas. A primeira delas é com o conhecido brinquedo que damos à crianças – o *Lego*, que se constitui do conjunto de grande quantidade de peças de plástico de diferentes formas e tamanhos, porém todas com uma espécie de engate que permite uni-las nas mais diversas construções, com montagens, desmontagens e remontagens, de acordo com a criatividade de quem "brinca" com as partes (peças) do todo.

A segunda metáfora é a do conhecido "caleidoscópio" (essa palavra se forma com os étimos gregos *calli* =beleza + *eidos* = forma + *scópio* = visão), que é um aparelho composto por algumas pedrinhas de distinto colorido, em contato com lâminas de espelho que recobrem as paredes de uma caixinha de madeira (ou outro material) e que, conforme for o giro manual que aplicarmos nela, surgirão à nossa vista (*scopus*) configurações com desenhos de formas (*eidos*) bastante distintas, assim formando renovadas e bonitas (*callis*) construções.

De forma análoga, o mesmo se passa no "psiquismo" (aliás, o filósofo Demóstenes acreditava que o psiquismo era composto por "átomos da alma", sendo que a palavra "alma" é a tradução portuguesa do grego "psiquê"). A aplicação das mencionadas metáforas pode servir para a compreensão bioniana de que os distintos "elementos de psicanálise" conforme as situações formam diferentes combinações, arranjos e configurações vinculares.

FILÓSOFOS PÓS-SOCRÁTICOS

Vimos que os filósofos pioneiros eram conhecidos como os "filósofos da natureza" e, na atualidade, eles são chamados de *pré-socráticos*. Depois deles, também na Grécia, surgiu a grande figura de *Sócrates* que revolucionou o pensamento filosófico da época, e, conjuntamente com outros célebres seguidores (Platão, Aristóteles, entre outros mais), compõem o que se costuma denominar de "filósofos pós-socráticos". Pela razão de que é impossível separar o estudo do "Conhecimento" da evolução da Filosofia, creio que justifica determo-nos mais demoradamente, embora de forma muito sintética, em algo da vida e dos pensamentos dos mais importantes filósofos.

Sócrates

Nasceu e viveu em Atenas no período 470-399 a.C. e é considerado como sendo um dos fundadores da filosofia ocidental. Pelo fato de nunca ter deixado algo escrito, de sua autoria, as fontes mais importantes de informações sobre ele são as que estão contidas nos escritos de Platão e de Aristóteles.

Platão, em seus *Diálogos* (conversas filosóficas) retrata Sócrates como um mestre amável, um homem piedoso que não valorizou os prazeres da vida e, embora tivesse uma aparência feia (baixo, gordo, olhos esbugalhados), ele enaltecia o "belo" entre as maiores virtudes, juntamente com as do "bom" e do "justo". Sua ocupação prioritária era a de dedicar-se ao "parto das ideias" (o nome científico disso é *maiêutica*, como uma alusão ao "parto") dos cidadãos de Atenas.

O próprio Sócrates comparava a sua forma de filosofar com a dos demais filósofos da época, com a introdução de sua ideia de um parto: através de perguntas aos seus interlocutores, ele os induzia a perceber o nascimento das *verdades*, de maneira que ele afirmava que "não é a parteira quem dá à luz o bebê recém-nascido; ela só fica por perto para ajudar a mãe durante o parto". Pessoalmente, creio que esse tipo de "diálogo maiêutico", digamos assim, é um importante recurso que os psicanalistas utilizam, como parteiras, para auxiliar o paciente a fazer um acesso (parto) de suas ideias e verdades.

Prossegue Platão (1981):

> Sócrates não ensinou verdades terminadas (o mesmo que faz um psicanalista contemporâneo); senão que ele "ensinava a aprender". Sócrates interroga, mas não responde; a verdade é difícil porque dói; para adquirir o conhecimento faz falta ter tolerância ante o sofrimento e valor e coragem para seguir adiante, sem cair em mentiras sobre nós mesmos.

Particularmente, confesso que fiquei tentado a exclamar a minha sensação de que Sócrates (da forma como foi descrito por Platão) foi o precursor da psicanálise contemporânea, que está baseada nas concepções de Bion.

O julgamento e a execução de Sócrates são eventos centrais na obra *Apologia* de Platão, onde ele descreve que, sob a alegação de que Sócrates corrompia os jovens que o cercavam, por suas heresias em não comungar com as crenças da igreja e por sua conduta considerada como sendo homossexual, ele foi condenado a morrer tomando o fatal veneno cicuta. Porém, dizem Platão e os historiadores, Sócrates poderia ter evitado essa pena fatal, se ele tivesse desistido da sua conduta de se rebelar contra as leis vigentes que, por outro lado, ele próprio admitia que eram "justas", ou se ele tivesse aceitado a ajuda de amigos influentes que o aconselhavam a que abdicasse de sua posição e atividade de filósofo.

Dizem que Sócrates comparou a sua morte iminente com a analogia de que "pagar o preço de se retirar da filosofia seria o mesmo que imaginar que os soldados deveriam bater em retirada quando era previsível que eles pudessem morrer em um campo de batalha". Como é fácil perceber, ele é um exemplo de como se pode morrer com dignidade! Pela razão de que Sócrates acreditava na razão humana, também é considerado como tendo sido um filósofo racionalista.

Na época de Sócrates, um grupo de mestres e filósofos vindos das colônias gregas concentrou-se em Atenas. Eles eram pessoas estudadas, versadas em determinados assuntos e ganhavam a vida em Atenas, ensinando e formando cidadãos. Eles se autodenominaram como sofistas (vem do grego *sophos,* que significa "sabedoria") e rejeitavam os "filósofos da natureza", no tocante às improváveis especulações filosóficas destes. Assim como Sócrates, os sofistas se dedicaram à questão das responsabilidades que todo homem deve assumir e de desempenhar seu lugar na sociedade. Destarte, esses filósofos (Pitágoras é um exemplo) contribuíram bastante na evolução da função do "Conhecimento".

Platão

Em 427 a.C., em Atenas, nascia Platão (cujo verdadeiro nome era Arístocles, sendo que o apelido "Platão" se deve a que ele tinha ombros largos). Ele faleceu em 347 a.C, portanto com 80 anos. Era ateniense, de família aristocrática e foi sempre fascinado pela política (suas ideias aparecem em *A República,* onde Platão imagina uma cidade que não existe, mas que, em sua utopia (vem do grego *ou* = "nenhum" + *topos* = "lugar") deveria ser a cidade ideal, à qual ele imaginou o nome de Callipolis (*calli* = "bela" + *polis* = "cidade"). Na política, quando moço, ele sofreu muitos reveses a ponto de, na Sicília, ter sido vendido como escravo e, por sorte, foi reconhecido e libertado por um rico armador. Nem por isso desistiu de lutar por suas ideias.

Platão tinha 29 anos quando Sócrates morreu, mas, antes disso, por muito tempo ele foi seu discípulo. Após a morte do seu mestre, a primeira ação de Platão como filósofo foi a publicação do seu discurso de defesa e louvação de Sócrates (conhecido como *Apologia*). Além deste discurso, Platão também escreveu uma coletânea de cartas e mais de 30 "diálogos", com o propósito de recuperar os valores e as ideias de Sócrates.

Em 387, a.C. Platão fundou sua própria escola de filosofia nos arredores de Atenas, num bosque que levava o nome do legendário herói grego Academus e, por causa disso, sua escola recebeu o nome de "academia", que se popularizou e que continua sendo bastante empregado na atualidade. Além de filosofia, a sua escola também lecionava matemática, ginástica e retórica.

Platão se interessava pelo que é eterno e imutável na natureza e, igualmente, pela moral e pela sociedade, com recíprocas influências, exatamente como os filósofos pré-socráticos. Penso que, de forma análoga, também os psicanalistas contemporâneos sustentam as mesmas ideias. Admirado com a semelhança entre todos os fenômenos da natureza, Platão concluiu que, vistos de qualquer ângulo, tudo o que observamos à nossa volta tem um número limitado de formas, respectivamente nos reinos mineral, vegetal, animal e humano. A estas diferentes formas que ficam basicamente se reproduzindo de forma igual para cada gênero e espécie, Platão denominou com a palavra grega *eidos* que tanto tem o significado de *forma* quanto de *ideia*.

Podemos deduzir que Platão acreditava que por trás do mundo dos sentidos também existia o mundo das formas e das ideias. Provavelmente essas concepções de Platão tenham sido inspiradas em Pitágoras – matemático e filósofo – no que diz respeito à sabedoria própria da matemática, exatamente porque todos os dados matemáticos e geométricos nunca se alteram.

A partir daí, Platão dividiu a realidade em duas partes. A primeira é a do mundo dos "sentidos", cuja percepção nunca será exata porque a sensorialidade através dos cinco órgãos dos sentidos, determina diferenças em tudo que sentimos e percebemos através deles. Por sua vez, a segunda parte – a do mundo das ideias e formas – permite chegarmos a um *reconhecimento*, através de uma "razão". Por exemplo, um gato será sempre um gato com quatro patas, etc.; mesmo que mutilem uma pata de todos gatos do mundo, eles serão *reconhecidos* como gatos porque resta a forma e a ideia de gato que está impressa e representada de forma inalterável em nossas mentes, da mesma forma que Pitágoras, com o seu clássico teorema de que "em um triângulo retângulo, a hipotenusa é igual à soma dos quadrados dos catetos", será eternamente inalterável no conhecimento da humanidade.

Platão também postulava que o "mundo das ideias" desperta no homem uma espécie de saudade, com um anseio de retornar à verdadeira morada original, desejo este que ele chamava de *alma* que, em grego, tem uma significação relativa à deusa Psiquê, logo, ao "psiquismo" e ao "amor".

No entanto, creio que ninguém contesta que a maior contribuição de Platão para o entendimento do fenômeno relativo ao "Vínculo do Conhecimento", reside sua famosa *Alegoria (ou Mito) da Caverna*, como vem relatada, a seguir, e que nos auxilia a compreender melhor as concepções de Bion acerca deste importantíssimo "vínculo do conhecimento" na psicanálise.

Alegoria da caverna

(A palavra "alegoria", que originalmente procede do grego *allegoria*, significa a exposição de um pensamento sob forma figurada; ficção que representa uma coisa para dar ideia de outra). Assim, no livro VII de *A República*, através de seus personagens, Platão propõe que imaginemos um grupo de pessoas escravas que desde crianças habitam o interior de uma caverna subterrânea, onde estão acorrentadas no pescoço e nos pés, e estão de costas para a entrada da caverna, de modo que tudo o que elas veem é a parede do fundo da caverna. Atrás delas ergue-se um muro alto e por trás desse muro passam figuras de formas humanas que se elevam para além da borda do muro.

Como há uma fogueira atrás dessas figuras humanas, elas projetam sombras bruxoleantes na parede da caverna. Assim, a única coisa que as pessoas da caverna podem ver é este "teatro de sombras". E como essas pessoas estão ali desde que nasceram, elas acham que as sombras que veem são a única coisa que existe. Platão continua propondo que imaginemos que um desses habitantes da caverna consiga se libertar daquela prisão. Primeiramente este homem se perguntará de onde vêm aquelas sombras que aparecem na parede do fundo da caverna; depois ele olha para as figuras que se elevam acima da borda da caverna e a luz é tão intensa que ele não consegue enxergar nada. Quanto maior for a abundância da desconhecida, para ele, luminosidade solar, menos enxergará e mais confuso ficará.

Aos poucos, sua visão vai se adaptando e o escravo liberto, pela primeira vez em sua vida, verá coisas que são bonitas, distinguirá cores, formas e contornos precisos, verá flores e animais de verdade, diferentes das figuras que apareciam na parede da caverna e que ele começa a perceber que não passavam de meras imitações. Ele sente-se feliz por conhecer tantas coisas novas e curte o sentimento de liberdade em seus movimentos, porém não lhe saem da cabeça a lembrança dos seus companheiros de prisão na caverna e, por isso, decide voltar. Assim que chega lá, ele tenta explicar aos outros que as sombras na parede não passam de trêmulas imitações da realidade, mas ninguém acredita nele. As pessoas lhe apontam para a parede da caverna que aquilo que todos os demais veem é tudo o que existe e ponto final. Por fim, acabam achando-o um louco e depois o matam.

Muito provavelmente, nessa alegoria, Platão inspirou-se nas ideias inovadoras e causadoras do destino – a condenação à morte – de seu mestre Sócrates, que também tinha sido morto pelos "habitantes da caverna", por ter colocado em dúvida as noções a que seus contemporâneos estavam habituados e, principalmente, por querer lhes mostrar o caminho do verdadeiro conhecimento, tal como Sócrates fazia.

Bion inspirou-se profundamente nessa alegoria da caverna para propor a sua concepção de "transformações" e assim fazer uma distinção entre o mundo *sensorial* (equivale ao interior da caverna iluminado pelo fogo, logo, com distorcidas percepções e sensações) e o mundo *racional* inteligível, que está fora da caverna (esta última representa o inconsciente, com suas repressões), em contato com a verdadeira luz do sol.

Com o propósito de reconhecermos a grande influência de Platão nas concepções psicanalíticas de Bion, transcrevo algumas das frases pronunciadas e escritas por Platão e que estão em sintonia com os pensamentos de Bion. Assim, entre outras frases que já foram mencionadas antes, Platão deixou marcadas estas outras que seguem:

- "Uma vida não questionada não merece ser vivida."
- "Você pode descobrir mais sobre uma pessoa em uma hora de brincadeira (ou de jogo valendo dinheiro, podemos acrescentar) do que em um ano de conversa."
- "Quem ama exageradamente deixa de viver e vive naquele que ama."
- "Calarei os que falam mal de mim, continuando a viver bem, eis o melhor uso que podemos fazer da maledicência."
- "Muitos odeiam a tirania apenas para que possam estabelecer a sua."
- "A coisa mais indispensável a uma pessoa é reconhecer o uso que deve fazer do seu conhecimento."

- "O que faz andar o barco não é a vela enfunada, mas o vento que não se vê."
- "A parte que ignoramos é muito maior do que aquela parte de tudo que sabemos."

Aristóteles

Para completar o elenco dos três principais filósofos pós-socráticos, impõe-se incluir o nome e as contribuições de Aristóteles. Ele viveu no período de 384 a 322 a. C.; nasceu na Macedônia e procurou a Academia onde foi discípulo de Platão durante 20 anos. Posteriormente, ele fundou no Liceu de Atenas a escola filosófica chamada *peripatética*, sendo que essa palavra designa o fato de que ele "dava suas lições passeando".

Seu pai era um médico de renome. Aristóteles diferenciou-se de Platão porque, ao contrário deste, que deu uma ênfase ao estudo das formas e ideias, interessou-se, sobretudo, pelas mudanças que aconteciam na natureza. Ele também valorizou o uso dos sentidos e dos sentimentos. Os seus escritos eram sóbrios, bem organizados, de acordo com a sua característica de ter sido um grande sistematizador, o homem que fundou e deu ordem às várias ciências da época, tendo uma notável visão das relações de causa e efeito na natureza.

Assim, antes de tudo, ele foi o fundador da "ciência da lógica", a qual trata da relação entre diferentes conceitos. Aristóteles também preconizou que, para certas questões, as respostas já estão, previamente, dentro de nós, só que, primeiramente, precisamos pensar um pouco para *reconhecer* aquilo que já estava oculto em nosso interior (isto representa uma das faces do "Vínculo do Reconhecimento", que constitui o Capítulo 5 do presente livro).

Do ponto de vista da política, Aristóteles, criticava o que ele considerava como sendo o autoritarismo de Platão, considerando a "República" deste como uma utopia impraticável, inumana, que só privilegia aos sábios, com o risco de tornar a sociedade por demais hierarquizada. Ainda segundo Aristóteles, na idealização de atribuir tudo a uma república utópica, Platão estaria incentivando a dissolução da família.

Aristóteles mudou-se para a grega Ilha de Lesbos, retornou a Atenas em 334 a.C. e funda a sua própria escola dentro dos moldes clássicos gregos da época. Em 322 é condenado à morte pelo "Areópago" (corte suprema de Atenas) por desrespeito à deusa Ceres. No entanto, ele morre antes da execução da sentença, provavelmente por envenenamento voluntário.

Aristóteles é considerado um dos maiores pensadores de todos os tempos, e o pai da metafísica e da lógica, não obstante ainda ser bastante criticado pelo excessivo rigor e pela hegemonia que ele dava à *lógica*, assim inibindo uma maior liberdade para pensamentos e ações criativas e evolutivas.

OUTRAS CORRENTES DO PENSAMENTO FILOSÓFICO

Prosseguindo na crença de que o estudo do "Vínculo do Conhecimento" está intimamente ligado ao da evolução do pensamento filosófico, é útil, de uma forma muito sintética, assinalar os principais movimentos que surgiram, principalmente no período da Idade Média.

- *Os racionalistas*. Os principais nomes são os dos filósofos Sócrates, Platão, Aristóteles, Descartes e Santo Agostinho, os quais, como o nome "racionalista" sugere, celebrizaram-se pela tônica que deram ao uso da razão e da lógica, como o principal método para explicar os – desconhecidos – fenômenos da natureza.
- *Os sofistas*. O século V a.C. – conhecido como o "século de Péricles" – marcou o período áureo da cultura grega. Os sofistas (assim, eles se autodenominaram) viveram nessa época e alguns deles foram interlocutores de Sócrates. Estes filósofos desenvolveram um enfoque "antropológico", ou seja, o de um fundamental foco na figura do homem, abrangendo a moral e a política. Etimologicamente, o vocábulo "sofista" se origina do grego *sophos* que significa "sábio" ou "professor de sabedoria".

Posteriormente, devido às fortes críticas de Sócrates e de Platão, esta denominação adquiriu um significado pejorativo de "homem que emprega sofismas", isto é, alguém que usa um tipo de raciocínio cheio de falácias, capcioso, de má fé, com a intenção de enganar. De certa forma, os sofistas foram reabilitados, no século XIX, pelo importante filósofo alemão Hegel.

- *Os cínicos*. Estes filósofos – cuja figura mais conhecida é a do excêntrico (se forma de *ex* + *cêntrico*, que significa "quem sai fora do centro costumeiro") *Diógenes* (conta-se que ele vivia dentro de um barril) – diziam que a verdadeira felicidade não depende de fatores externos, como o luxo, o poder político, o exagero nos cuidados

corporais e coisas do gênero. Para eles, a verdadeira felicidade consistia em se libertar dessas coisas casuais e efêmeras.
- *Os estóicos.* Este movimento filosófico surge em Atenas, por volta de 300 a. C., fundado por *Zenon*, que costumava reunir os seus ouvintes debaixo de um pórtico (ou seja, um portão com o teto sustentado por colunas ou pilares). Etimologicamente, a palavra "estóico" deriva da palavra grega *stoa!* que significa "pórtico" de entrada para o local dos encontros entre os estóicos. O mais conhecido dos estóicos era *Sêneca*, para quem o homem deveria aprender a aceitar o seu destino por mais doloroso que este fosse. Assim, a pessoa estóica não poderia se deixar inflamar pelos seus sentimentos. Eles também negavam que existisse uma oposição entre "espírito" e "matéria".
- *Os epicureus.* O nome "epicureu" vem do filósofo *Epicuro*, que, por volta de 300 a.C., funda em Atenas um movimento no qual ele reunia o grupo num jardim (daí porque eles também são conhecidos como "filósofos do jardim") e, então, lhes ensinava que o desejo precisa ser controlado. Epicuro também pregava que o desejo não vinha unicamente de saciar a fome ou o sexo, mas, sim, que existiam inúmeras outras fontes de prazer, como a arte, etc. Desse modo, Epicuro completava dizendo que a serenidade também ajuda a suportar a dor. Existe uma clássica frase de Epicuro: "Por que ter medo da morte? Enquanto vivemos e *somos*, a morte não existe e quando ela passa a existir, nós deixamos de ser".
- *Os místicos.* Uma experiência mística significa "sentir-se um só com Deus, ou com a alma do universo". Isto é mais evidente na mística oriental, ou seja, no budismo e na religião chinesa, em que seus adeptos afirmam que o místico atinge uma fusão total com Deus, ou, com outros nomes, como: o "espírito cósmico" ou o "nirvana" (ou seja, um sentimento oceânico).
- *Os empíricos.* O filósofo inglês *John Locke* que viveu entre 1600 e 1700, era um médico que, interessado na obra, moderna na época, de *Descartes*, acabou tornando-se um dos maiores expoentes no que toca à "teoria do conhecimento". Embora de formação cartesiana (este termo vem do nome original de Renée Descartes, que em romano passou a se chamar "Escartes", daí "cartesiano"), Locke fundou a corrente do *Empirismo*. Esta palavra vem do grego *empeiria*, que significa "experiência", de maneira que, ao contrário do racionalismo, o empirismo enfatiza o papel de dois

aspectos – a *sensação* (através dos órgãos dos sentidos) e a *reflexão* (designa a percepção que a alma – ou psiquê – tem daquilo que nela ocorre).

Para os empiristas, de acordo com Locke, cada pessoa no seu estado natural é juiz em causa própria, portanto, é muito grande a probabilidade do risco de que as paixões e as parcialidades poderem desestabilizar as relações entre os homens.

- *Os criticistas*. Este nome é uma forma de referenciar o nome de *Immanuel Kant* (1724 –1804), nascido na Alemanha e autor do clássico *Crítica da razão pura,* onde critica tanto o racionalismo quanto o empirismo porque ambos teriam se contentado com um único lado que envolve o conhecimento, e questiona se é possível haver uma "razão pura" para tal. Assim, Kant explica que o conhecimento é constituído de *matéria e forma,* sendo que a maioria de nossos conhecimentos são as próprias coisas, e as formas somos nós mesmos. Dessa conceituação, resulta a famosa expressão de Kant (bastante utilizada por Bion), relativa à origem de onde está a verdade: ela é a coisa em si mesmo (ou, como preferem outros: a verdade última).

No seu excelente *Filosofando: uma introdução à filosofia* as autoras Aranha e Martins (2002, p. 113) fazem a interessante observação de que: "Tal como Copérnico dissera que não é o sol que gira em torno da terra, mas é esta que gira em torno daquele, também Kant afirma que o conhecimento não é o reflexo do objeto exterior: é o próprio espírito que constrói o objeto do seu saber. Nesse sentido, dizemos que Kant realizou uma revolução copernicana".

É justo que se destaque o fato de que o psicanalista Bion – o autor psicanalítico que mais estudou, escreveu e divulgou tudo que se relaciona com o "conhecimento" – reconhece ao longo de sua obra a imensa influência que Kant representou na criação de suas concepções.

Não obstante o fato de que os filósofos da Antiguidade, e da Idade Média, tratassem de questões referentes ao conhecimento, seria exagero dizer que, então, a teoria do conhecimento existisse como uma disciplina independente, porque essas questões se achavam vinculadas aos princípios da metafísica. A teoria do conhecimento com um *status* de disciplina autônoma, mais ligada à ciência, surgiu apenas na Idade Moderna, quando os filósofos passam a se ocupar de forma sistemática, das questões sobre a origem, a essência e a convicção do conhecimento humano. Isso aconteceu a partir dos filósofos Descartes, Locke, Hume e, culminando com a grande crítica, levada a efeito por Kant, no que se refere à hegemonia que a filosofia tinha concedido à *razão*.

O CONHECIMENTO DO PONTO DE VISTA DA PSICANÁLISE

Na psicanálise contemporânea predomina a posição científica de que a formação da personalidade deve-se muito mais às tentativas de resolução dos conflitos acerca dos direitos de "existir" do que o direito às satisfações libidinais, como preconizava a psicanálise pioneira. Dessa forma, nos primeiros tempos, Freud se referia ao método de psicanálise como sendo "cirurgia da alma" (não vamos esquecer que, em grego, "alma" é alusiva ao psiquismo), ou seja, o objetivo terapêutico seria o de fazer uma extirpação do passado, muito especialmente daquele que foi libidinizado.

Na atualidade, os analistas pensam de forma diferente: não se trata de extirpar, mas, sim, de fazer *ressignificações* (isto é, novas formas de "conhecer" e de dar novos significados) de traumas passados (erotizados ou não), propiciando a feitura de *transformações* nos diversos vínculos que determinam o psiquismo, logo, a conduta dos seres humanos.

Assim, a psicanálise e a filosofia têm como ponto em comum "um amor às verdades e a uma busca delas", e, dessa forma, conceituam o termo "conhecimento" (vem do verbo latino *cognoscere*) não meramente como uma soma de fatos que o sujeito fica sabendo; antes disso, o importante é o uso, com reflexões próprias, que o homem faz daquilo que aprende e sabe.

A psicanálise condiciona a concepção do "conhecimento" a um conjunto de premissas fundamentais, como são: a forma de como o sujeito *percebe* o mundo exterior (e o interior); o amor às *verdades*; um estado mental que no jargão psicanalítico é conhecido como *posição depressiva;* uma capacidade de *integração* dos aspectos que ele sabe acerca de determinado fato, acontecimento, etc.; o antigo *discurso* dos seus pais e da cultura onde ele está inserido, e que, incorporados que foram, formam o seu patrimônio de valores culturais, sociais e existenciais.

Inúmeros autores psicanalíticos destacaram a importância da função de "conhecimento" na teoria e na prática da situação analítica. Vamos nos restringir aos mais importantes.

Freud

O criador da psicanálise é um excelente modelo de quem possuía todas as condições antes mencionadas, de modo que ele soube refletir e criar conhecimentos que edificaram a sua grande obra – a metapsicologia e um sólido corpo teórico, técnico e prático da psicanálise – e se transformaram em sua reconhecida *sabedoria*. Como exemplo de uma capacidade de integrar aspectos opostos e, às vezes, contraditórios, é útil registrar que o Freud integrador unificou os pares antitéticos e os que se complementam entre si, de fenômenos como: *consciente* e *inconsciente; mente e corpo; presente, passado e futuro; o interior e o exterior do psiquismo; normal e patológico; indivíduo, grupo e sociedade; amor e ódio,* e outras combinações equivalentes.

Além disso, nas suas "recomendações técnicas" (1912) para os praticantes da psicanálise clínica, Freud sempre deu uma especial ênfase na necessidade fundamental de o analista ser honesto, verdadeiro e com uma constante atitude de querer conhecer as verdades inconscientes. Em relação aos pacientes, Freud conectou a função do "conhecimento" da criança com as suas pulsões libidinais escopofílicas (este último termo é o mesmo que *voyeurismo),* oriunda principalmente da curiosidade pela *cena primária,* nome que Freud deu à ânsia de a criança ver e ouvir o que se passa na intimidade sexual dos pais.

Na verdade, em 1917, Freud chegou a considerar a existência de uma outra pulsão: o da *epistemofilia* – vem do grego *epistéme* (ciência) + *filia (*amigo de) – e designa mais especificamente uma tendência inata da criança querer *conhecer as verdades* dos fatos que a cercam e para as quais não encontra explicações. Ele também denominou essa pulsão inata como "instinto do saber, ou de pesquisa". Posteriormente, Freud não deu continuidade a esse rico filão relacionado com os primórdios do "vínculo do conhecimento", porém coube a Bion retomá-lo de uma forma convincente.

Melanie Klein, por sua vez, correlacionou o "instinto do saber" com a pulsão sádica de controlar e dominar, em que o conhecimento seria um meio de controlar a ansiedade. Dessa forma, ela estudou a curiosidade inata da criança utilizada para conhecer os mistérios do interior do corpo da mãe (1921) e relacionou isso com possíveis transtornos das futuras funções intelectuais. É interessante registrar que a palavra "mistério", segundo De La Puente (1992), vem do grego *myo* (significa "fechado") + *hystero* (significa "útero").

Assim, afirmava M. Klein, se na criança prevalecer um sentimento de admiração pelas capacidades criativas do interior da mãe, desenvolve-se uma progressiva e sadia curiosidade epistemofílica. Em caso contrário, se houver uma predominância na criança de pulsões sádicas, especialmente a de uma curiosidade destrutiva dirigida ao interior do corpo da mãe, essa criança pode estar condicionada para se tornar um adulto gravemente comprometido em sua intelectualidade, suas emoções e sua conduta regressiva ou perversa.

Wilfred Bion

Além de ter sido um psicanalista emérito e inovador, Bion também tinha uma sólida formação filosófica que lhe inspirou, tanto no *conteúdo* de suas inúmeras e originais concepções psicanalíticas quanto também na *forma* de entender e de praticar a análise dos vínculos com os pacientes. Duas frases suas expressam a interação que ele fazia entre filosofia e psicanálise: na primeira delas, Bion afirma que "a psicanálise é a parte prática de uma determinada filosofia e, por outro lado, a psicanálise está para a filosofia da mesma forma como a matemática está para a matemática pura".

Em sua segunda exclamação Bion proclama que existe um diálogo entre a psicanálise e a filosofia no sentido de se reconhecer que ambas priorizam a questão da *verdade*, como ponto fundamental e a base de tudo que ambas praticam e divulgam tanto a psicanálise quanto a filosofia, *conhecem* os cógnitos (como vimos, essas palavras vêm do verbo latino *cognoscere*), porém *pensam* as incógnitas, o que dá uma característica positiva às incógnitas, pelo fato de que essas estimulam a capacidade para pensar.

A experiência da prática psicanalítica deixou claro para Bion que os pensamentos são indissociáveis das emoções e que, da mesma maneira, é imprescindível que haja na mente uma função vinculadora que dê sentido e significado às experiências emocionais. Esse vínculo entre os pensamentos e as emoções – sempre presentes em qualquer relação humana – foi denominada por Bion como *vínculo K* (inicial do inglês *knowledge),* ou seja, "o vínculo do conhecimento" (alguns outros preferem traduzir por "vínculo do saber").

Bion concebeu a formação do *conhecimento* de uma forma que é indissociável da formação dos pensamentos, sendo que ambas se originam, inicialmente, como uma reação à experiência emocional primitiva decorrente da ausência, ou privação, do objeto necessitado. Para Bion, "conhecer" é uma meta definida, porém é uma parte da função de "pensar", a qual é bem mais ampla. O eixo central na formação do conhecimento, da mesma forma que na do pensamento, é a maior ou menor capacidade da criança em tolerar as frustrações decorrentes das privações e inadequadas frustrações em geral. Assim, a criança tanto pode fugir destas frustrações criando mecanismos que evitem conhecê-las, quanto pode aprender a modificar a realidade, através da atividade do pensar e do conhecer.

Na verdade, os mecanismos inconscientes de "negação" (para fugir de conhecer certas verdades) podem evitar o problema imediato da angústia, mas não evitam a permanência dessa angústia, fato que, então, prejudica a busca de uma solução mais consistente e construtiva.

Os incipientes problemas que a criança não quer conhecer e que, por isso, a levaram a formar estruturas falsas e mentirosas, referem-se a conflitos de pares contraditórios: ela ama os objetos proibidos e odeia os amados; tem uma absoluta dependência da mãe, porém a odeia; imagina que não precisa dela e sente inveja de quem lhe ajuda; necessita de amparo e de limites, mas desafia com ódio os mandatos e proibições.

O desenvolvimento cognitivo da criança será mais, ou menos, exitoso, dependendo diretamente de, no mínimo, três fatores: o primeiro é o *modelo da mãe real* no que tange à sua capacidade e ao seu modo de *simbolizar*, logo, para pensar e conhecer os fatos que acontecem em torno dela. O segundo diz respeito à condição básica relativa a se a criança conseguiu incorporar a formação de *núcleos básicos de confiança;* e o terceiro fator alude à importância capital que diz respeito a se a criança já construiu o valor de um *amor às verdades*.

Além da sua inspiração em filósofos, como antes foi mencionado, é justo acrescentar a influência no pensamento, conhecimento e na construção da obra de Bion, de fontes de pensadores outros, como literatos, poetas, matemáticos, religiosos, místicos, e, naturalmente de autores psicanalíticos. Entre todos eles, impõe-se destacar a importância de nomes como R. Kipling; o poeta Keats; Milton; Virgílio (poeta grego, 70-19 a. C., autor do clássico poema épico *Eneida,* em que o poeta alude aos antecedentes míticos de Roma, e que serviram para Bion como um incentivo para compreender psicanaliticamente certos mitos, como o da "morte de Palinuro") e *Shakespeare* (a propósito deste grande escritor e pensador, Bion encontrou nele uma forte fonte de inspiração e, seguidamente, fazia citações e alusões às compreensões psicodinâmicas dramatizadas nas tragédias humanas contidas em sua bela e rica obra).

Talvez o filósofo que mais fortemente tenha inspirado Bion tenha sido *Immanuel Kant*, autor do célebre *Crítica da Razão Pura* e que mobilizou Bion a conhecer melhor a "relatividade da verdade". Para Kant, a sua pergunta fundamental é: "que valor de verdade tem a percepção humana, e que valor de verdade tem o conhecimento abstrato que se faz com base nessa percepção?".

Também é necessário mencionar os nomes de São João da Cruz; M. Buber; Beckett; o historiador Toynbee; os matemáticos D. Hume e Poincaré; Mestre Eckart (dominicano alemão que se aprofundou sobre a "essência divina", o que inspirou Bion a conceber uma diferença entre Deus e Divindade); o filósofo austríaco Wittgenstein; Heisenberg (notável físico atômico, prêmio Nobel em 1932, autor do *Princípio da Incerteza*); alguns místicos do hinduísmo e psicanalistas como Freud, M. Klein, D. Winnicott, Lacan, entre outros, poucos, mais.

Em relação ao "Princípio da Incerteza" Bion acompanha Heisenberg, segundo o qual, "na tentativa de alcançar a verdade, descobrimos que nós, os observadores, perturbamos a coisa que está sendo observada. Se existe algo certo é que a certeza é errada". E Bion completa: (1992, p. 202) "a incerteza não tem cor, não tem cheiro, não é palpável, mas ela existe". Cabe fazer um esclarecimento: o "Princípio da Incerteza", que está em voga na psicanálise contemporânea, postula o fato de que o observador muda a realidade observada, conforme for o seu estado mental durante uma determinada situação, a exemplo do que se passa na física quântica, subatômica, na qual uma mesma energia em um dado momento é "onda" e, em outro, é "partícula". Nesse contexto, analista e paciente fazem parte da realidade psíquica que está sendo observada e, portanto, ambos são agentes de modificação da realidade exterior à medida que modificam as respectivas realidades interiores.

A experiência da prática psicanalítica deixou claro para Bion que os pensamentos são indissociáveis das emoções e que, da mesma forma, é imprescindível que haja na mente uma função vinculadora que dê sentido e significado às experiências emocionais.

O Conhecimento está intimamente ligado com a *Verdade* e com a *Realidade* e, como esta última está impregnada de opostos, contradições, além de uma percepção possivelmente distorcida da realidade, acontece que a verdade nunca é totalmente real; pelo contrário, ela é sempre relativa.

VÍNCULOS K E -K

Vimos que a descrição do vínculo emocional entre a mãe e o bebê somente em termos de amor (L, de *love*) e de ódio (H, de *hate*) não era suficiente. Precisávamos ter um terceiro tipo de vínculo emocional, que era o desejo da mãe em compreender (K, de *knowledge*) o seu bebê.

O desdobramento do vínculo K foi conceituado por Bion como sendo aquele que existe entre um sujeito que busca conhecer um objeto (pode ser ele próprio ou alguém de fora) e um objeto que se presta a ser conhecido. Representa também, portanto, um indivíduo que busca conhecer a verdade acerca de si mesmo. A qualidade da vinculação da mãe com o seu bebê, depende de uma série de fatores, como são os que seguem enumerados:

1. A evolução sadia do ser humano, desde a sua condição de recém-nascido, requer o preenchimento de necessidades e de desejos. As necessidades são tanto de natureza *orgânica* (oxigênio, alimentos sólidos e líquidos, higiene nas fraldas e nas zonas excretórias de urina, fezes, suor, roupas adequadas para o frio ou calor excessivos, etc.) quanto de necessidades *emocionais* (proteção, compreensão, calor humano, amor e paz). Os desejos resultam de que, diante de certas privações ou frustrações reais, a criancinha – o futuro adulto – tem um desejo de repetir as mesmas experiências que num passado remoto lhe foram suficientemente gratificantes. Caso as necessidades e os desejos não tenham sido adequadamente preenchidos, formam-se *"vazios" afetivos*, verdadeiros *"buracos negros"*, que ficam representados em alguma zona do ego, à espera constante de uma plena gratificação. Na hipótese de que os desejos, por mais legítimos e sadios que sejam, continuem sendo desatendidos, essa frustração reforçará e aprofundará a proliferação dos aludidos buracos negros no aparelho psíquico e, nesse caso, os desejos se transformam em "demandas".
2. Explicando melhor: enquanto a criança, ou determinado adulto, expressa desejos e luta para alcançá-los, estamos no campo da saúde mental e psicológica. No entanto, se os desejos são insaciáveis, eles se manifestam sob forma de demandas, ou seja, podemos dar tudo o que a pessoa requer de forma excessiva, e,

assim mesmo, ela nunca estará plenamente satisfeita e insiste, já com raiva, no atendimento de suas exigências por mais esdrúxulas e indevidas que elas possam ser. Cabe traçar uma analogia com uma criancinha que solicita um bombom da mãe, sendo logo atendida; minutos depois exige um outro bombom, e mais outro, e mais um outro e, mesmo se lhe derem uma caixa inteira de bombons, ela não estará satisfeita e passará a exigir bonecas, ou bolas, etc., enquanto os pais já não sabem o que fazer e, quando ultrapassa o limite da paciência e tolerância dos pais, esses sentem-se forçados a gritar, xingar, ameaçar, o que provoca uma repetição desse vínculo complicado, sob a forma de um crescente círculo vicioso maligno.

3. A satisfação das necessidades orgânicas da criança, por parte dos pais, é bem mais fácil de atingir do que as necessidades emocionais, sobretudo as do amor, principalmente quando este sentimento esteja por demais condicionado a prêmios, promessas, exageros nas expectativas, etc. Entretanto, não é unicamente do preenchimento das necessidades orgânicas, emocionais e dos desejos sadios das crianças, que a personalidade vai se estruturando. No mínimo, podemos acrescentar mais alguns aspectos indispensáveis, como são os de uma *socialização* através de um necessário convívio com outras pessoas, adultos e crianças; a progressiva formação de um *sentimento de identidade;* e um adequado estímulo para as básicas capacidades de *percepção*, de *pensar* e a *de conhecer.*

4. Se a capacidade de *rêverie* (capacidade de a genitora aceitar e acolher a criança "tal como esta vem") da mãe for adequada e suficiente, a criança terá condições de fazer uma aprendizagem com as experiências das realizações positivas e negativas impostas pelas privações e frustrações. Nesse caso, desenvolve uma função K, que possibilita enfrentar novos desafios em um círculo benéfico de aprender com as experiências, à medida que introjeta a função K da mãe.

5. Caso contrário, se a capacidade de *rêverie* materna para conter a angústia da criança for insuficiente, as projeções que tenta depositar na mãe são obrigadas a retornar a ela, criança, sob a forma de um "terror sem nome", o qual gera mais angústia e mais ódio, que não consegue ser depositado em um continente

acolhedor e, portanto, retorna à própria criança, estabelecendo-se um círculo vicioso maligno que impede a introjeção de uma função K no seu psiquismo.

6. Desse modo, em vez de K, forma-se um vínculo -K (a mãe é predominantemente reintrojetada pela criança como uma pessoa que a despoja invejosamente dos seus elementos valiosos e a obriga a ficar com os maus) ou um "não-K" (nos casos mais extremos, em que a mãe externa não contém e não dá significado, sentido e nome às identificações projetivas do bebê). Esse bebê, em desespero progressivo, apela para um uso cada vez mais continuado e de força crescente das identificações projetivas, as quais conduzem tanto a um esvaziamento progressivo das capacidades do ego de perceber, pensar e conhecer, quanto também se fragmentam em múltiplos pedaços menores, que são expulsos no ambiente exterior sob a forma do que Bion denomina *objetos (ou fragmentos) bizarros*, os quais o ameaçam de forma persecutória e se manifestam sob a forma de ideias delirantes ou de alucinações. Esta última hipótese é prototípica das psicoses.

7. Bion ilustra essas três possibilidades com o exemplo de uma criança que projeta em sua mãe o seu medo de morrer e, conforme for o *continente* da mãe para conter e significar o pânico da criança, assim estará se modelando o psiquismo desta última.

8. Nos casos em que *não* se desenvolve a função K, esta será substituída pela onipotência e onisciência arrogantes, por uma curiosidade intrusiva e sádica, por uma estupidez (no duplo sentido: como uma obstrução da inteligência e como uma atitude agressiva) e pela formação de um "super" superego (que, particularmente, denomino de "supraego"). A partir deste último, o sujeito com -K cria e impõe aos outros a sua própria moral e ética, ditando as leis, partindo da crença de que ele tudo sabe, tudo pode, tudo controla e tudo condena. Em nome dessa falsa moral, são desfechados ataques contra a busca da verdade.

9. É importante enfatizar que há uma distinção entre uma aquisição cumulativa de conhecimentos e a obtenção de um estado mental de *sabedoria,* em que os conhecimentos foram adquiridos, mesclados com experiências emocionais e servem para serem pensados, elaborados e correlacionados com os fatos da vida, privilegiando a condição de ser uma pessoa verdadeira, e valorizando, sobretudo, a "essência" no lugar da "aparência", a qual predomina nos casos de -K. Esse meu comentário está concordante com a

linha de pensamento de Bion (1992b, p. 169), pois ele afirma: "De forma geral, preocupamo-nos mais em adquirir esperteza; somos espertos, mas não temos sabedoria".

10. Também cabe esclarecer que a função K não se refere à posse de um conhecimento ou saber, mas, sim, a um enfrentamento do "não saber", de modo que o saber resulte da difícil tarefa do descobrimento e do aprendizado com as experiências da vida, as boas e, principalmente, as más.

11. Igualmente, é útil sublinhar que -K não significa ausência de conhecimento, senão um processo ativo que visa a privar de significado uma relação, como pode ser a do vínculo analítico. A propósito, é útil citar algumas considerações que Rezende (1993) faz a partir da etimologia da palavra *aletheia,* que, em grego, significa "verdade". Segundo este autor, a palavra *aletheia* se forma com os étimos "a" ("sem"; "exclusão de") e "letheia" (quer dizer: "esquecer") e, portanto, tomada ao pé da letra, *aletheia* significa "não esquecimento".

12. Aliás, nesta mesma linha de reflexão, também penso que se pode acrescentar ao "não esquecimento" a noção de "desmascaramento", porque muitas pessoas costumam crer que, de fato, são aquilo que elas pretendem e representam ser, assim confundindo aparência com essência. Isso lembra bastante a *personalidade* que Winnicott cunhou com o nome de "falso *self*". É interessante recordar que a etimologia da palavra "personalidade" procede de *persona* que, no antigo teatro grego, se referia às *máscaras* que os atores de então usavam.

13. De forma resumida, é útil destacar que o vínculo K também pode ser entendido como sendo o "desejo de compreender" como é, por exemplo, a mãe em relação ao seu bebê; o analista em relação ao seu paciente, o próprio paciente em relação às diferentes partes que compõem o mapa de seu psiquismo, etc.

14. No entanto, no bebê, com repercussões no futuro adulto, a falta de *compreensão (- K)* compõe a formação da "falta básica" que, entre outros prejuízos, como a formação de "vazios", por exemplo, também acarreta uma grave falha na formação dos primitivos "núcleos de confiança básica"). Estas faltas e falhas se originam com o tripé composto de: *Privação* (ausência da mãe); *Frustração* (a mãe não sacia as necessidades, desejos e demandas da criança); e *Castração* (a formação na criança de fantasias persecutórias, de retaliação).

Em síntese: na atualidade, o observador (o analista na situação psicanalítica), ao mesmo tempo, é participante e criador de conhecimentos, de modo que os fenômenos psíquicos já não estão exclusivamente nas coisas da natureza, ou nas pessoas, mas, sim, predominantemente (é bom evitar os exageros) estão nas interações *entre* eles.

A IMPORTÂNCIA DA VERDADE

A função "conhecer" (ou "saber") é, pois, uma atividade pela qual o indivíduo chega a ficar consciente da experiência emocional, tira dela uma aprendizagem e consegue abstrair uma conceituação e uma formulação dessa experiência. A verdade começou a ser desenvolvida, desdobrada em dois planos. Um nível que *aparece* (e, logo, que se focaliza) e outro que *não aparece*.

Estes dois planos operam na construção do relacionamento: o *conhecido – e o desconhecido*. Assim, podemos pensar, por exemplo, no modelo topográfico do aparelho mental, concebido por Freud, ou seja, o modelo *consciente* (o conhecido) e o *inconsciente (*o desconhecido), ao nível intelectual da estruturação da personalidade, como uma das várias possibilidades de se organizar a aludida construção. E, se continuarmos evocando Freud, também podemos pensar em que essa dupla face que compõe a verdade, aparece nos sonhos, em relação ao conteúdo *manifesto* e ao conteúdo *latente* desses referidos sonhos. Portanto, efetua-se uma dicotomia da situação, onde se corre o risco de enfatizar apenas um dos dois, ou mais, vértices da questão da "verdade".

Essa afirmativa referente à relatividade da verdade, fez-me recordar um verso do poeta Campoamor, bonito e profundo, em que ele verseja: "nem tudo é verdade; nem tudo é mentira; tudo depende; da ótica com que se mira". Ainda em relação à relatividade da *verdade* cabe dizer que comumente ela é *distorcida* através de racionalizações e de fantasias; vem *amparada* por idealizações; *camuflada* por ideologias (especialmente as de cunho fundamentalista); *apoiada* por uma mitologia particular ou de sua comunidade de convívio; profundamente *arraigada*, com valores que se transmitem de geração a geração e, muito especialmente, ela vem *negada* daquelas memórias (não as explícitas, mas, sim, as implícitas) que são marcas de antigos *traumas* (palavra grega que significa "feridas"), que continuam impressos na mente do homem e teimam em reaparecer sob a forma de uma compulsão à repetição.

Esse processo, advindo originalmente de uma pulsão epistemofílica (vem do grego *epistémes* + *filia,* ou seja, ao amor pelo conhecimento das verdades), realiza-se em diferentes planos, como o indivíduo conhecer a si mesmo, a sua origem, o seu corpo, a sua identidade. Conhecer os outros e os seus vínculos com os grupos; os vínculos dos grupos entre si e com a sociedade, nos três planos: o intrapessoal (entre as diversas partes, dentro do indivíduo); o interpessoal (com outras pessoas do mundo exterior) e o transpessoal (extrapola as individualidades e abarca as nações, a cultura, etc.).

Em todos os casos, há uma inter-relação entre o conhecimento e a verdade, e desta com a liberdade, de modo que o conhecer (K) ou o não-conhecer (-K) é equivalente ao *ser ou não ser* (o conhecidíssimo *to be or not to be,* como aparece em Hamlet, de Shakespeare), ou seja, é um determinante fundamental do senso de identidade de um indivíduo nos planos individual, social e *grupal.* Na atualidade, coerente com o "princípio da negatividade", seria mais adequado se a frase de Hamlet fosse transformada em "*ser* e *não ser*".

Por outro lado, a partir da curiosidade do bebê a respeito do corpo da mãe e do seu próprio, a permanente busca e a importância da utilização da pulsão de "conhecer as verdades" expandiram-se para todos os campos da atividade humana, como o científico, o religioso, o filosófico (a etimologia de "filosofia" mostra um apego [*filo*] às verdades [*sophos*]; o contrário disso é uma *fobosofia,* ou seja, um horror [*phobos*] às verdades [*sophos*]), o estético (como atesta a passagem literária do "ser ou não ser" da crise existencial de Hamlet) e, naturalmente, o campo psicanalítico.

Em relação à *patologia do conhecimento (- K),* simplificando, pode-se dizer que o -K serve ou para evitar a dor das verdades intoleráveis, ou para não enfrentar o medo do desconhecido, ou para não transgredir as proibições, etc.

Nesses casos, em que o ego não quer conhecer, ele constrói estruturas falsas, substitui a busca de conhecimento por uma onisciência, onipotência e prepotência (ou seja, uma "pré-potência"); substitui o enfoque científico, e culturalmente aceito, pelo de uma "moral" de seu "super" superego (particularmente, eu chamo este tipo de superego, de *supraego*), que está acima de todos, não desenvolve a capacidade de discriminação entre verdades, falsidades e mentiras e cria uma hipertrofia dos mecanismos defensivos ligados à negação, como aparece com nitidez nas situações da prática psicanalítica.

CRENÇAS, CRENDICES, CONHECIMENTO E SABEDORIA

Existe uma relação direta ou indireta entre o desejo de *conhecimento* das verdades, a necessidade de negá-las, e a formação tanto de *crenças* quanto de *crendices* e também da possibilidade da aquisição da *sabedoria*.

Crença

Refere um conjunto de valores que a pessoa internaliza e adota como sendo uma convicção íntima de suas verdades, tal como acontece com referência à presença da fé nos dogmas de uma religião, ou em outras situações e costumes, sempre com o predomínio do pensamento lógico. No entanto, essa palavra tem várias outras acepções, como pode ser a atitude de o sujeito dar por verdadeira uma coisa que não está comprovada; ter confiança algo cega em uma pessoa ou coisa e julgar.

A raiz etimológica do verbo "crer" procede do latim *credere* que, por sua vez, também dá origem aos vocábulos crença; crédito; acreditar; credor; credo (oração cristã iniciada, em latim, pela palavra "credo" [creio]; a conhecida expressão popular, para espantar o medo: "cruz credo" ["creio na cruz"]). Quando, na prática da vida de relacionamentos, ou na situação psicanalítica, a crença é por demais arraigada e radicalizada, ela se contamina com crendices, de sorte que essas pessoas correm o risco de se aferrarem a essas crendices a ponto de desdenharem do descobrimento de novos conhecimentos acerca de si mesmas, em seu tratamento analítico, por exemplo. Não é raro que essas situações numa análise se tornem repetitivas e podem desembocar numa quase paralisia do diálogo analítico. Outro sério risco é quando esse tipo de crença vai se confundindo com crendices fundamentalistas, de modo que podem convergir para um estado de *fanatismo* que, em situações extremas é capaz de atingir um estado de *terrorismo*.

Crendices

A filosofia e a linguagem comum coincidem em chamar crendice a algo que se dá como sendo verdadeiro, embora saibamos que provavelmente não o é; enquanto, pelo contrário, conhecimento alude ao que é comprovadamente verdadeiro. Uma crendice requer que ela seja comprovada através da prova da realidade para tornar-se conhecimento, processo que se efetua mediante a percepção do mundo externo e/ou a correlação com o mundo interior com os fatos já conhecidos.

Creio que é desnecessário enfatizar a importância desses conceitos relativos às crendices, não unicamente na situação psicanalítica, mas também na vida cotidiana de todas pessoas, principalmente no que diz respeito a se o sujeito quer abrir as portas para novas ideias e conhecimentos, ou se prefere ficar esclerosado em suas convicções e preconceitos radicais. As crendices, ao contrário das crenças, caracterizam-se pela presença de uma elevada predominância de um pensamento mágico.

Conhecimento

Este termo designa o fato de que uma determinada verdade, que o sujeito toma consciência, tenha se demonstrado como sendo coerente, consistente e verdadeira. Não obstante já tenhamos exaustivamente dissecado as múltiplas significações, faces e modalidades da função de conhecer, em síntese, pode-se dizer que o melhor protótipo é o da filosofia, ou seja, um amor pela busca das verdades. No entanto, é útil repisar que o conhecimento está sujeito a distorções e a um desvio da finalidade, isto é, quando dominado por um excessivo uso do inconsciente mecanismo de defesa de "negação" das verdades penosas, o conhecimento fica a serviço do "não conhecimento" (na base do "não sei, não quero saber e tenho ódio de quem sabe").

Sabedoria

Na totalidade dos dicionários que consultei a palavra "sabedoria" aparece com o significado de "grande conhecimento; erudição; saber; doutrina; ciência; conhecimento da verdade; razão; sensatez; retidão, justiça e, sobretudo, uma totalidade dos conhecimentos adquiridos". Já a palavra "sábio", por redundância, significa "aquele que tem muita sabedoria, sabe muito, que tem extensos e profundos conhecimentos tanto em matérias de erudição como de ciências".

Não obstante essas significações estejam parcialmente certas, em meu entendimento, elas não vão além do óbvio. Dessa forma, partindo de um viés psicanalítico, acredito que essa ênfase num acúmulo de conhecimentos e de erudição não deve ser entendido como sendo sabedoria. Penso que a condição de alguém se tornar um sábio exige o cumprimento de algumas condições mínimas, como:

1. um *autêntico amor às verdades*;
2. uma *capacidade para ingressar na, assim chamada, posição depressiva* (isto é, reconhecer e assumir o seu quinhão de responsabilidades nas vicissitudes de sua vida);
3. a aquisição desse atributo possibilita a evolução a uma melhor capacitação para *pensar* e para fazer *reflexões*, inclusive as de natureza filosófica;
4. uma fundamental capacidade para *aprender com as experiências* (as boas e as más, especialmente estas últimas);
5. uma renúncia a um exagerado narcisismo que conduz o sujeito aos riscos de um exibicionismo de seus conhecimentos e de erudição, a um mundo de veleidades;
6. antes de orbitar em torno dos princípios do prazer e o da certeza, o indivíduo sábio se *harmoniza com o princípio da realidade e o da incerteza*, de forma a se manter continuadamente curioso e com uma atitude aberta para não se sentir o dono das verdades e adquirir uma flexibilidade sadia para poder mudar de posição, de ideias, saber escutar e respeitar as inevitáveis diferenças com as demais pessoas;
7. por fim, o sábio tem a sabedoria de diferenciar o supérfluo do profundo, a aparência da essência, aquilo que justifica uma apreensão e preocupação e uma naturalidade para dar um peso exato de importância para os fatos que nos cercam no dia a dia de nossas vidas.

O CONHECIMENTO E A VERDADE NA PRÁTICA PSICANALÍTICA

O objeto de conhecimento de uma determinada situação na psicanálise clínica foi denominado por Bion com o termo "objeto psicanalítico" (não é o mesmo que o significado corrente, em psicanálise, do termo "objeto") e alude ao descobrimento da realidade psíquica do próprio indivíduo e, por extensão, também a de outra pessoa ou da ligação entre ambos.

A palavra "des-cobrimento" confirma que o acesso à realidade psíquica consiste em uma "retirada" ("des") das "cobertas" que camuflam as verdades preexistentes. De fato, Bion insistia na afirmação de que a realidade original causadora da ansiedade não tem cor, cheiro, peso, etc., manifestando-se unicamente por fragmentos dessa verdade incognoscível, através dos efeitos corporais ou verbais, tais como transparecem na clínica. Bion fundamentou essa posição tomando emprestada do filósofo Kant a concepção de "realidade última" (também mencionada como "O", "coisa em si mesmo" ou "verdade absoluta"), a qual designa que a verdadeira origem dos fatos é desconhecida e nunca chegará a ser totalmente conhecida.

A tarefa do par psicanalista-analisando é chegar o mais próximo possível dessa "realidade última", e, para tal "des-velamento" (quer dizer: a "retirada" ["des"] dos "véus" = "velamento"), Bion faz uma série de conceituações originais, como os que seguem.

- É necessário que haja atitude mental de "descobrimento" do paciente e, obviamente, do analista e, para tal, ele deve partir de uma posição de *incertezas*.
- O psicanalista deve evitar a saturação da sua mente por "memória, desejo e necessidade de compreensão imediata", para que a abolição parcial da sensorialidade dê lugar à intuição.
- Tanto o analista como o paciente têm os seus próprios *vértices* de observação dos fenômenos psíquicos que estão ocorrendo. Cabe ao psicanalista propiciar ao paciente novos *vértices* (ângulo de visualização) alternativos, que lhe estimulem novas indagações.
- Desse modo, na situação analítica, é essencial que o terapeuta acolha o discurso do paciente, ao mesmo tempo em que avalia o grau de uma possível veracidade, ou de algum grau de distorção (não é o mesmo que "mentira") sendo que, mesmo em casos de extrema distorção, sempre existe um elemento de verdade, que será a isca para o analista detectar e utilizar.
- Em meio a um possível caos associativo, é importante a descoberta do *fato selecionado* (concepção original de Bion) que permite dar alguma ordem e coerência aos conhecimentos que ainda estão dispersos, sem forma e sem nome.
- Da mesma forma, é uma imposição técnica que o psicanalista possa discriminar entre o que é verdade, falsificação ou mentira.
- Deve ficar claro para os analistas que na situação analítica, além de nossa competência, não raramente, entram em jogo nossos aspectos pessoais, como um possível narcisismo exagerado, uma má escuta, a nossa onipotência que se expressa através da tentativa de se *apossar* da verdade, tomando uma parte como se fosse o todo.

Nesses casos existe um risco de nos confundirmos e confundir o outro, além de passar ao paciente a impressão de que "tudo podemos" (*onipotência,* vem do grego *omni* = "tudo" + *potere* = "poder") e "tudo sabemos" (*onisciência,* vem de *omni* = "tudo" + *sciere* = "saber") enquanto ele, paciente, fica no papel de uma pessoa estagnada e esvaziada.

- É de absoluta importância que se tenha bem clara a diferença que há entre o paciente (ou, às vezes, o analista) querer *conhecer* a verdade, ou ele pretender ter uma *posse* absoluta da verdade, que é a sua. No primeiro caso, o indivíduo chega ao conhecimento através de um enfrentamento doloroso, e a aquisição da verdade lhe estimula novas descobertas; no segundo caso, ele a utiliza a serviço de desconhecer a verdade.
- Esses aspectos, creio, têm uma decisiva importância em relação tanto ao tipo e ao destino das interpretações e dos *insights,* como aparecem em algumas *resistências* que podem se manifestar no curso da análise.
- Entre essas resistências, Bion destaca particularmente a forma que ele denominou como *reversão da perspectiva,* através da qual o paciente desvitaliza as interpretações do psicanalista, porquanto ele as "reverte" para suas próprias perspectivas prévias. Uma outra forma importante de resistência ao conhecimento das verdades intoleráveis consiste em um *ataque aos vínculos perceptivos* dele próprio e de seu analista. Igualmente são formas de resistência os distintos modos de *negação* (graus e formas de -K) e o uso de uma linguagem em que prevaleça *confusão e ambiguidade.*
- Tudo o que foi dito até agora, autoriza a afirmativa de que "para nos aproximarmos da verdade, temos que abrir mão, sobretudo, do nosso desejo de possuí-la".
- Mais do que a simples resolução de conflitos, a psicanálise deve visar ao crescimento mental do paciente, e, para tanto, é primordial o desenvolvimento da capacidade que Bion denomina como "função psicanalítica da personalidade", a qual, em estado bruto, potencial, é de origem inata, e alude a uma, nunca acabada, busca das verdades, independentemente do fato de a análise formal ainda prosseguir ou já ter sido concluída.

Fica evidente a extraordinária importância que Bion deu aos problemas da verdade, falsidade ou mentira que ocorrem no vínculo analítico, a ponto de afirmar que "todo o paciente e todo analista, em maior ou menor grau, fazem uso de mentiras". Aliás, este último aspecto referido, é facilmente visível no plano social, em que convivemos diariamente com as, assim chamadas, mentiras sociais, as dos outros e as nossas, com a característica de que elas são inócuas porque não prejudicam ninguém. É necessário estabelecer uma distinção entre verdade, falsidade e mentira

Comentário

> Em relação à *verdade* já nos estendemos suficientemente, porém ainda comporta enfatizar o fato de que a verdade é sempre relativa. Desse modo, ela varia com o *espaço* (a verdade que vale para uma nação ou continente, não é a mesma que rege uma outra região, ou nação); com o *tempo* (verdades que há algumas décadas, eram aceitas e praticadas de forma categórica, na atualidade estão ultrapassadas e até são risíveis. O critério de verdade também varia com as distintas *culturas, religiões,* avanços das *ciências* e, sobretudo, com o grau de "liberdade" que os indivíduos e as coletividades já adquiriram, coerente com uma sábia máxima da bíblia que numa determinada passagem reza que "só a verdade vos libertará". De fato, verdade e liberdade são indissociáveis, e cada uma condiciona a aquisição da outra na formação da personalidade da outra e vice-versa, etc.

Em relação à relatividade da verdade, impõe-se que se frise o fato de que quando, aqui, falamos de "verdades" não é tanto no sentido de moral ou de ética, mas, sim, da necessidade de que a criança ou o adulto, paciente ou não, construa um *sentimento de identidade* que o caracterize como sendo uma *pessoa verdadeira* e não um obcecado pela verdade absoluta, com um rígido superego que o ameaça de punição (talvez a pior de todas punições seja a retirada do amor), caso ele cometa a "heresia" de fazer um entendimento diferente por meio de uma aceitação enfocada numa nova face da verdade, diante de certos fatos de aceitação já consumada.

Dessa forma, é tão grande a relatividade do uso da verdade que, num enfoque negativo – nada raro, pelo contrário, bastante comum – ocorre fazer a seguinte frase: *a verdade é distorcida* por intermédio de racionalizações; *amparada* por idealizações; *camuflada e encoberta* por ideologias e *apoiada* por uma determinada mitologia – tradicional, *arraigada e radical* – ou seja: *fundamentalista*.

- Na situação analítica, não custa repisar que um paciente somente alcança a posição de ser verdadeiro e livre se ele encontrar esse modelo em seu analista. Portanto, um analista "ser verdadeiro" vai além de uma necessária dimensão ética, e se constitui como uma fundamental imposição técnica.

Falsidade

Em termos psicanalíticos, o termo "falsidade" não tem o significado exato de "pessoa falsa", impostora ou algo equivalente. Antes disso, baseados em Bion, podemos dizer que quando estudou e concebeu o seu "Vínculo do Conhecimento", ele destacou que o sujeito tanto pode estar voltado para desejar adquirir um verdadeiro conhecimento das verdades (K), quanto também é possível que em seu psiquismo predomine um estado de -K, ou seja, alguma forma de "negação" das verdades intoleráveis, através de mecanismos de defesa de origem inconsciente que promovam distorções e de *falsificações* as mais variadas, podendo atingir o nível de *mentiras,* quando houver uma intencionalidade consciente na falsificação.

- De forma similar, a conhecida expressão *falso self*, concebida e cunhada por Winnicott, também não tem um significado moralístico, salvo em condições de um extremado exagero, quando atinge a condição de "pessoa impostora".

Mentiras

A primeira consideração acerca do conceito de "mentira" é a de que este termo não tem uma significação única, visto que usamos indistintamente essa palavra tanto para designar "mentirinhas" banais, inócuas, similares àquelas que as criancinhas usam quando querem despistar os pais diante de alguma "arte" que fizeram, quanto também o emprego das mentiras deliberadas podem estar a serviço de uma má fé, de um engodo para usufruir algum tipo de vantagem à custa da espoliação de um outro, de sorte que este tipo de mentira pode atingir o nível de uma perversão ou de uma psicopatia. Na situação analítica, a recomendação é a de que, diante de alguma evidência de mentira por parte do paciente, o terapeuta não descambe para o lado da moral, até porque, muitas vezes, como Freud já destacara, a "mentira pode servir de isca para encontrar a verdade".

- Para comprovar o quanto a verdade pode estar embutida nas dobras de uma mentira, cabe lembrar este clássico e instigante verso do grande Fernando Pessoa: "O poeta é um fingidor; Finge tão completamente; Que chega a fingir que é dor; A dor que deveras sente". Para ilustrar o fato de que inúmeras vezes a mentira é utilizada como uma forma de defesa para a manutenção da autoestima, ou a de agarrar-se ao prazer de uma ilusão, e não com propósitos de engodo, ocorrem-me algumas frases poéticas.

- Uma, de Mario Quintana, nosso poeta maior, diz: "A mentira é uma verdade que esqueceu de acontecer". A outra é do psicanalista Cristopher Bollas: "A mentira pode ser uma forma de tentativa de pôr vida no vazio". Uma bonita ilustração poética do conceito de "falso *self*" está contida neste trecho de "Mal Secreto" do poeta Raimundo Correa: "Quanta gente que ri, talvez, existe; Cuja ventura única consiste; Em parecer aos outros venturoso". Também acho significativo este verso de Nelson Sargento, compositor da Escola de samba da Mangueira, porque ele evidencia que uma determinada mentira pode ser compartida num secreto conluio entre duas ou mais pessoas que são coniventes: "Nosso amor é tão bonito; Ela finge que me ama; E eu finjo que acredito".

Uma frase do filósofo e literato alemão Nietzche, merece ser mencionada com destaque porque ela reflete que este pensador teve a intuição que anos após Bion conceberia como sendo um inconveniente para todas pessoas, mas principalmente para os psicanalistas, entrarem em um debate de ideias com pensamentos preconcebidas, com convicções radicais (portanto, -K). Assim, Nietzche nos legou a seguinte frase: *"Os inimigos da verdade não são as mentiras, mas, sim, as convicções"*. Da mesma forma, também acho linda e profunda essa frase de Saint- Exupéry que, em *A sabedoria das Areias*, assim se expressa: *"O significado das coisas não está nas próprias coisas, mas em nossa atitude em relação a elas"* (com nosso entendimento contemporâneo, em termos de Bion, seria algo assim: "a pessoa que dialoga prefere um estado mental de *K* ou de *-K ?)*.

BION E O VÍNCULO DO CONHECIMENTO (K)

Ninguém duvida que os trabalhos de Bion sobre a origem, a normalidade e a patologia do vínculo K representaram um significativo acréscimo à psicanálise, notadamente por atribuírem uma valorização importante às formas clínicas pelas quais o paciente busca ou evita os conhecimentos, como os utiliza e comunica.

Isso me estimula a fazer alguns comentários críticos.

1. Pela importância que representa a autêntica "atitude psicanalítica interna" do terapeuta, durante a sua *atividade interpretativa*, faço questão de fazer constar o dito de Bion de que "a verdade e o amor são indissociáveis, um sem o outro fica desvirtuado, de modo que *amor sem verdade não passa de paixão; verdade sem amor não é mais do que crueldade*".
2. Quando estudou os pensamentos, Bion citou exaustivamente Freud, principalmente *Dois princípios do suceder psíquico* (1911), porém ele não fez o mesmo com referência aos distúrbios do conhecimento, embora já fossem suficientemente conhecidos os trabalhos de Freud acerca das várias modalidades de negação que o ego pode utilizar, desde a "supressão", passando pela "repressão" dos neuróticos e pela "renegação" dos perversos (também conhecida por "desmentida", "denegação"; no original, Freud a chamou de *verneunung*), até chegar à "for(a)clusão" (ou "recusa"; no original, *verwerfung*), própria dos psicóticos. A última constitui uma forma extrema de negação e equivale em tudo a -K, sendo que o termo e a conceituação de "for(a)clusão" foram resgatados por Lacan, a partir de uma releitura dos textos de Freud *Neurose e psicose* (1924) e *Divisão do ego nos processos de defesa* (1938).
3. É difícil entender, pelo menos para mim, por que, entre as diversas narrativas míticas que Bion utilizou como modelo da patologia -K, ele não tenha incluído o Mito de Narciso, que, além de ser conhecidíssimo em psicanálise, por causa de Freud, se encaixaria como uma luva em suas considerações. Não custa lembrar que, em *Metamorfosis*, de Ovídio, o cego Tirésias profetizara que "Narciso morreria se viesse a conhecer-se", o que comprova as situações em que existe tanto uma proibição vinda de fora, ou um horror pessoal vindo de dentro, de tomar contato com as verdades indesejáveis.
4. Também causa uma certa estranheza que Bion nunca tenha feito a menor referência aos importantes trabalhos de Piaget acerca do desenvolvimento cognitivo, embora os estudos desse epistemólogo suíço já fossem bem conhecidos na época.
5. A ênfase que Bion deu em seus escritos, à forma arrogante da curiosidade, pode provocar uma subestimação do valor altamente estruturante da curiosidade natural e sadia, que nem sempre é

bem entendida e valorizada pelos educadores do ambiente externo real.

6. Este último aspecto – a violenta repressão parental (deuses) contra a ânsia por novos conhecimentos por parte dos filhos – está claramente expresso nos mitos utilizados por Bion. No entanto, dois pontos merecem ser indagados. O primeiro é que, nesses relatos míticos, a tônica da violência dos deuses é quase sempre uma réplica vingativa contra alguma forma de transgressão cometida, ou seja, seria uma espécie de justiça rigorosa, porém uma justiça contra o curioso "arrogante". Sabemos que nem sempre é assim, e que não é incomum que a repressão, as ameaças e as violências sejam provindas de educadores, pais ou mestres que, às vezes, de uma forma acintosa, porém de maneira geralmente sutil e camuflada, cometem uma repressão injusta, movidos que são pelos seus, inconscientes, sentimentos de medo, inveja, etc.

7. É claro que podemos entender essa violência cotidiana (diferente da necessária colocação de limites que pais diligentes têm de impor aos filhos para educá-los) a partir de um vértice transgeracional, ou seja, o das sucessivas identificações projetivas e introjetivas que se transmitem de uma geração para a outra.

8. Destaquei esse aspecto das culpas indevidas impostas de fora para dentro porque ele adquire uma forte importância clínica se levarmos em conta o sem-número de vezes que o paciente sente culpas porque, quando criança, foi injustamente castigado, e não o inverso, isto é, o possível equívoco de que ele procurou o castigo devido às culpas primárias decorrentes das pulsões sádicas, como habitualmente é trabalhado pelos psicanalistas.

9. O segundo ponto, relacionado à violência que o ambiente comete contra a busca epistemofílica, está contido nos estudos que Bion (1970, p. 68) fez acerca da relação entre o "místico", portador das verdades novas, e o *establishment*, que faz de tudo para reprimi-las, em moldes equivalentes aos dos mitos mencionados, ainda que bem mais civilizados. Esse estudo de Bion acerca da oposição do *establishment* contra o místico permite que se abra um leque de outros vértices, além do mítico, de observação desse importante fenômeno.

10. Para ilustrar isso com um único exemplo, vale relembrar as violentas perseguições, por parte do *establishment* científico da época, a que foram submetidos tanto Copérnico como, muito

tempo depois, Giordano Bruno, pelo "crime" de terem desafiado a concepção ptolomeica de que a Terra era o centro do universo e tido a "afrontosa ousadia" de propor uma ideia totalmente contrária à vigente, pois, com isso, representavam uma terrível ameaça ao narcisismo humano.

11. Nada disso, no entanto, nem de leve empana o maior mérito de Bion, que consiste em ter dado, assim como Freud já o fizera em contextos diferentes, uma extraordinária importância à verdade como um vital alimento psíquico, sem o qual a mente morre por inanição e os processos psicanalíticos estão destinados ao fracasso.

12. Nesse aspecto, Bion foi mais longe que Freud; sua obsessão pela busca da "verdade última" pode ser comprovada não só no estilo místico de sua autobiografia como em relação à prática clínica, quando ele preconiza enfaticamente a necessidade de que, na sessão, se transite de um conhecimento prévio, em direção à realidade incognoscível, isto é, de "K" (conhecimento) a "O" (inicial de "origem"), e vice-versa, tal como propõe em *As transformações* (1965).

13. Ainda enfocado em Bion, cabe lembrar que ele deu tamanha relevância à verdade, a ponto de pronunciar que "sem ela o aparelho psíquico não se desenvolve e morre de inanição". Partindo dele, podemos afirmar que a busca da verdade impõe a necessidade de o sujeito estabelecer confrontos e correlações entre fatos passados e presentes; realidade e fantasia; verdades e mentiras; a diferença entre o que o sujeito diz, faz e o que, realmente, ele é! Nesse sentido, Bion também pronunciou, numa frase bonita, que *"o indivíduo pode sentir que lhe falta uma capacidade para a verdade, seja para ouvi-la, seja para encontrá-la, seja para comunicá-la, seja para desejá-la"*.

Acredito que através de um novo modelo de identificação – na situação analítica o psicanalista tem essa responsabilidade – esse mesmo indivíduo acima aludido, pode, *sim*, resgatar ou adquirir as capacidades para conviver com as verdades!

5
O Vínculo do Reconhecimento(R)

Além dos três vínculos – o do Amor, do Ódio e o do Conhecimento – estudados e postulados por Bion e já abordados neste livro, entendo ser de grande utilidade acrescentar mais uma modalidade de vínculo que caracterize mais especificamente as vicissitudes que estão radicadas desde a primordial relação mãe-bebê, e que influenciam fortemente a qualidade de todos os vínculos nas sucessivas fases do desenvolvimento de todo e qualquer ser humano. A este quarto elo de ligação, o qual considero intimamente ligado às primitivas etapas narcisistas da organização e evolução da personalidade, proponho denominar *Vínculo do Reconhecimento* (muitas vezes usarei a letra "R", inicial de "reconhecimento", ou de *"recognizing"*).

AS QUATRO CONCEPÇÕES DO VÍNCULO DO RECONHECIMENTO

É consensual que a psicanálise contemporânea inclina-se, cada vez mais, para o paradigma da vincularidade, isto é, para o fato de que o processo psicanalítico consiste sempre em uma interação entre duas ou mais pessoas, como a do analisando e seu analista. Isso se processa em moldes parecidos como é a do bebê com a mãe, do marido com a esposa, do patrão e o empregado, do professor e o aluno, etc., a partir dos vínculos que se estabelecem entre ambos e que constituem o campo psicanalítico, nesse caso, a interação entre psicanalista e paciente.

Por outro lado, o universal sentimento de uma necessidade de *reconhecimento*, por parte da criatura humana, aparece na literatura psicanalítica desde os seus primórdios até a atualidade, em diversos autores de distintas correntes psicanalíticas, com denominações, abordagens e contextos diferentes.

Em uma detida revisão da literatura, em meio às múltiplas referências à importância deste genérico "sentimento de reconhecimento", não consegui encontrar mais do que alusões passageiras e eventuais, embora relevantes e férteis, e senti falta de um texto que objetivasse dar-lhe integração, consistência e destaque.

Por essas razões, a proposta do presente texto consiste em considerar que essa necessidade de reconhecimento, por parte de qualquer pessoa, permite ser enfocada a partir de quatro vértices, que seguem enumerados.

1. A de reconhecimento de *si próprio* (como modo de conhecer o mapa de seu psiquismo).
2. Reconhecimento *do outro* (como alguém que é diferente dele).
3. Ser reconhecido *ao outro* (como expressão de gratidão).
4. Ser reconhecido *pelos outros* (como forma de manter a autoestima).

Ao leitor que não esteja suficientemente familiarizado com a conceituação de "Vínculo", sugiro a releitura do Capítulo 1 deste livro que trata das noções de "Vínculos" e de "Configurações Vinculares".

RECONHECIMENTO DE SI PRÓPRIO

O vínculo do reconhecimento e a filosofia

Muito antes da Psicanálise, os filósofos já tinham uma intuição dessa modalidade de autorreconhecimento, como se percebe em Sócrates, Platão, Aristóteles, entre outros filósofos mais. *Sócrates* se consagrou com sua célebre frase "Conhece-te a ti mesmo", cujo significado, segundo penso, alude justamente à necessidade de uma interação entre *conhecer* e *reconhecer* partes do psiquismo que existem, porém estão ocultas.

Já *Platão* explica melhor o que foi referido anteriormente: assim, em muitos dos seus textos, destaca que acreditava no poder que a narrativa tem de "tocar a alma", porquanto, dizia ele, o mundo das ideias está dentro de nós e, portanto, "conhecer é reconhecer" aquilo que já preexistia no sujeito e que este pensava que estava fora dele. Dessa forma, Platão enfatiza a sua concepção filosófica de que além do mundo dos *sentidos*, também existe o mundo das *ideias* e das *formas* (às quais, indistintamente, ele denomina com a palavra grega *eidos*), o que facilita fazer o "reconhecimento" através do uso da *razão*. Por exemplo, um cavalo será sempre um cavalo com quatro patas, um rabo, etc., porém, mesmo que amputem uma pata de todos os cavalos do mundo, eles sempre serão reconhecidos como sendo cavalos porque a *forma* e a *ideia* da figura do cavalo estão impressas na mente de cada um de nós, de forma inalterável.

Por sua vez, **Aristóteles**, filósofo que foi o fundador da ciência da Lógica (que trata da relação entre diferentes conceitos) também preconizou que, para certas questões, as respostas já estão, *previamente*, dentro de nós, só que primeiro necessitamos "pensar" um pouco para reconhecer aquilo que já estava oculto em nosso interior. A partir da contribuição dos conhecimentos psicanalíticos, hoje sabemos que muitas lembranças, conhecimentos e sentimentos estavam ocultos por mecanismos defensivos, como repressão; negação; projeção maciça; a função de "- K" (ou seja, o sujeito faz questão de não saber certas verdades); distorção da percepção dos fatos da realidade, entre outras defesas que são mobilizadas para evitar a tomada de conhecimento e do reconhecimento de tudo que pode provocar sofrimento.

Também o filósofo **George Berkeley** (1685-1753), irlandês de nascimento e autor de vários livros, entre eles *Os princípios do Conhecimento Humano*, fez uma articulação entre o *"se reconhecer"* e o *"ser reconhecido"* através da seguinte frase pronunciada em latim no ano de 1710: *"Esse est percipi"*, isto é: *"Ser, é ser percebido"* (ou seja: *reconhecido!*).

O RECONHECIMENTO SOB O PONTO DE VISTA DOS PRINCIPAIS AUTORES DA PSICANÁLISE

Pesquisas modernas estão indicando, cada vez mais decisivamente, que algum tipo de vínculo já está claramente estabelecido durante a vida fetal, sendo que alguns autores, como Bion, especulam que a vida psíquica relacional já esteja presente desde o estado embrionário, evidenciando-se claramente através da moderna tecnologia, na vida fetal (Piontelli, A., 1996), especialmente na gestação de gêmeos, em que as imagens mostram o quanto na cavidade uterina eles brincam e brigam.

De acordo com a proposta do presente texto, esta quarta modalidade do vínculo do reconhecimento merecerá uma abordagem mais detida e aprofundada, a partir de um embasamento nas concepções de importantes autores psicanalíticos. Comecemos por Freud.

Freud, em algumas passagens ao longo de sua imensa obra, direta ou indiretamente, aludia à importância de se reconhecer e de ser reconhecido por intermédio dos outros, de modo que, já no *Projeto para uma psicologia científica* (1895; 1950) ao referir-se ao estabelecimento do juízo, Freud assim nos fala daquilo que ele denominou "Complexo do Semelhante": "(...) "Daí, que seja em seus semelhantes, donde o ser humano aprende pela primeira vez a *"re-conhecer-se"* (o hífen é de Freud). Portanto, no "complexo de semelhante", o outro sujeito aparece como aquele que permite ao ego incipiente da criança estabelecer um confronto e, por seus próprios movimentos, ele busca seus pontos de vinculação, suas semelhanças e diferenças com os outros.

De forma análoga, Bion postula que o homem é um "animal político" porque não pode realizar-se plenamente fora de um grupo, nem, tampouco, satisfazer qualquer impulso emocional sem que o componente social deste impulso se expresse. Todos os impulsos são também narcisísticos e o problema é a resolução do conflito entre o *narcisismo* e o *social-ismo* (nesta última palavra, Bion fazia questão de pôr um hífen separador entre "social" e "ismo", para que ninguém confunda o termo socialismo com uma inclinação política; pelo contrário, a expressão social-ismo refere a uma saída da criança da redoma narcisista, e um início de interação com o mundo exterior). Pode-se depreender, portanto, que o grupo, com a suas funções de espelhamento e de reconhecimento dos outros, é essencial para o desenvolvimento psíquico do ser humano.

Por outro lado, é indispensável mencionar M. Mahler e colaboradores (1975), que estudaram com profundidade as fases de *Indiferenciação* (autismo e simbiose) do bebê em relação à sua mãe e ao meio ambiente, e também investigaram e descreveram as progressivas subfases da *Diferenciação*, que conduzem a criança à conquista de uma separação, individuação e constância objetal.

Pode ocorrer uma falha materna no reconhecimento do intento de separação da criança, como acontece com mães que apressam a separação (próprio daquelas que são excessivamente narcisistas e que se exibem na vitrine que é a "precocidade" do seu filho), ou com aquelas que retardam a separação-individuação (como acontece com as mães que são exageradamente simbiotizantes e obsessivas).

Durante algum tempo a simbiose mãe-filho é necessária, no entanto, nos casos em que essa simbiose perdura além do tempo adequado, o sentimento de identidade da criança não se forma sadiamente porque, então, a representação que a mãe tem do filho não parte de um reconhecimento de que ele já seja um ente separado dela; pelo contrário, é como se a criança fosse uma posse, uma extensão narcísica da mãe.

D. Winnicott

Da mesma forma, se utilizarmos o referencial deste autor, pode-se perceber o vínculo do reconhecimento em alguns dos atributos essenciais da mãe (ou, de forma análoga, do psicanalista), que ele destacou como sendo os mínimos necessários para que a criança sinta-se reconhecida como, de fato, *existindo e sendo alguém*. Assim, Winnicott destacou "O papel de espelho da mãe e da família no desenvolvimento infantil" (título de um importante artigo dele que consta do seu livro *O brincar e a realidade*, de 1971). Em relação a este último aspecto, vale lembrar a conhecida frase dele, tão poética quanto verdadeira: "O primeiro espelho da criatura humana é a face da mãe, o seu olhar, seu sorriso, o seu tom de voz..." e um pouco mais adiante, ele complementa com outra frase, imaginando expressar com palavras o sentimento primitivo do bebê, ou da criança: "Olho e sou visto, logo, existo! E posso, agora, permitir-me olhar e ver".

Aliás, esse *olhar reconhecedor* da mãe também está presente, de forma indireta, em quase toda a obra de Bion e encontra um respaldo em outros importantes autores contemporâneos, que comparam o vínculo que se estabelece entre o tipo de olhares da mãe para o bebê, e vice-versa, com o vínculo que sucede na relação boca-seio, sendo que ambas as situações encerram as mesmas fantasias, ansiedades e mecanismos (des)estruturantes.

Voltando a Winnicott, é ele quem nos lembra que muitos bebês têm uma longa experiência de não receber de volta o que estão dando, e que não há experiência mais penosa e terrível do que a de "ver e não ser visto", e nesses casos, de não ser refletido no espelho, provavelmente embaçado, distorcido ou opaco da mãe. É fácil deduzir a extraordinária importância que tais aspectos representam na prática analítica vincular interacional.

Dessa forma, parafraseando M. Klein acerca do "seio bom e do seio mau", creio ser justificado propor a concepção do "olhar bom e olhar mau da mãe". A criança olha para ver como está sendo vista pela mãe, e isso nos remete a outra conhecida frase de Winnicott: "Ocultar-se é um prazer, porém não ser encontrado é uma catástrofe", sendo que este aspecto denota a necessidade da criatura humana de ser reconhecida e o terror de que isso não aconteça.

É indispensável completar as contribuições de Winnicott com o seu original conceito de *Verdadeiro Self* e *Falso Self*. Não obstante o fato de que Winnicott não tenha usado a terminologia de "Vínculo do Reconhecimento", é fácil perceber ao longo de seus escritos que ele preconiza o fenômeno psíquico de que a formação de um "falso *self*" na criança é oriunda de uma intensa necessidade de agradar a mãe (ou, melhor, de não decepcioná-la) a qualquer custo e, para tanto, ela desenvolve a capacidade de reconhecer qual o desejo da mãe em relação a ela, de modo que vai aprendendo, às vezes à custa de uma submissão ou, pior, na construção de uma conduta de *aparências* que ocupam o espaço que deveria ser da *essência*, perfazendo um sentimento de identidade do tipo "faz de conta que eu sou aquilo que aparento ser, mas que eu, bem no fundo, sei que não sou!", situação essa que pode acompanhar a pessoa pelo resto de sua vida.

Creio que se pode mencionar a bela frase de Shakespeare que, me parece, alude ao *"olhar reconhecedor da mãe"*: "Os olhos não enxergam a si mesmos, precisam ser refletidos por qualquer outra coisa" (ou pessoa, podemos acrescentar).

Kohut

Também as concepções deste autor (1971) enfatizam o quanto é necessário para a estruturação do psiquismo da criança que os pais, nos primeiros tempos, aceitem o papel que Kohut denomina como "*imago parental idealizada*" (ou seja, uma forte e, então, útil, idealização) que as crianças fazem dos pais. De forma análoga, este autor também apregoa que, transitoriamente, os pais incentivem a instalação de um *self grandioso* na mente do filho menor, através de sucessivas manifestações de um reconhecimento elogioso, até mesmo exagerado, em relação às aquisições de capacidades e de criatividade por parte da criança.

Na situação analítica, de forma análoga à excessiva idealização que a criança faz dos pais, o analista deve ter em mente que uma idealização exagerada que o paciente está fazendo de seu analista, no início de uma análise, pode ser fundamental para a construção de um sólido vínculo com o analista. Em contrapartida, gradualmente, ao longo da análise deve acontecer uma progressiva "desidealização" (não é o mesmo que "denegrimento").

Lacan

As contribuições deste genial e polêmico autor (1977), por sua vez, deixaram mais claro o entendimento de que, em condições normais, a criancinha tem uma necessidade absoluta e imprescindível da presença de uma outra pessoa (mãe) para conseguir a unidade e a síntese da sua imagem corporal, na formação da sua identidade. Isto está de acordo com os conhecidos estudos originais que Lacan descreveu como sendo "o estágio do espelho", pelo qual a imagem do próprio corpo do lactante não é mais do que uma imagem antecipatória de uma integração de corpo unificado que ainda não se formou.

Portanto, o sujeito identifica-se com algo que ele ainda não é, e crê realmente ser aquilo que o espelho (o olhar, o discurso, o desejo e o corpo da mãe) reflete-lhe como sendo. Ou seja, nesse estágio, o sujeito reconhece o seu *self no* outro e *por meio* do outro, como se ele pensasse assim: "Por meio deste Outro, eu sei *o que*, e *quem* sou, e *como* e *quem* eu devo vir a ser".

Em resumo, pode-se dizer que os primeiros vínculos da criança com o mundo formam-se a partir dos laços afetivos relacionados ao *lugar* que a criança veio a ocupar na estrutura familiar, bem como se, no desempenho dos seus *papéis*, ela será *reconhecida, ou não*, pelos outros que habitam fora ou dentro dela.

Ainda dentro do ponto de vista da ciência psicanalítica, esta mesma concepção relativa ao "reconhecimento", é retratada nesta observação do psicanalista Money-Kyrle (1968), um importante seguidor das ideias de Bion que, além de haver formulado importantes considerações acerca dos processos de desenvolvimento cognitivo e das *misconceptions* (concepções equivocadas) postulou que: "Adquirir conhecimento consiste não tanto em ser consciente das experiências sensório-emocionais, mas sim em reconhecer o que, de fato, *elas são*!" (o grifo é meu). Aqui, parece-me, o verbo "reconhecer" adquire o sentido de "ressignificar".

Da mesma forma, penso que a conceituação de Christopher Bollas – importante autor psicanalítico – referente ao seu conceito do "conhecido não pensado" (1987, p. 227) também alude à necessidade de o analisando voltar a conhecer aquilo que está reprimido ou negado de alguma outra maneira, e que o sujeito não está conseguindo pensar. A propósito, cabe afirmar que uma das formas de "- *R*" (menos reconhecimento) mais importante é justamente a de um "ataque às capacidades de memorizar e, sobretudo, de pensar".

Penso que é fácil perceber em nossa roda de amigos, ou na situação analítica, o que vou tentar sintetizar com uma frase:

> Muitas pessoas pensam que pensam, mas que, na verdade, não pensam, porque ora pensam *com* o pensamento dos outros, de forma *submissa* (pessoas deprimidas, passivas, submetidas) ora pensam *contra* (paranóides; narcisistas) o pensamento do outro, ou anulando de forma *niilista* (deprimidos graves) todo esboço de pensamento, ou então pensam *orbitando* em torno de seu próprio umbigo (típico dos narcisistas exagerados), e assim por diante (Zimerman, 1999).

Dizendo com outras palavras: *são pessoas que pensam, mas não conseguem pensar a respeito de* **como** *pensam.*

APLICAÇÕES POSITIVAS DO RECONHECIMENTO NA CLÍNICA PSICANALÍTICA

A empatia

Ninguém mais discorda que na prática da situação analítica a qualidade do vínculo entre terapeuta e paciente é fundamental, sendo que, aliado ao atributo de *continência* e ao de *sobrevivência* aos ataques amorosos, odiosos e narcisistas por parte dos pacientes, o terceiro atributo essencial a um psicanalista é o de *empatia*. É tamanha a importância dessas três "*condições necessárias mínimas*" que creio não ser um exagero afirmar que, na total falta de uma delas, é aconselhável que o terapeuta procure adquiri-la, ou talvez seja melhor ele mudar de especialidade.

A etimologia da palavra "empatia" deriva dos étimos gregos *em* (significa "dentro de") + *pathos* (significa "sofrimento, dor"), ou seja, designa a capacidade de o analista *projetar-se* dentro do psiquismo do paciente para que, numa sintonia de sentimentos, ele possa sentir verdadeiramente, partindo do *reconhecimento* de seus próprios sentimentos que já foram penosos, e de experiências vivenciais que assolam o paciente no presente, e pelas quais o terapeuta já passou.

Sim, leitor, existe uma "identificação projetiva positiva" (sob a condição de que ela não seja demasiado excessiva) a qual não só é útil no desenvolvimento evolutivo da criança, como também permite a empatia. Nessa última aquisição, o analista capta com maior precisão o que se passa de doloroso no mundo interno do paciente e que nem sempre este consegue descrever com palavras.

É útil enfatizar a diferença entre *empatia* e *simpatia*. A primeira alude a uma sintonia de sentimentos e pensamentos, o que exige que, antes, o analista consiga *se reconhecer* na parte que o paciente está sentindo e, portanto, podendo *reconhecer o outro* (na parte oculta deste). Já o vocábulo "simpatia" (se origina de *sym* que em grego significa "ao lado de" + *pathos* = "dor"), logo, implica mais diretamente numa atitude de cortesia, um sorriso doce, uma palavra amável, etc., que, fora de dúvidas, quando sincera, tem o seu valor, porém não exige necessariamente um reconhecimento intuitivo daquilo que se passa com o seu interlocutor.

RECONHECIMENTO DAS DISTORÇÕES DE PERCEPÇÃO

Vimos que a concepção de vínculo considera as ligações entre as diferentes partes intrapsíquicas (por exemplo, as interações entre o id, ego e superego; ou entre a parte infantil e a adulta de cada sujeito, ou ainda entre a parte sadia interagindo com a doente, etc.) as quais, numa permanente interação, tanto podem estar em harmonia, como também podem estar em estado de dissociação, contradição, oposição, ou até em uma franca beligerância.

Partindo daí, é fácil depreender a importância de o indivíduo "reconhecer" (palavra formada do prefixo *"re"* (significa "de novo"; "mais uma vez") + *cognoscere* (quer dizer, conhecer"); isto é, *voltar a conhecer* aquilo que, muitas vezes, já preexiste dentro dele, como são, por exemplo, as preconcepções, tão bem estudadas por Bion (como é o caso da inata *preconcepção* que o recém-nascido tem de um seio amamentador da mãe, ou a preconcepção edípica, etc.).

RECONHECIMENTO DE REPRESSÕES E OUTRAS NEGAÇÕES

O aspecto mais importante deste tipo de vínculo diz respeito à capacidade de o sujeito conseguir, ou não, re-conhecer, dentro de seu psiquismo, a existência de antigas *repressões,* ou seja, o recalque para o inconsciente de fatos e memórias que o consciente não consegue admitir, ou de *negações* inconscientes. Por exemplo, o sujeito projeta para o mundo exterior tudo aquilo que ele não pode assumir. Aí, é importante que o paciente adquira o *insight* consciente de que ele quer (necessita) *negar* sua cota de responsabilidade, relativamente a fatos e sentimentos penosos.

Acima de tudo, impõe-se para esse sujeito a necessidade de um reconhecimento consciente de memórias que estão apagadas, porém continuam bastante vivas e atuantes em algum porão do inconsciente, onde importantes *traumas* devem estar fixados e representados. Isso não é tanto pela memória explícita dos fatos traumáticos acontecidos no passado, mas, sim, pela *"memória de sentimentos"*, a qual é implícita, porque, de alguma forma, está ligada aos sentimentos que acompanharam os aludidos traumas.

Quando algum paciente se mostra determinado, conscientemente até, a não querer enfrentar possíveis verdades penosas e prefere ignorá-las totalmente, é recomendável que o analista consiga fazer esse paciente *escutar e refletir* sobre esta frase: *"a realidade não muda simplesmente porque resolvemos não reconhecê-la"*.

RECONHECIMENTO DAS REPRESENTAÇÕES DOS TRAUMAS

O termo "trauma" é uma palavra grega que significa "ferida" e as suas principais características são:

1. um *forte* impacto decorrente de um estímulo doloroso, *realmente acontecido* (morte, abandono, doença grave, assalto, sequestro, miséria familiar, etc.).
2. Outra característica de "trauma" se refere a que estes estímulos de dor intensa acontecem numa época em que a *criança ainda não tem condições de entender e, muito menos, de elaborar o "que", e "por que"* algo está se passando de grave.
3. Mesmo que, aparentemente, a criança já tenha esquecido de tudo, na verdade, o sentimento de medo, susto, raiva, pânico, culpa, etc. fica *"representado"* (em sentido figurado, é o mesmo que "fotografado") na mente. Essa representação tem duas modalidades: ou sob a forma de palavras, numa fase evolutiva mais adiantada, em que é possível designar a natureza do trauma com palavras (*"representação-palavra"*, segundo Freud); ou, a segunda modalidade, quando o trauma acontece numa fase mais primitiva da criança, em que ela ainda não conseguia representar seus sentimentos com o pensamento verbal. Este último caso, Freud denominou como *"representação-coisa"*.
4. Na situação em que predominam essas "representações-coisas", a função mais importante do analista deve ficar enfocada em conseguir *verbalizar* e *nomear* para o paciente aquilo que o aterroriza, mas ele não sabe o que é que está lhe acontecendo, e

tampouco, quais as palavras que lhe definiriam e, provavelmente, o aliviariam do estranho inimigo.

RECONHECIMENTO DO "TERROR SEM NOME"

Coube a Bion retomar estes fenômenos descritos por Freud, com um importante enfoque e aplicação na prática clínica da psicanálise. Segundo ele, trata-se de um tipo de "angústia de aniquilamento" em que o paciente, mesmo sendo um adulto, ainda conserva as velhas feridas abertas, e não consegue transmitir ao analista o que sente com o uso de palavras. Daí Bion cunhou essa angustiante situação com o nome de *"Terror (ou 'Pavor') sem Nome"*.

A importância prática disso é que, reforçando o que já foi dito antes, muitas vezes, de forma equivocada, o terapeuta fica insistindo para que o paciente descreva o que sente, quando é este que está à espera que alguém decodifique e esclareça aquilo que ele não sabe o que é e de onde o pavor surgiu e, principalmente, ele está esperando que o seu analista dê um *nome* para sua angústia tão intensa.

Creio que essa terrível sensação de "angústia sem nome" está muito bem retratada em um verso, que o poeta maior, Luís de Camões, em seu clássico *Os Lusíadas*, descreve algo como: "Eu sinto; Um não sei o quê; Que nasce; Não sei de onde; Que Surge; Não sei quando; Mas só sei que dói e dói muito".

Enquanto a pessoa não desenvolver (com a ajuda do analista) a capacidade para nomear com palavras o seu sofrimento, ela não terá condições de "re-conhecer" tudo aquilo que se passou na sua traumatizada infância; porém, pelo contrário, se consegue verbalizar e reconhecer, além de um grande alívio, está se abrindo uma porta para enfrentar e suavizar a angústia.

RECONHECIMENTO DOS – IMANTADOS – TRAUMAS

Uma outra característica que acompanha a existência de um forte trauma, consiste no fato de que, enquanto ele não for suficientemente reconhecido pelo consciente da pessoa, vai acontecer que este antigo trauma vai ficando *imantado*; isto é, tal como um eletroímã que cria um campo eletromagnético e que, assim, atrai metais, também o trauma atrai situações traumáticas equivalentes, como que compelido, por exemplo, pela necessidade de, magicamente, preencher os vazios do passado que, inclusive, podem ter ficado erotizados, embora sofridos. Um outro exemplo de "imantação do trauma" pode ser o de uma compulsão à repetição de um mesmo enredo de uma peça teatral que está impressa no teatro do psiquismo do paciente ou de qualquer pessoa vulnerável, assim atraindo e sendo atraído por pessoas que funcionam como novos atores reencenando o *"script"* original das vivências da criança com a sua família original.

Por exemplo, recordo de uma paciente que foi abandonada pelo pai que saiu de casa quando ela tinha menos de dois anos, e passou décadas de sua vida adulta escolhendo namorados que, mais cedo ou mais tarde, a abandonavam. O curso da análise lhe elucidou que, na maioria das vezes, era ela quem induzia, à forma de um convite inconsciente, o eventual namorado a abandoná-la, assim repetindo o primitivo trauma do abandono paterno.

Este fenômeno da *imantação psíquica* que atrai a repetição do trauma, é importantíssimo tanto no curso de uma análise quanto na vida cotidiana de um largo contingente de pessoas que possuem tudo para serem felizes, porém estão escravizadas à uma *"compulsão à repetição"*, para usar uma terminologia de Freud.

É útil recordar que existe em todos nós uma sequência, em três tempos, que vai de um *estímulo* até a *ação*. O primeiro tempo é justamente a qualidade e a quantidade do *estímulo*, algo doloroso que pode provir do interior ou do exterior; o terceiro tempo alude à resposta que leva à *ação*, cuja intensidade pode ser altamente desproporcional (para mais ou para menos) ao referido estímulo. O segundo tempo, que faz uma mediação entre o estímulo e a ação, é o do uso da *reflexão*.

Assim, seria uma grande conquista analítica para o paciente que está invadido por uma compulsão à repetição que ele adquira um verdadeiro *insight* de que somente o reconhecimento, acompanhado de reflexões, acerca dos pensamentos, sentimentos e da conduta, é que permite transitar das ações repetitivas para o uso de reflexões. Caso contrário, se o sujeito vai direto do primeiro ao terceiro tempo, estaremos diante de uma pessoa praticando compulsivamente ações movidas pela *impulsividade,* às vezes, com consequências nefastas.

A coragem para reconhecer o medo

Um dos aspectos mais importantes em relação ao vínculo do reconhecimento consiste em que as pessoas em geral, e analisandos em particular, adquiram uma coragem para não gastar tanta energia psíquica tentando negar para si próprios os inevitáveis sentimentos de medo que, de uma forma ou de outra, numa época ou noutra, todo ser humano sente.

Não é raro que os pais desempenhem um duplo papel na educação dos filhos: por um lado, movido por uma boa intenção de tornar a criança mais obediente, apelam para o recurso de amedrontá-la com as velhas e conhecidas ameaças. Por exemplo, a do "bicho papão" que pega crianças desobedientes; a existência de "lobisomens", metade homem e metade lobo que devora quem comete pecados; a de que Deus tudo sabe, escuta e vê, e castiga as crianças que brigam e/ou não fazem as lições e, assim por diante; poderíamos citar dezenas de discursos equivalentes por parte dos educadores. Do mesmo modo, os mesmos pais diante de uma demonstração de medo-pânico do filho os enchem de rótulos degradantes como "quem tem medo é covarde"; "guri tem que ser macho, aguentar desaforos é coisa de bicha", etc., etc.

Por um outro lado, os pais que têm excesso de medos não reconhecidos conscientemente, os projetam nos filhos e passam a superprotegê-los dos "terríveis riscos". Recordo de um paciente fóbico que tinha pavor de levar a sua rotineira vida normal em dias chuvosos, quando ficava entocado em casa, sem condições psíquicas de sair para a rua. Pesquisando a situação, ele relatou que, há longas décadas passadas, era um hábito de sua mãe, em dias de forte chuva, ou tempestade, com relâmpagos e trovões, cobrir todos espelhos da casa com uma coberta (porque, dizia ela, os "espelhos atraem os raios, que podem nos matar"), ordenando aos filhos, crianças, que se deitassem no chão, protegidos por algum móvel pesado. Isso funcionou no paciente como um trauma, acompanhado por um pavor de morrer eletrocutado, o que nos deu luz (*insight*) para entender a sua fobia e *reconhecer* o seu medo irracional advindo de uma equivocada significação da mãe amorosa, porém excessivamente angustiada.

São múltiplas as manifestações de medos que as pessoas sentem, em qualquer idade: desde o pavor da iminência de uma tragédia, no que se refere à saúde, à situação econômica, ao desconhecido, a de provocar decepções e, portanto, a perder o amor dos outros, ou ser abandonado por eles; medo de tentar reagir a uma ofensa e ser castigado com uma surra; o medo de ter medo; e, por incrível que pareça, muitos adultos, paradoxalmente, sentem um medo de serem bem-sucedidos justamente quando atingem aquilo que tanto sonharam conseguir. Nesse último caso, a origem desse medo irracional ocorre comumente em pessoas que sofrem de uma espécie de conflito que podemos denominar de *complexo de imerecimento*. Esse complexo é quase sempre ligado a culpas inconscientes, que, na maioria das vezes, são culpas indevidas, que carregam desde crianças e que, na condição de adultos, os fazem sentirem-se imerecedores de serem bem-sucedidos e felizes.

Não estou me referindo aos medos que são sintomas típicos da psicopatologia das "fobias" a situações específicas (por exemplo, evitar o escuro, voos de avião, espaços fechados, multidões, aparecer no palco, etc,) ou às crises da "síndrome do pânico", que aludem a um medo com características muito mais intensas, pois o medo invade a pessoa incapacitando-a e desorganizando o seu raciocínio lógico. O lado bom dessa síndrome é que ela responde muito bem à moderna medicação antidepressiva.

É necessário estabelecer uma distinção entre fobia e medo, não obstante tenham um certo grau de parentesco. Os medos a que estamos aludindo se manifestam diante de situações que realmente ameaçam nossa segurança; outras vezes se manifestam por um desconforto devido a uma angústia inexplicável, como antes foi exemplificado com um receio do futuro, ou o "medo de ser feliz", ou do surgimento de um "terror sem nome", etc.

Muito frequentemente, o medo fica bastante mais negado em pessoas de marcantes traços de caracterologia narcisista que se envergonham de reconhecer que, como toda gente, eles também têm direito de sentir diversos tipos de medo. O papel do educador, tanto na situação da criança medrosa quanto na do adulto, consiste em fazê-los reconhecer, *conscientemente*, o fato de que o medo que estão sentindo é algo inerente à natureza humana (um atavismo do medo reinante no mundo animal). Nesses casos, o educador, ou o terapeuta (ele não deixa de ser um educador) deve reconhecer quando o medo está justificado por razões reais ou quando o pavor é injustificado pela realidade, porém se deve a fantasias ou a significações equivocadas.

As mencionadas razões reais vão desde as grandes catástrofes da natureza (a milenar bíblia descreve o "dilúvio universal"), terremotos, maremotos (o "tsunami", por exemplo), inundações, secas, pestes, vulcões, etc. É impressionante o quanto, em inúmeras vezes, a pessoa assustada sente um imenso alívio quando se sente escutada, compreendida, respeitada e reassegurada por uma pessoa tranquila diante de medos e pavores não justificados.

A *mitologia* também ajuda a psicanálise a reconhecer uma série de medos que resultaram da projeção, por parte das crianças em relação aos seus pais, das fantasias terroríficas que as assolam de pavor, Assim, em relação à figura materna, a imagem internalizada de uma mãe ameaçadora e, portanto perigosa, aparece nos mitos e nas fábulas de "bruxas" (na história da Branca de Neve, por exemplo), ou bruxas propensas a comerem crianças (como no conto de Hansel e Gretel). Um dos mitos mais marcantes do simbolismo da figura materna horrível e devoradora é o da *Medusa*, com cabelos-serpentes, capaz de paralisar as vítimas pelo terror.

Relativamente à figura paterna, as imagens terríveis são representadas por gigantes destruidores, orcos (significa que representam o inferno, o símbolo da morte); lobisomens, o homem do saco, fantasmas maus, monstros, etc., ou na ficção científica, a moda é o surgimento de "invasores alienígenas", "robôs destruidores", etc.

O medo fisiológico corresponde a uma reação adequada à situação real, ou imaginada e exagerada diante do perigo. Nessa segunda hipótese pode acontecer que o medo, não reconhecido, se transforme em pânico, portanto, com uma certa desorganização das funções do ego (perceber, pensar, juízo crítico, etc.). Um aspecto bastante relevante a enfatizar é o fato de que, como assinala Bolognini (2007)

> quem não possui medo ou ansiedade fisiológicos coloca-se em sério risco na realidade externa, o que justifica plenamente a distinção entre o indivíduo corajoso consciente, que tem condições de perceber (reconhecer) e eventualmente enfrentar o medo, e o medo inconsciente (não reconhecido) que não se dá conta do perigo.

Mais adiante, o mesmo autor complementa: "Todos nós já conhecemos o medo. Mas nem todos e nem sempre temos a coragem de reconhecê-lo em suas variadas formas".

Diante de um paciente que esteja em estado de medo, pavor ou pânico, qual é o papel do analista?

1. O terapeuta deve reconhecer que o medo de que seu paciente é portador, quase sempre vem acompanhado de sentimentos de vergonha, culpa e queda da autoestima, e é preciso tentar "ressignificar" esses sentimentos negativos.
2. Cabe ao analista exercer a função de modelo para o paciente, da capacidade de saber discriminar entre o que é um medo racional (consciente) ou irracional (inconsciente); adequado ou desproporcional ao agente causador do medo.

3. Muitas vezes, o terapeuta pode utilizar um recurso cognitivo-comportamental no sentido de estimular que o paciente se "arrisque" a enfrentar sua fobia através de um enfrentamento gradual de conduta "contrafóbica".
4. Igualmente importante é a função do analista estar atento à possibilidade de que o seu paciente temeroso ou fóbico esteja enganando a si próprio ou ao terapeuta, através da utilização inconsciente de defesas maníacas, ou narcísicas, ou prepotentes de modo a passar os medos para os que se assustarem com sua arrogância prepotente enquanto que, assim, ele alimenta a falsa crença de que é muito forte, poderoso e imune a sentir medos, mesmo quando esses são naturais.
5. Fundamentalmente, o papel precípuo do terapeuta é o de ajudar o paciente a *reconhecer o próprio medo!*

Como um intento de síntese, proponho a seguinte frase: Medo que não é reconhecido pelo sujeito expressa-se por alguma forma de patologia e traz dificuldades para enfrentar as situações difíceis; só enfrenta adequadamente os medos quem é corajoso para reconhecê-los.

A RELEVÂNCIA DO PRÉ-CONSCIENTE NO RECONHECIMENTO

Podemos afirmar a importância de o analista ficar atento à presença e função do *pré-consciente* na função do reconhecimento porque, nesse caso, trata-se de um espaço privilegiado em que ambos, paciente e terapeuta, podem se encontrar para compartilhar as experiências emocionais, com vistas a reconhecer aquilo que ainda permanece oculto no pré-consciente. Porém, uma vez que tenha sido reconhecido o que estava negado e representado no inconsciente, isso pode ser seguido por uma tomada de consciência, fato que tira uma pesadíssima carga de angústia, oriunda de todos os traumas do passado, que até então estavam represados.

Fiz questão de destacar a importância de valorizarmos a função do pré-consciente porque a psicanálise deu um extraordinário, embora bastante merecido, valor ao inconsciente que praticamente gozou de uma exclusividade, e, portanto, desvalorizou a inegável relevância que o consciente e o pré-consciente desempenham na totalidade da dinâmica do psiquismo.

O RECONHECIMENTO DA DESPROPORÇÃO ENTRE A QUANTIDADE DO ESTÍMULO DOLOROSO E A INTENSIDADE DA REAÇÃO A ELA

Outra situação na prática analítica que também caracteriza a existência de traumas ocultos no psiquismo de muitas pessoas, refere-se a quando determinado estímulo desagradável (suponhamos o término de um namoro ou a reprovação num exame, etc.) provoca uma reação muitíssimo mais intensa e desproporcional ao estímulo penoso que desencadeou o sofrimento. Assim, a *intensidade* da reação, supera, de longe, a *quantidade* do estímulo desagradável e, quando isso acontece, é um quase que infalível indício de que o estímulo estressante atingiu as antigas feridas (traumas) ainda abertas e não cicatrizadas.

O reconhecimento do significado doloroso e raivoso que foi dado ao trauma real costuma trazer um grande alívio e uma possibilidade de evitar a compulsão a repetir os mesmos enredos do teatro da mente, em que só mudam os protagonistas.

A patologia do vínculo do reconhecimento

A anorexia nervosa

Uma grave consequência clínica, causada por uma excessiva necessidade de o indivíduo ser reconhecido pelos outros é a **anorexia nervosa**, mais comum em adolescentes, especialmente nas mulheres (nos homens não passa de 10% dos casos). Dentre os transtornos alimentares, a anorexia nervosa é a menos comum, porém é a mais grave, porquanto o índice de mortalidade é alto.

Essa patologia, num grande número de casos, é causada pela compulsão de emagrecer para se enquadrar nos padrões de beleza divulgados pela mídia e, assim, elas julgam que vão ficar lindas, atraentes e encontrar o "príncipe encantado".

Virtualmente sempre acontece o contrário: fazem uma distorção da imagem corporal – por sentirem-se "gordas" (muitas vezes, bem longe da realidade objetiva), fazem uma rigorosa dieta, emagrecem exageradamente, às vezes com risco de decair num estado de caquexia e, então, elas enfeiam e, não raramente, correm risco de morte, com algum risco de cometer suicídio. A falta de alimentos, por sua vez, provoca outros danos físicos, como falta de evacuação, amenorréia, anemia, fraqueza acentuada, falta de concentração, apatia, além de uma obsessividade em torno de um medo-pânico de engordar, acompanhada de uma compulsão a repetidas pesagens na balança da casa.

Nesses casos, a recomendação é a de que o analista também dê uma ênfase no trato dos aspectos conscientes, cognitivos, isto é, fazer essas pacientes reconhecerem sua excessiva compulsão a ficarem bonitas, de modo a assumirem – conscientemente – a sua parte da responsabilidade quanto à sua conduta em seu *presente* e *futuro*. A partir daí, desenvolverem uma *coragem para sentir e reconhecer os seus medos, oriundos do seu passado,* que *permanecem subjacentes à sua compulsão a emagrecer.*

Em continuação a este último parágrafo, creio ser muito importante que o terapeuta trabalhe mais com o *pré-consciente* dos pacientes anoréticos, porque o enfoque no nível inconsciente eles "não engolem"; no nível cognitivo consciente, às vezes, aceitam e em muitas outras vezes desqualificam e esterilizam aquilo que o terapeuta diz e propõe. Entre o Inconsciente e o Consciente está situada a função do Pré-consciente, em que a verdadeira angústia causadora da anorexia ainda está oculta, porém bastante mais próxima do consciente.

O nível pré-consciente ocupa um espaço comum do analista e do paciente, pela razão de que ele equivale a uma tentativa de propiciar a esse tipo de paciente fazer uma revisitação, ou seja, um reconhecimento, acompanhado de reflexões, daquilo que tanto encontra eco na sua lógica consciente quanto no que esteja reprimido ou negado na fronteira do inconsciente.

RECONHECIMENTO *DO* OUTRO

No início da vida, o bebê não tem a consciência de si, não tem consciência da existência do outro, nem o que é dentro ou o que é fora; tampouco discrimina o que é *eu* e *não-eu*. O que existe é um estado caótico composto unicamente por sensações que são agradáveis ou desagradáveis, sendo que, nesse estado narcisista, o outro sujeito (principalmente a mãe) é representado pelo bebê como sendo não mais do que uma posse e extensão dele próprio, e que deve estar permanentemente à sua disposição para prover suas necessidades.

Sabe-se que muitos sujeitos permanecem fixados nessa posição narcisista, sem conseguir conceber que o outro seja diferente dele. Na situação psicanalítica, o estado transferencial nessas condições adquire a característica de *transferência narcisística especular (*ou seja, para esse tipo de paciente, seu analista é visto como se fosse um espelho dele, paciente). Kohut (1971), descreve três formas de transferência narcisista:

1. *fusional* (a simbiose é tão intensa que equivale a uma verdadeira fusão entre o par mãe-bebê, ou, posteriormente, entre paciente--analista);
2. *gemelar* (o paciente imagina que o analista se comporta como se fosse um gêmeo dele) e
3. *especular* propriamente dita (como a mãe no passado, o analista fica num papel de espelho desse tipo de paciente).

É indispensável para seu crescimento mental que o sujeito desenvolva com as demais pessoas um tipo de vínculo no qual reconheça que o outro não é um mero espelho seu, que esse "outro" é autônomo e que tem ideias, valores e condutas diferentes das dele, que há diferença de sexo, geração e capacidades entre eles, sendo que essa condição de *aceitação das diferenças* somente será atingida se ele, paciente, ingressar exitosamente na "posição depressiva", conforme M. Klein.

A importância do reconhecimento na formação do sentimento de identidade

Um outro referencial teórico perfeitamente válido para a compreensão desta modalidade de Vínculo do Reconhecimento do outro, é a que está consubstanciada nas ideias de M. Mahler e colaboradores (1975) sobre os processos de *diferenciação, separação e individuação* na evolução do bebê.

O "reconhecimento **do** outro" nem sempre é fácil, mesmo que o sujeito já conheça esse outro de forma bastante próxima, pela razão de que, muito comumente, existe uma flagrante distorção da função de *percepção* da realidade exterior. A causa mais frequente dessa distorção é devida ao fenômeno conhecido por *identificação projetiva* pela qual o sujeito projeta "dentro do outro" os personagens (um pai tirano; uma mãe passiva; o tipo de vínculo, como, por exemplo, o de tipo sadomasoquista, entre os pais, etc.) que habitam o interior de seu psiquismo.

Dessa forma, um dos objetivos mais importantes numa análise se refere a que o terapeuta auxilie o paciente a reduzir as distorções que provêm de primitivas representações que estão impressas em seu inconsciente. Na prática clínica, o analista deve evitar a tentação de "provar" ao paciente que ele está equivocado e que deve mudar a sua percepção para aquela que o terapeuta acredita ser a mais verdadeira. No lugar disso, é recomendável que o analista abra novos "vértices de observação" (isto é, pontos de vista, perspectivas, diferentes) como sendo meras hipóteses que estimulem o paciente a ficar num estado de dúvida, seguida de reflexões que, talvez, mudem a forma de ele observar as pessoas com quem ele convive.

Outra fonte de distorções se refere à, muito frequente, situação em que o sujeito faz o "conhecimento" do outro a partir de uma "parte" desse outro, sem levar em conta a totalidade da pessoa. No entanto, se ele conseguir "juntar" as diferentes partes de uma mesma pessoa (fato que corresponde à *posição depressiva*) torna-se bastante mais provável que ele venha a "re-conhecer" as pessoas, com outros olhos, bem mais próximos da realidade objetiva.

Às vezes, o paciente atinge isso, reduzindo excessivas idealizações, outras vezes, certificando-se de capacidades e virtudes de algum genitor, das quais ele nunca se dava conta, e, assim, os exemplos poderiam se multiplicar em larga escala.

Ainda em relação à distorção da realidade, ganha um grande relevo a tão conhecida "distorção da imagem corporal", numa interação patológica entre o corpo e o psiquismo, em que ambos se influenciam reciprocamente. Se não houver um reconhecimento das causas originais dessa forma de distorção, a pessoa que apresenta essa patologia, mesmo sendo esteticamente muito bonita, pode ter o sintoma de uma ideia delirante de que ela é muito feia, no entanto, o contrário também acontece, por exemplo, uma moça que não é bonita, porém em sua percepção ela se acha uma "miss universo". Da mesma forma, o anorético pode imaginar convictamente que ainda está gordo, mesmo que na realidade objetiva ele esteja magérrimo.

Resumindo, o reconhecimento de **si mesmo**, acrescido do reconhecimento **do outro**, também se constituem como importantes fatores para a formação do sentimento de identidade, desde o seu nascimento até fases evolutivas posteriores. Isso se processa através de uma sadia, ou de uma prejudicada, evolução de sua capacidade para pensar e, consequentemente, de conhecer e de reconhecer.

Assim, na condição do bebê nos seus primeiros meses de vida, em plena fase narcisista – simbiótica – e numa licença de imaginação que peço aos leitores, é como se fosse assim: "Eu *sou* os meus pais, porque mamãe é apenas uma extensão de mim". Numa segunda fase, já existe uma diferenciação, no entanto o pensamento primitivo da criança ainda conserva algo de mágico, de sorte que o seu pensamento a respeito de "quem ela é" seria algo como: "já percebi que eles, meus pais, *não são eu, porém, eles são de minha posse*". Somente numa terceira etapa da evolução, o pensamento da criança, que a faz reconhecer sua real identidade (varia com as épocas), em situações normalmente sadias, deve ser assim: "*reconheço* que meus pais não são um mero prolongamento de mim ("sua majestade, o bebê", como Freud (1914) dizia), tampouco são uma posse minha, e agora que eu vejo meus pais como sendo pessoas separadas e diferentes de mim, pela admiração que eu tenho por eles, eu *quero e vou poder ser igual a eles*" (ou seja, essa hipotética criança está fazendo o melhor tipo de identificação, aquela que resulta de um desejo de ser igual aos pais ou professores, etc. *por admiração!*).

SER RECONHECIDO *AOS* OUTROS

Este aspecto da vincularidade afetiva do sujeito diz respeito ao desenvolvimento de sua capacidade de *consideração* e de *gratidão* em relação ao outro. Também a aquisição dessa condição mental está diretamente ligada à passagem da posição (segundo M. Klein) *esquizoparanoide* para a *posição depressiva*, assim substituindo as excessivas dissociações e identificações projetivas por processos introjetivos estruturantes, com objetos totais no lugar de parciais, ao mesmo tempo em que o sujeito vai assumir o seu quinhão de responsabilidades e eventuais culpas, de modo a transformar a onipotência, a onisciência e a prepotência, respectivamente, em uma capacidade para pensar e simbolizar as experiências emocionais; um aprendizado com as experiências da vida; e a assunção de sua dependência e fragilidade.

A propósito disto, A. M. Rezende (1995, p. 38), baseado em Heidegger, faz uma interessante e muito esclarecedora correlação entre os termos alemães originais de *Denken* (quer dizer "pensar") e *Danken* (significa "agradecer").

SER RECONHECIDO *PELOS* OUTROS

Inicio este texto mencionando uma poética frase clássica que, talvez, possa servir de síntese desta modalidade de Reconhecimento:"Para existir, a estrela depende do olhar dos outros".

Justifico a importância que estou atribuindo a esse tipo de vínculo com um argumento muito simples: todo ser humano está inevitavelmente vinculado a objetos, quer no plano *intra-* (dentro do psiquismo de cada pessoa existe uma permanente interação entre partes diferentes, como, por exemplo, o id interagindo com o ego e o superego; ou uma interação entre as partes infantil e a adulta; ou entre as partes sadias e a doente, etc.); *inter-* (interação do sujeito com o mundo exterior); ou *trans*pessoal (nesse caso, o vínculo tem uma dimensão interativa mais ampla, como, por exemplo, entre comunidades, nações, etc.). Em todas elas, todos necessitam vitalmente do reconhecimento dessas pessoas para a manutenção de sua autoestima.

Ademais, não é possível conceber qualquer relação humana em que não esteja presente a necessidade de algum tipo de um mútuo reconhecimento, salvo nos casos de grave patologia, em que há um profundo desligamento da realidade e da vida afetiva. Pelo contrário, as configurações psicopatológicas habituais servem para confirmar que os transtornos da *autoestima, do sentimento de identidade e o da relação com a realidade exterior* formam-se como uma decorrência direta da falência desse tipo de necessidade do sujeito em ser reconhecido.

É relevante destacar que até mesmo quaisquer pensamentos, conhecimentos ou sentimentos, requerem serem reconhecidos pelos outros (como resulta claro na interação mãe-bebê) para adquirir uma existência, ou seja, passar do plano intrapessoal para o interpessoal, e vice-versa. Portanto, a importância mais significativa do termo "reconhecimento" alude a uma necessidade crucial de todo ser humano, em qualquer idade, circunstância, cultura, época ou geografia, de desejar sentir-se reconhecido e valorizado pelos demais e sentir que realmente existe como individualidade.

Por essa razão, vale a pena traçar uma breve recapitulação dos primeiros movimentos que vinculam o recém-nascido com a mãe, e vice-versa, do ponto de vista de autores psicanalíticos em relação a distintas situações clínicas.

O reconhecimento na situação psicanalítica

Guardando as devidas diferenças óbvias, pode-se afirmar que todas as considerações feitas em relação ao vínculo do reconhecimento do bebê em interação com a mãe, e da criança em relação com o seu meio ambiente, também são perfeitamente válidas para a inter-relação vincular analista-analisando.

Concordo com A. Green (1988) que chamou a atenção para o fato de que na clássica expressão "relação objetal", a palavra "relação" é mais importante do que os objetos, ou seja, no estudo das inter-relações pessoais, os vínculos são mais importantes do que as pessoas separadamente, de tal modo que, na atualidade, considera-se que as propriedades não estão tanto nas pessoas (paciente e analista, por exemplo), mas sim, entre as pessoas e no intercâmbio entre elas.

Isso confirma a tendência atual de considerar que, na relação analítica, o analista é, ao mesmo tempo, participante e criador do conhecimento, do clima emocional e do que se passa entre ele e o paciente. Nesse espaço formado entre os dois, uma grande dimensão é ocupada pela ânsia por parte de ambos, ainda que de forma assimétrica, de serem reciprocamente reconhecidos em suas necessidades, seus desejos ou suas demandas.

Assim, cabe ao psicanalista a delicada tarefa de reconhecer e suplementar as eventuais falhas que, desde criancinha, o paciente teve em uma ânsia por sentir-se acolhido, contido, compreendido e, especialmente, em ser *reconhecido* nas suas manifestações de ilusão onipotente, de amor e de agressividade, que são inerentes aos processos de diferenciação, separação e individuação.

No contexto acima, não é demais reiterar que, devido à condição de desamparo neotênico, própria do ser humano, a criança necessita simbiotizar-se com um outro significativo, para poder utilizar os recursos egóicos deste último como se fossem os seus próprios e, por conseguinte, é vital para ela que esse outro intua e reconheça aquilo que lhe falta. (A palavra "neotenia" designa a condição de que o bebê recém-nascido, comparativamente com qualquer outra espécie do reino animal, apresenta uma prolongada deficiência de maturação neurológica, motora, que o deixa num estado de absoluta dependência e de desamparo.)

Portanto, especialmente com pacientes muito regressivos, o terapeuta – talvez conseguindo suplementar os vazios que os pais do paciente não tinham condições de preencher no passado – deve emprestar o seu ego, durante algum tempo, sob a forma de uma moratória, não só como um necessário "continente", mas também revelando e modelando funções (como a da capacidade para pensar, o conhecimento e o enfrentamento das verdades, a discriminação, etc., etc.), que o paciente por si próprio não consegue executar.

No entanto, a condição necessária mínima para que o analista possa preencher esses vazios de existência e de atrofia de funções egóicas do paciente é a de que, antes de mais nada, ele possa *reconhecê-las empaticamente*, isto é, que o paciente sinta que, de fato, está sendo visto e reconhecido.

São inúmeras as repercussões na prática analítica de vínculo que alude à necessidade de o *paciente ser reconhecido pelo analista* (e vice-versa). Seguem algumas delas.

O RECONHECIMENTO E A ANSIEDADE DE SEPARAÇÃO

A tão conhecida e frequente angústia de separação também pode ser encarada sob o prisma que estamos abordando acerca da normalidade e da patologia da necessidade de todo indivíduo de haver sido, ou não, reconhecido em seus vínculos primitivos. Vimos como na original relação mãe-filho forma-se um natural vínculo especular, durante o qual, por meio do *olhar reconhecedor*, ambos são, reciprocamente, um a imagem do outro, cada um sendo o desejo do outro, sempre configurando a díade desejante-desejado.

Nesse momento, em que esse narcisismo é essencial e estruturante, não ser visto – e, portanto, não ser reconhecido – é o mesmo que não existir. Assim, a perda do olhar materno é representada intrapsiquicamente como sendo, de fato, uma ameaçadora separação, com as respectivas angústias de aniquilamento, de perda de amor ou de castração.

A representação dessa modalidade de angústia costuma ficar deslocada para outras pessoas ou coisas, de maneira que se constituem muitas metáforas que dramatizam a ausência do olhar da mãe, como são as que ocorrem em situações de escuridão, solidão, afastamento, presença de estranhos, etc.

Na situação psicanalítica, sobremaneira nos casos em que não estiver suficientemente desenvolvido o núcleo básico de confiança – ou a "capacidade para ficar só", se utilizarmos a terminologia de Winnicott –, a perda do olhar materno se reproduz quando o paciente projeta maciçamente no analista esta mãe sem olhar reconhecedor, ou quando o analista mal olha para o paciente, ou olha mas não o vê... Nesses casos, as manifestações clínicas mais comuns aparecem como fobia ao uso do divã, um frequente e recorrente sentimento de solidão, uma absoluta intolerância aos silêncios do analista, o medo de separação e abandono, e, especialmente, em situações de separações, etc.

A propósito, creio que a maioria de nós concorda com a afirmativa de que, por grande parte dos analistas, existe um certo abuso de interpretação em alguma situação de separação, às vezes não mais do que um "fim de semana", em que quase que sistematicamente o terapeuta interpreta algo como: "toda esta angústia que estás sentindo, é a forma de teu corpo e a tua mente estarem protestando porque tu vais te sentir abandonado por mim". Não obstante essa colocação possa ser uma verdade, ela é apenas parcialmente verdadeira, até porque ela pode colaborar para reforçar a dependência do paciente, fazendo-o acreditar que, sem a presença do analista, ele é uma pobre e desamparada criança órfã.

Assim, creio que nesse tipo de *interpretação*, esteja faltando explicar o porquê da angústia, valorizando mais o *significado* que uma separação desperta no paciente: por exemplo, o significado oriundo de um trauma precoce devido ao fato real de que a mãe, ou o pai, saiu de casa e nunca mais voltou; ou um outro trauma em que alguém fez um passeio e morreu porque o avião caiu (este tipo de angústia é mais frequente no período que antecede as férias do analista e o paciente imagina que ele vá viajar de avião e possa morrer, entre tantas outras inúmeras situações equivalentes).

Dessa forma, o paciente compreenderá que não é ele, o seu lado adulto, que está apavorado com a separação, mas, sim, a sua "parte infantil" que evoca os antigos traumas ameaçadores de ele vir a ser abandonado (até pelo seu medo de que seu terapeuta o apague de sua memória), assim reproduzindo o trauma do abandono de quando ele era criança.

Recordo de uma paciente que estava evoluindo bastante bem, porém, no final da última sessão do mês, que demarcaria o, previamente combinado, período de um mês de férias de minha parte, ela, sorridente, após desejar-me boas férias, já na porta da saída, exclamou "até o começo de março" e completou, com uma expressão algo grave, "isto é, se eu voltar, porque não sei o que vai acontecer comigo". Num primeiro momento fiquei aturdido, assolado por uma forte sensação de que ela sinalizou uma intenção suicida, enquanto que, ao mesmo tempo, o meu lado lógico enfatizava que ela não estava deprimida, não havia o menor sinal de uma ideação suicida, sua qualidade de vida estava num ótimo momento, adorava a sua filhinha e vice-versa.

Tive um impulso de telefonar para ela, com a possibilidade de marcarmos uma nova consulta de esclarecimento de suas palavras finais, mas me contive. Nos primeiros quatro dias de minhas férias eu me flagrei em um estado de preocupação, de origem não muito clara, que interferia no meu direito de curtir momentos de lazer e de prazer. Aos poucos fui reconhecendo que esse meu estado mental estava intimamente acompanhado pela imagem da paciente, de suas palavras, num misto de culpa e forte preocupação de que, mesmo sabendo que a chance era de uma em um milhão, ela atentaria contra a sua vida.

Continuei refletindo até que *reconheci* o fato de que quando alguém (no caso, a paciente) tem uma excessiva angústia de separação pelo significado de que o outro significativamente importante (no caso, o analista) vá se esquecer completamente dela, *o melhor remédio contra essa angústia de perder o vínculo importante, é o de fazer o analista estar bem próximo dela, carregando-a na mente, onde ele fosse*. Após esse "auto-*insight*", passei o resto do mês curtindo tudo o que eu tinha direito, porque me libertei da culpa e da preocupação, até porque eu tinha absoluta convicção de que não me esqueceria dela. Na primeira segunda-feira de março Dalva veio pontualmente, lépida e faceira pela curtição de suas férias.

O RECONHECIMENTO DIANTE DE UMA ORGANIZAÇÃO NARCISISTA: A CONSTRUÇÃO DE FETICHES

Em condições normais, a criança reconhece a presença e a necessidade do "outro", de modo a constituir o seu mundo desde esse outro, o qual será constitutivo e fundante do seu *self*. Em caso contrário, como acontece nos transtornos narcisistas, o indivíduo tanto pode apresentar uma demanda excessiva em obter o reconhecimento dos outros como ele pode negar e fugir dessa vital necessidade, refugiando-se em sua própria subjetividade, muitas vezes em um estado de isolamento, solidão, encastelado em uma autarquia narcísica e em uma constante declaração de guerra aos demais.

Nesses casos, resultará que tal sujeito, por não tolerar que o outro (como o analista, na situação analítica) seja autônomo e diferente dele, estará sempre fazendo a redução de tudo que for novo, ou diferente, ao idêntico a ele, e, da mesma forma, ele creditará ao seu próprio *self*, tudo o que é de um outro, de quem ele não tem a posse absoluta.

Não custa repetir que, no fundo, este paciente está em busca de alguém que lhe *reconheça* a fragilidade subjacente e, da mesma forma, como alguém que é digno de ser amado, tal como realmente ele é, e não como ele próprio (ego ideal) ou os outros (ideal do ego) querem que ele seja.

Um outro aspecto relevante na organização narcisística da personalidade é que, no afã de obtenção de reconhecimento por parte dos outros, tais indivíduos deslocam essa necessidade, que basicamente nunca foi satisfeita, para a construção de *fetiches*. Assim, eles atribuem uma importância extraordinária à eleição de fetiches – que, magicamente, criam a ilusão de que o "parecer" fica sendo como "de fato é" – como mais notoriamente são: a exaltação da beleza, prestígio, riqueza, poder e demais recursos de um falso *self* que arranque admiração e inveja dos demais. Comumente, são pessoas que utilizam a maior parte de sua conversação tanto para criticar aos outros, quanto para vangloriar-se ("uma vã-glória").

Da mesma forma, pode acontecer que, por vezes, é tão intensa a necessidade da criança – ou a do analisando adulto ancorado na posição narcisista – em ser reconhecido como alguém muito especial, que pode ocorrer que ele não consiga compreender os outros, nem ser entendido pelos outros, ou fazer como os outros. Isso seria nivelar-se aos demais, o que ele não suporta, e a consequência pode resultar em uma busca na transgressão dos costumes habituais da família e da sociedade, inclusive os sexuais, numa forma extremada de preservar a sua autoestima, amparada na racionalização de que ele "não quer se misturar com os medíocres e escravos da cultura, portanto, ele é muito melhor que os demais".

Em resumo, o reconhecimento do outro (analista) como fonte de vida, de amor, de verdade e de segurança representa, para muitos pacientes, um sentimento catastrófico diante da possibilidade de depender do analista e vir a ser frustrado em seus anseios. Trata-se, pois, de pacientes que erigiram uma organização narcisista, a qual consiste em uma fantasia de um mundo imaginário de objetos onipotentes, que estariam sempre presentes e disponíveis para satisfazer as suas demandas. Por isso, tais pacientes ou fogem de um vínculo de dependência afetiva por meio de uma autossuficiência onipotente, ou diante de frustrações, como as separações, por exemplo, eles costumam projetar-se maciçamente no analista, como uma tentativa de restabelecer a fantasia de estar fundindo com ele.

Esta última possibilidade apresenta-se comumente mascarada por uma configuração de aparência edípica. Aliás, um bom exemplo de configuração narcisística camuflada por uma aparência edípica é a situação de uma "pseudogenitalidade", tal como ela aparece manifestamente nos casos de *don juanismo* ou de *ninfomanias*. Em tais condições, esses indivíduos unicamente "amam" aqueles que os fazem sentir-se amados, ou seja, a intensa atividade aparentemente genital, que exige uma contínua e ininterrupta troca de parceiros, obedece a uma irrefreável e vital necessidade primitiva de serem reconhecidos como capazes de serem amados e desejados.

O RECONHECIMENTO DIANTE DE UMA ORGANIZAÇÃO EDÍPICA

É fundamental que os pais reconheçam não só o filho como alguém relativamente separado deles, e individualizado, mas que também eles reconheçam a criança como sendo diferente da própria história narcísica e edípica deles próprios, pais, fato que, é claro, nunca será de forma total, devido ao inevitável atavismo inconsciente que os pais carregam em si.

Assim, a maneira como a criança irá se organizar edipicamente vai depender bastante de como os pais reconheceram o sexo biológico do filho e, por conseguinte, qual a expectativa e o procedimento deles em relação ao gênero sexual a ser desenvolvido. Isso não é difícil de perceber em muitos pacientes que mostram uma certa "intuição" do que significou para os seus pais o fato de eles terem nascido menino ou menina. Muitos casos de bissexualidade resultaram como uma tentativa de solução para o dilema de como enfrentar o rechaço dos pais, por terem nascido de sexo trocado em relação à expectativa deles.

Este aspecto transgeracional (de, no mínimo, três gerações) influi decisivamente na configuração edípica dos indivíduos, tendo muito a ver, portanto, com os valores e as expectativas do grupo familiar e da cultura vigente do grupo social no qual se está inserido.

O RECONHECIMENTO EM GRUPOS

É essencial em toda e qualquer pessoa que ele viva e conviva em *grupos*, nas mais diferentes modalidades, desde o primeiro grupo de sua vida que é a inserção do recém-nascido em seu meio *familiar* (onde ele não será unicamente passivo, mas também muito ativo no processo de transformações que a família sofrerá a partir de sua inclusão). Depois, num ritmo progressivo, conviverá em grupos escolares, recreativos, sociais, esportivos, universitários, profissionais, artísticos e, naturalmente, os grupos terapêuticos, etc., ocupando certos lugares, desempenhando determinados papéis e sempre influenciado pelos modelos, censuras e expectativas provindas dos primitivos pais e educadores em geral.

Sobretudo, nesta última situação, a necessidade de ser "reconhecido" pelos outros muito significativos, torna-se vital para um sadio desenvolvimento psicossexual e, quanto mais precoce for a carga de expectativas, e de eventuais ameaças que são dirigidas à criança, maior será a ânsia e a angústia dela quanto a ser reconhecida como sendo amada e valorizada pelos educadores e seus pares. É tamanha a importância do convívio grupal, que muitos autores postulam a hipótese de que na evolução humana a existência de grupos precede a dos indivíduos.

Essas considerações tanto valem para os *minigrupos* (grupo de uma família nuclear; ou de uma sala de aula; ou de uma grupoterapia analítica, por exemplo) como também para *macrogrupos* (neste caso, pertencem mais à área da sociologia) e, em termos transubjetivos, os macrogrupos podem abranger comunidades, sociedades e nações.

Também cabe lembrar que os grupos se formam tanto de forma espontânea quanto também de uma forma organizada, porém em ambas, conforme for a qualidade positiva ou negativa dos vínculos que se formaram, os grupos podem ter se organizado como *turmas*, no sentido positivo dessa palavra, ou como *gangues*, logo, com significado negativo equivalente ao da delinquência. Numa forma distinta, é importante conhecer a dinâmica de grupo que se processa em muitas instituições e que podem assumir uma configuração grupal de natureza algo perversa, tal como está descrito neste livro, no final da parte que aborda o Vínculo do Ódio.

A indiferenciação, ou seja, o não reconhecimento das diferenças, pode manifestar-se em situações muito diversas, como é o caso de uma paixão extremada, o caso dos vínculos simbióticos fusionais, assim como também nas situações grupais, nas quais o grupo prevalece sobre o indivíduo, tal como acontece em seitas fanáticas que acreditam que o líder carismático irá brindá-los com o "sentimento oceânico".

É especialmente importante o aspecto do vínculo do reconhecimento em relação à inserção social do indivíduo nos mais diversos lugares, como, por exemplo, a família, a escola, o clube, as instituições, etc. Aquilo que, de fato, todo sujeito espera de seus *grupos sociais* é o *reconhecimento,* por parte dos demais, de quem esperam demonstrações que confirmem a sua legítima *pertencência* (ou *pertença*) e a aceitação de seu pleno direito a compartir o mesmo espaço e os valores comuns a todos.

A afirmativa acima pode ser facilmente percebida na formação espontânea dos *grupos adolescentes*. Assim, muitas vezes, o adolescente, com um pé na sua condição de ainda ser criança e com o outro na de quase um adulto, para ser reconhecido com a nova identidade de uma pessoa adulta emancipada dos pais, apela para uma união com outros iguais, compondo a formação de grupos (às vezes, gangues) como uma forma de fazer-se ouvir melhor e com mais força de determinação.

A ânsia pelo reconhecimento de sua identidade adulta é tamanha que o adolescente faz de tudo para mostrar-se diferente das pessoas do seu meio habitual, o familiar e o social. Assim, é bastante comum que o adolescente transgrida os hábitos e valores dos seus pais, pelo uso de roupas bizarras, penteados esquisitos, costumes algo antissociais, exercício do uso de drogas, discurso contestador e desafiador, etc. Tudo isto constitui um movimento de *hipérbole* (um termo de Bion), ou seja, uma forma exagerada de manifestar-se, a qual funciona como um recurso turbulento, para ser *visto* (é diferente de "olhado"), *escutado* (é diferente de simplesmente ser "ouvido") e *reconhecido* como alguém com identidade própria que, para tanto, precisa ser diferente da dos pais.

Vale a pena insistir na importância desses fatos, porquanto o adolescente com esta conduta rebelde (ou um paciente cronologicamente adulto com fixação em sua adolescência mal-resolvida), embora esteja na fronteira da agressão contra ele próprio, contra a família e as leis, pode ser confundido pelos educadores como sendo um psicopata, um "caso perdido", quando, na verdade, pode estar representando um sadio movimento em direção a uma libertação e definição do seu sentimento de identidade.

**Patologia do Reconhecimento (-"R"):
O falso *self*. A excessiva demanda**

Cabe repisar que uma outra possibilidade de o indivíduo conseguir o reconhecimento do seu meio familiar e social é por meio do recurso inconsciente de, desde criança, adaptar-se às expectativas que os demais valorizam e impõem como condição para a aceitação, admiração e amor. Este processo institui a formação de um "falso *self*" – para usar um termo de Winnicott, que estudou o assunto de forma profunda –, o qual pode-se apresentar com distintas configurações, sendo que o grau máximo de falsificação da personalidade está presente nos indivíduos "impostores".

É útil destacar que nem sempre o falso *self* é construído como uma forma de aparentar aspectos considerados positivos. Muitas vezes, no afã de ser reconhecido pelo seu grupo social – extensão do seu grupo familiar, internalizado como sendo um opositor ao seu sucesso – o indivíduo pode funcionar com um "falso *self* negativo", aparentando mazelas e desvalia encobridoras de reais valores positivos.

Também é comum acontecer que, desde criancinha, o indivíduo tenha passado por sucessivas experiências de não ser reconhecido em suas características de pessoa muito sensível, devido ao espelho deformador da mãe. Trata-se, na maioria das vezes, de mães depressivas e que, encobertas por uma pseudoproteção, tenham devolvido ao filho um discurso na base de "não vale a pena sentir entusiasmo ou amor, não vale a pena sofrer, chorar é uma vergonha..." Cria-se um excelente caldo de cultura para a formação de um *falso self* que, em casos mais extremos, atinge um total bloqueio dos prazeres e lazeres inerentes às pulsões da vida.

Uma outra modalidade de patologia psíquica decorrente de um "não reconhecimento" (-"R") é aquela que resulta de uma ânsia tão intensa de a pessoa ser reconhecida por todos, que o estado mental da criança – portanto, do futuro adulto – adquire uma forma permanente e insistente de uma *demanda*, isto é, o de desejos insaciáveis, por mais que suas vontades sejam atendidas. Como o leitor já deve ter reconhecido, este quadro é fortemente presente em personalidades histéricas e narcisistas.

As personalidades de caráter histérico (quadro clínico que tem forte conexão com o narcisismo), quase sempre mulheres, notadamente jovens, podem ser chamadas de *impressionistas* porque elas acumularam uma coleção de "impressões" que estão impressas em sua mente e confirmam a sua tese de que, desde criancinhas, sentiam-se como rainhas e, portanto, não podiam ser frustradas. Elas almejam perpetuar essa convicção, até porque, bem no fundo, sentem-se muito desamparadas e com baixa autoestima.

Assim, essas pessoas de perfil histérico, na sua vida exterior, criam cenas que dramatizam suas "novas-velhas" fantasias, necessidades e demandas, de um modo que força os demais protagonistas de seu convívio a assumirem e a definirem os papéis que dramatizam o *"script"* da sua "peça teatral", no cenário do seu psiquismo. Uma pessoa histérica, bem no fundo, está cheia de vazios, sua autoestima é demasiadamente baixa, portanto, essas pessoas são carentes, com uma tremenda necessidade, às vezes insaciável, de serem *reconhecidas* (muitas vezes, como rainhas; outras vezes, como vítimas; também é frequente que seu papel, através de seus encantos e maneirismos, seja o de sedutora irresistível, etc.).

O RECONHECIMENTO EM RELAÇÃO AO *SETTING*

Na situação psicanalítica, a necessária garantia do *setting* instituído, tanto o que se refere às circunstâncias externas (constância de lugar, horário, regras, férias, limites, etc.), quanto o *"setting* interno" do analista (a sua autêntica atitude psicanalítica interna), permite que o paciente, especialmente o regressivo, sinta um progressivo reconhecimento de muitos aspectos mal-resolvidos nele.

Assim, por meio de um sagrado respeito ao seu espaço e tempo – propiciado pelas combinações do *setting* –, o analisando vai *reconhecendo* o seu território, os seus direitos, deveres, limites e suas limitações em relação ao *setting* e, sobretudo, vai desenvolvendo um sentimento de *pertencência*. Além disso, por meio das funções de *holding* (o analista ou os pares acolhendo, sustentando e contendo as angústias), de *handling* (um adequado manejo técnico) e de *backing* (uma viagem de retorno aos vazios existenciais para suplementá-los), o paciente vai sentindo-se reconhecido nos seus intentos de diferenciação, separação, individuação, integração e, portanto, na construção de sua autoestima e de sua verdadeira identidade.

O reconhecimento na resistência e na transferência

Enquanto houver a predominância da indiferenciação (-"R") e da indiscriminação, próprias da configuração narcisista, vai resultar que o paciente concebe o espaço psíquico como sendo único, isto é, esse espaço ou será todo dele, ou só do seu psicanalista. Por isso, esse paciente regressivo imagina que o analista (ou, em outras circunstâncias, a namorada, o professor, etc.) invadirá a sua mente e tomará conta de todo o espaço.

Por conseguinte, surgem resistências tenazes, as quais deverão ser reconhecidas pelo terapeuta como sendo uma forma de luta desesperada do paciente para manter a sua sobrevivência psíquica, isto é, ele luta contra o risco de ficar engolfado e perdido no outro. Assim, obedecendo a um movimento defensivo-ofensivo, esse paciente antecipa-se e, como forma de resistência, ele tenta invadir e ocupar a mente do analista. Caso este não tenha uma compreensão clara disso tudo, haverá uma alta possibilidade de o analista vir a, patologicamente, *contratransferir, contrarresistir ou contra-atuar.*

Da mesma forma, uma possibilidade de transferência dessa modalidade de luta narcisística é a de que esse tipo de paciente não costuma abandonar a análise, embora despreze-a continuamente, porque, no fundo, ele se reconhece como muito frágil e dependente. Para atacar o vínculo da percepção dessa dependência penosa, o narcisista necessita de uma permanente autorreafirmação de que ele é, de fato, autossuficiente e, por isso, pelo contrário, ele constrói a tese de que o analista é que precisa dele. Assim, esse paciente não reconhece o terapeuta como pessoa autônoma, diferente e separada dele, compondo, então, um curioso paradoxo: ele necessita da análise e do analista para provar que não necessita deles.

Um aspecto transferencial muito importante que pode ser melhor compreendido à luz do vínculo do reconhecimento diz respeito ao fato de que os pacientes fortemente fixados na posição narcisista demonstram uma grande necessidade de mirarem-se no analista como um objeto-espelho aprovador.

Explico melhor: depois de algum tempo, o narcisista não se olha mais tanto no espelho material, mas, sim, no espelho representado pelo reconhecimento do outro, o qual lhe deve devolver uma imagem que confirme aquela idealizada que o narcisista tem de si próprio. Pode acontecer que o outro (o psicanalista na situação analítica) reconheça-o com admiração, porém, se a óptica do admirador não for aquela esperada pelo ego ideal do analisando, sobrevém a fúria narcisística.

Também é útil consignar que uma das formas que algum analisando pode utilizar para não reconhecer que o analista é diferente dele consiste em provocar uma reação contratransferencial, tipo estado mental de briga, polêmica, contra-atuação, sadomasoquismo, etc. nos mesmos moldes que ele, paciente, costuma ter, e isso os tornaria iguais.

O reconhecimento na interpretação-*insight*

Guardo uma absoluta convicção de que o conteúdo da atividade interpretativa, por mais correta que seja, somente será eficaz se ela vier acompanhada de uma adequada e autêntica "atitude interna" por parte do analista. Da mesma forma, acredito firmemente que uma maior atenção por parte do terapeuta nos aspectos vinculares relativos à necessidade de *reconhecimento* favorece bastante a sua atitude de compreensão, de disponibilidade e de sintonia afetiva com o paciente, principalmente no que diz respeito ao seu reconhecimento não só das partes doentes do paciente, como também do seu lado infantil que está pugnando para crescer.

Este tipo de paciente almeja ser *reconhecido* em suas qualidades e capacidades adultas, nas suas potencialidades que estão pedindo passagem, e nas mudanças positivas que está fazendo no curso de sua análise.

Como vimos, ao abordar a estruturação do psiquismo da criança, se não houver resposta do "olhar-espelho reconhecedor da mãe", pode resultar um vazio informe, um nada. Isso tem importância na prática clínica, tendo em vista que são os pacientes que apresentam formas que aparentemente nada dizem, porém, que dizem muito acerca do seu "nada".

Na prática analítica, especialmente com pacientes que não conseguiram ser reconhecidos pelos pais como sendo as pessoas emancipadas e diferentes deles, é importante que o analista leve o analisando a questionar-se: "O que eu representava para os meus pais? O que eles esperavam de mim? O que e quem eles queriam que eu viesse a ser? O meu analista é uma repetição deles ou é uma pessoa que permite transformações no meu modo verdadeiro de ser?", e assim por diante.

Em relação à importância do Vínculo do Reconhecimento na sua função interpretativa, impõe-se destacar a necessidade de o analista estar atento aos progressos do paciente, não só os grandes e evidentes, como também é importante que ele capte, valorize e inclua na sua atividade interpretativa um reconhecimento dos quase despercebidos progressos do paciente que para os olhos do terapeuta possam parecer mínimos demais e, por isso, não merecedores de serem assinalados, porém, aos olhos do paciente a pequenina mudança pode ser muito importante e ele fica à espera de ser reconhecido pela sua conquista.

Vou exemplificar com uma situação de supervisão que agora me ocorre: o supervisionado relatava de forma algo divertida e com algum desdém o fato de o seu paciente contar que conseguiu telefonar para sua namorada (é útil esclarecer que esse paciente tinha fobia de telefonar, por sua grande insegurança e baixa autoestima, de modo que, por telefone ele não conseguia controlar se o interlocutor do outro lado do fio estava interessado na conversa, ou fazia cara de debochado ou de aborrecido, e isso aterrorizava o paciente que sentia um verdadeiro pânico ante a possibilidade de vir a ser rechaçado).

O colega em supervisão ainda comentou o quanto "certos pacientes estão desligados da realidade; imagina só, fazer uma comemoração apoteótica só porque deu uma telefonadinha". O leitor já pode imaginar que eu dei toda a razão para o júbilo do paciente porque para um fóbico enfrentar e vencer um temor crônico, realmente, é uma grande conquista e que isso *necessita* ser reconhecido e devidamente assinalado para o paciente.

Creio que cabe realçar a frase que consta da sabedoria da *filosofia zen:* "(Re)conhecer o passado é ficar seguro no presente e saber onde ir para o futuro". Dessa forma, uma outra mudança na atividade interpretativa do analista é aquela que, gradualmente, está substituindo a clássica ênfase no *"porquê" explicativo,* por uma valorização de um novo vértice de visão e de reconhecimento com *ressignificações* daquilo que os pacientes narram, sentem, e de como significam e pensam.

A HISTÓRIA DO PATINHO FEIO: UMA METÁFORA DO "VÍNCULO DE SER RECONHECIDO"

Conta a história desta fábula, numa das muitas versões, que entre os patinhos que nasceram do "ventre" da mãe-pata, um deles nasceu diferente dos demais. Ele era desengonçado, de cor branca, enquanto os demais patinhos eram de cor amarelada; tinha um pescoço longo, em contraste com o dos seus "irmãos" e, por isso, esses debochavam dele, faziam piadas que o humilhavam. Como resultado a mãe-pata ficava frustrada e algo depressiva. Igualmente o nosso "patinho feio" sentiu-se desamparado, com baixa autoestima e, deprimido, foi nadar no lago, sozinho, sem rumo certo, pensando na sua vida, até que encontrou um bando de cisnes nadando perto dele, no mesmo lago, com vários filhotes iguais a ele. Não sabia se ficava ou fugia, até que, para sua surpresa, foi carinhosamente acolhido por todo o bando, que o aceitou como um igual, valorizando e reconhecendo suas características pessoais, e transmitindo uma verdadeira afeição e admiração por ele.

Em pouco tempo, o então "patinho feio" se transformou num formoso cisne branco, de pescoço alongado, como tantos outros que, felizes, nadavam no lago. Já adulto, o garboso cisne branco, ex-patinho feio, decide visitar sua mãe e irmãos, não obstante temeroso de não ser reconhecido, ou não aceito, ou hostilizado pela família de sua infância. Para sua grande surpresa e felicidade, ele não só foi reconhecido, como também foi muito festejado e elogiado, de modo que as passadas chacotas dos irmãos originais deram lugar a elogios, e a mãe que tanto se decepcionara com ele no passado, agora não cessava de lhe elogiar, admirar a sua beleza e, orgulhosa do garbo de seu filho, resgatou um vínculo amoroso.

Abstenho-me de fazer comentários porque tenho convicção de que os leitores captaram com facilidade o significado desta metáfora, que transcrevi justamente com o propósito de realçar a grande importância que um reconhecimento autêntico e carinhoso pode promover uma transformação na autoestima, no sentimento de identidade e no desenvolvimento da personalidade de qualquer indivíduo.

É óbvio que as reflexões acerca do vínculo do reconhecimento na prática psicanalítica não se esgotam nas situações exemplificadas neste trabalho, e creio que uma detida atenção em nosso trabalho analítico diuturno, com qualquer analisando, permitirá reconhecer inúmeras outras facetas que esse vínculo primário possibilita observar e trabalhar no campo analítico, quer na pessoa do paciente, do psicanalista e, naturalmente, entre ambos.

Em resumo, e à guisa de conclusão, vale repetir o que Winnicott (1971) afirmou ao referir-se ao fato de que é unicamente nas condições nas quais uma criança é refletida pelos olhos amorosos da mãe é que se torna possível a construção de uma segurança básica, um prazer pela vida, uma pulsão para o conhecer e um reconhecimento de que ela, criança, é útil, capaz e valorizada.

Os dois últimos parágrafos confirmam o que o sábio Berkeley, já preconizava em 1710: *"Esse est percipi",* ou seja: *Ser é ser percebido,* o que, na minha ótica, nesse contexto, tem o mesmo significado de "ser reconhecido".

Em contrapartida, caso o psiquismo da criança sinta faltas e falhas na necessidade de um reconhecimento amoroso, de suas capacidades e potencialidades, desde a condição de bebê até ao longo do crescimento cronológico, ele tentará compensar com uma forte demanda, como se fosse justo que a sociedade lhe ressarcisse de tudo que lhe privaram no passado e no presente. Isso pode atingir um nível extremo, de um desejo de se vingar da sociedade através de atos delinquenciais e, mais grave, substituindo a falta de reconhecimento dos pais e da sociedade em geral pelo reconhecimento elogioso e laudatório de seus pares que, possivelmente, já formam uma gangue, de tal forma que as transgressões são idealizadas por todos como sendo uma "grife da coragem, competência e força".

Assim, há poucas semanas do momento em que redijo este texto, em Porto Alegre, uma adolescente de um pouco menos de 15 anos, insurgiu-se contra a sua professora e a agrediu com tal violência que a mestra foi internada num hospital recuperando-se de um traumatismo craniano, num estado que chegou a ficar algo comatoso. Pois bem, como podia ser esperado, a exposição da agressora em toda mídia, com grande repercussão na mídia nacional, com direito a fotos, etc., elevou-a à condição de heroína, e começou a surgir, durante um tempo, o que um jornal local chamou de "epidemia de violência na escola contra professores". Em meu entendimento, trata-se de uma epidemia decorrente de uma identificação coletiva, cuja base principal é uma idealização da violência.

Eu redigi um artigo sobre a violência de uma "gangue infantil" numa escola americana, que eu pretendia anexar à parte deste livro que aborda o "Vínculo do Ódio", porém o impacto do que narrei acima e o meu entendimento de que a excessiva *ânsia de reconhecimento* se fundiu com o ódio, fez-me decidir por utilizá-lo como ilustração aqui, neste espaço dedicado ao "Vínculo do Reconhecimento".

VIOLÊNCIA COMETIDA POR "GANGUE" DE CRIANÇAS

Recentemente a imprensa divulgou uma nota aterradora, provinda dos Estados Unidos, que serve como uma amostra preocupante do quanto a formação de gangues criminosas pode partir de crianças. A referida nota merece uma profunda reflexão de todos nós: o que é que está acontecendo no mundo? E por quê?

A violência que está grassando em todas as partes do planeta está aumentando em intensidade, numa escalada geométrica, tal como muitos proclamam, ou ela sempre existiu, porém agora está em maior evidência porque a moderna tecnologia da comunicação favorece uma rápida e intensa divulgação universal?

Há algo que possamos fazer, principalmente levando em conta o sabido fato de que tudo que acontece nos EUA, após alguns anos, é exportado para o Brasil?

A aludida nota, extraída do jornal *Zero Hora* de Porto Alegre, edição de 3 de abril do ano 2008, nos dá conta de que no Estado da Geórgia, nos EUA, um grupo de alunos de 8 a 10 anos, montou um plano minuciosamente traçado em mínimos detalhes e com uma distribuição das tarefas específicas que caberia a cada uma das crianças. Assim, uma das crianças do grupo de nove, com um peso para papéis daria um forte golpe na cabeça de uma professora com a finalidade de deixá-la inconsciente. Em seguida, a imobilizariam com algemas e fita adesiva e, pasmem, o passo seguinte seria o de esfaqueá-la. Segundo o recorte do jornal, o grupo de alunos – portadores de problemas de aprendizagem, déficit de atenção e uma, consequente, hiperatividade – estaria revoltado pelo fato de que a professora havia chamado a atenção de um deles por ter ficado de pé em uma cadeira. Os seguranças vasculharam o grupo e descobriram que alguns portavam facas, outros a fita adesiva, sendo que duas meninas teriam sido flagradas levando armas para a escola.

O plano foi abortado pelos responsáveis e é provável que tudo não tenha passado de uma "brincadeira", como um dos alunos justificou perante a polícia, porém, sabedores que somos de verdadeiras tragédias, com mortes múltiplas, cometidas por adolescentes americanos em suas escolas, creio que não podemos descrer totalmente da possibilidade de que o macabro plano das crianças pudesse ser efetivado.

O que é que está acontecendo? Creio que não existe uma causa única, pelo contrário, temos uma clara evidência de uma multiplicidade de causas que se somam. Assim, podemos responsabilizar uma parcela da responsabilidade à *mídia* que põe em grande evidência – fato que pode tocar no narcisismo das crianças – as imagens das figuras dos criminosos e dos crimes que são cometidos.

Também cabe atribuir parte da responsabilidade a outros fatores, como por exemplo: a *filmes* de violência em que, muitas vezes, os personagens bandidos são idealizados como sendo fortes, inteligentes, criativos e charmosos; a frequente e precoce dissolução de *famílias*. Podemos acrescentar: podem ser causas *genéticas-hereditárias*? Causas provindas de graves prejuízos orgânicos de natureza *neurológica?* Graves *traumas psicológicos* desde a mais tenra infância? Excesso de liberdade (no caso, seria mais apropriado chamar de *libertinagem)* sem que haja uma necessária colocação de limites firmes, por parte dos responsáveis pela família e pela escola? Causas socioeconômicas que promovem no bebê e na criancinha sentimentos de *carência* (de não preenchimento de necessidades físicas e emocionais) e de *desamparo,* e, daí, um crescente sentimento, compensador, de onipotência (pode tudo...) de um crescente ódio, que sempre vem acompanhado por uma forte ideação de vingança e que, muitas vezes, se concretizam, inclusive com crimes coletivos (que simbolizam uma raivosa vingança contra a humanidade em geral)?

A grande pergunta do momento é a seguinte: *O que é possível fazer* para tentar deter esse verdadeiro "tsunami", com suas gigantescas ondas de cruel violência se espraiando e nos ameaçando no nosso dia a dia?

Como destaquei anteriormente, são múltiplas e distintas as fontes geradoras da violência praticada por indivíduos ou gangues, sendo que, na maioria das vezes, é uma complexa combinação dos inúmeros fatores assinalados que determina a prática da violência, porém, na condição de psicanalista, vou me restringir a enumerar algumas das prováveis causas e suas origens.

1. Como é suficientemente sabido pelos leitores, todo ser humano é portador de pulsões instintivas, notadamente as de natureza amorosa (ou, como também é chamada, de "vida"), as de ódio (ou de "morte") e as narcisistas. Caso a criança, desde a condição de recém-nascido, passando pela condição de criancinha, criança, púbere, até adolescente, tenha a fortuna de se desenvolver numa família ajustada e harmônica, numa atmosfera de convívio com confiança, amor e respeito recíproco (claro que conservando os necessários limites, hierarquia e reconhecimento dos alcances, limitações e princípios éticos), a pulsão de vida assume o comando da personalidade, do que resulta a vigência de traços de caráter sadios, que se prolongam pela vida adulta.
2. Em caso contrário, numa família fortemente desajustada, é muito alta a probabilidade de que haja uma intensa predominância da pulsão de morte, com o respectivo cortejo de agressão destrutiva, com uma total desconsideração pelos demais e com anseios de vingança cruel, por vezes, em casos extremos, em nível de cometer homicídios.

3. Essa dualidade pulsional de amor e ódio, paz e guerra, construtividade e destrutividade, harmonia e violência, está bem expressa na raiz etimológica da palavra "violência". Ela deriva do étimo latino *vis* que significa "força", "energia", sendo que essa força quando a serviço da vida dá origem às palavras "vida", "vitalidade", "vitamina", "vigor"..., porém, quando predomina o ódio sádico-destrutivo, o mesmo étimo *vis* dá origem aos vocábulos "violação", "vilania", "vilipêndio" e "violência", esta última, em suas múltiplas formas.
4. *Violência doméstica*. Dentre as distintas formas de violência, a título de exemplificação, cabe mencionar algumas como aquelas que consistem numa enorme desigualdade social; uma profunda falha no preenchimento das necessidades fundamentais, as orgânicas e as afetivas; a violência sexual e moral; a perversão, principalmente a pedofilia; o incrível abuso da corrupção e do roubo por parte daqueles que deveriam lutar pelo bem-estar dos demais; a cotidiana violência urbana no trânsito e em assaltos à mão armada; a violência doméstica, como pode ser uma relação sádico-masoquista entre os pais, espancamento e provocação de queimaduras nas crianças cometidas pelos próprios pais, inclusive, a violência pode atingir até o extremo psicótico de atirar pela janela do sexto andar – e matar – uma inocente criança de 5 anos, etc.
5. *Violência nas escolas*. Não raramente, por mais paradoxal que pareça, ainda existe a violência por parte dos métodos de ensino de certas escolas; ou – outro macabro exemplo recente – foi o planejamento de flagelar uma professora que nada mais fez do que cumprir com seu dever, com um revide vingativo extremamente sádico; e assim por diante.
6. *Importância do desenvolvimento emocional primitivo*. O que até aqui foi dito demonstra a fundamental importância do desenvolvimento emocional primitivo. É útil acrescentar um aspecto especialmente importante. Trata-se do fenômeno da *transgeracionalidade*, ou seja, através do caminho das *identificações* (patológicas, no caso), a tendência à perversão e ao sadismo destrutivo se transmite de geração à geração, guardando as mesmas características. Muitas vezes, a criança que foi maltratada identifica-se com o pai ou a mãe sádicos e, ainda na condição de criança (conforme os exemplos citados) ou quando for adulta,

agora, de forma ativa, ela reproduz com outras pessoas em geral tudo aquilo que sofreu passivamente.
7. *A idealização da delinquência*. Cabe registrar uma outra situação, bastante comum, em que a violência é idealizada. Em determinadas culturas, mais comumente em zonas de condições miseráveis de vida, a prática de atos delinquentes não só existe como sendo sentido como um direito para garantir a sobrevivência, como também o transgressor recebe o **reconhecimento** dos seus pares, como sendo uma pessoa corajosa, competente na execução do crime e, por vezes, é alçado à condição de herói.

Possíveis medidas a serem tomadas

1. *União das forças vivas das Comunidades*. Será que existe alguma forma de solução? Creio que uma forma única de solução não existe, quer sejam medidas de natureza política, educacional, maior repressão policial, colaboração da mídia, participação ativa dos professores, educação dos pais, maior participação dos técnicos da saúde mental, etc., não funcionarão eficazmente se essas medidas agirem isoladamente. Assim, a necessidade de união das forças vivas das comunidades, interagindo de forma consistente, veemente, coerente e permanente, é a primeira condição fundamental.
2. *Medidas preventivas*. A segunda condição, que eu sempre enfatizo como sendo *sine qua non,* consiste na necessidade de que um projeto desta natureza, para valer, deve ser muito mais voltado para a prevenção do que para uma imaginária resolução em curto prazo, especialmente quando parte de um setor político, em véspera de eleições. Dizendo com outras palavras – com base no dito da sabedoria popular de que "pau que nasce torto não endireita mais" ou a frase de que "é de pequenino que se torce o pepino" – advogo a iniciativa de que é possível a conjunção de todas as forças vivas, realmente interessadas numa tentativa de solução do gravíssimo problema da crescente violência, de modo que se invista tempo, energia, amor, conhecimentos e muito dinheiro, na *primeira infância*.
3. *Grupos com bebês*. Unicamente para exemplificar, proponho a utilização da dinâmica de grupos, com bebês e respectivos pais, experiência que já funciona – embora em raros lugares – no Ambulatório de Interação Pais-Bebês, do Serviço de Psiquiatria da

Infância e Adolescência do Hospital de Clínicas de Porto Alegre, sob a liderança da psicanalista Lucrecia Zavaschi, com resultados bastante animadores. Também, de forma equivalente, acredito na utilização de *Grupos de Reflexão*, que levem as pessoas participantes a refletir e a se responsabilizar pelos seus pensamentos, sentimentos e atos. Esses grupos podem, muito bem e sem um maior custo, ser aplicados com grupos de pais; diretores e mestres de escolas primárias; representantes do governo; técnicos da saúde mental; setoristas da mídia e assim por diante. Essa atividade não deve ficar restrita a uma que outra oportunidade. Pelo contrário, deve ser sistemática, com duração relativamente longa.

4. *O combate à Violência é uma causa perdida?* É útil dar mais um exemplo de quando as coisas não funcionam. A relevância que estamos atribuindo aos órgãos governamentais, tanto executivos quanto judiciários e legislativos, ou candidatos a estes cargos, se deve ao fato de que eles possuem um tipo de discurso brilhante, mas que não se traduz em resultados verdadeiros. A principal razão disso é que existe um desencontro entre a nossa proposta de investir pesado na infância – o que demanda um tempo bastante longo e exige uma alta capacidade de paciência para a colheita de resultados que sejam comprovadamente eficazes – enquanto a noção de tempo da maioria dos políticos responsáveis é mais pautada pelo imediatismo dos resultados, os quais, para essa categoria de políticos se traduzem – onde? – nas urnas!

5. Por tudo isso cabe repisar, enfaticamente, a seguinte pergunta, instigante: *o combate à violência é uma causa perdida ou são os responsáveis maiores que estão perdidos na causa?*

CONTRIBUIÇÃO DA NEUROCIÊNCIA AO VÍNCULO DO RECONHECIMENTO

Creio que não seria justo concluir esta parte do livro sem fazer uma menção à contribuição que a moderna neurociência pode nos propiciar para melhor compreender como a bioquímica pode ter uma influência direta no Vínculo do Reconhecimento, especialmente naquilo que se refere à participação da memória no ato de "re-conhecer".

Já registramos antes que as neurociências nos iluminam acerca dos circuitos cerebrais das emoções e respectivas reações a elas. Isso comprova o fato de que, por vias neuronais, através de partes do cérebro como *tálamo, amígdala, hipocampo, córtex occipital, córtex pré-frontal,* juntamente com a secreção de serotoninas, cortisol entre tantas outras mais, serão determinadas respostas corporais e emocionais.

Mais especificamente em relação ao Vínculo do Reconhecimento, cabe destacar que o *hipocampo* funciona no cérebro em nível cortical, com respostas mais lentas e mais longas, porque ele registra a "memória do perigo", o que facilita ao sujeito poder *reconhecer* as situações de verdadeiros perigos e se proteger deles. Dessa maneira, em casos de lesão do hipocampo, o medo se generaliza, prejudicando um reconhecimento útil.

Também cabe enfatizar que um determinado estresse ou trauma provocará uma excessiva excitação do sistema nervoso autônomo, através do eixo *hipotálamo-hipófise-suprarrenal*. Este último elevará o nível do cortisol, o qual poderá repercutir no sistema cognitivo, promovendo uma *diminuição da memória*, da concentração, capacidade para pensar, agir com coerência e uma certa confusão. Tudo isso gera uma dificuldade de usar as outras funções que, normalmente, por intermédio da função de *reconhecimento*, exercem o importante papel de *autorregulação* das emoções que se processam no inconsciente.

No entanto, é necessário destacar que, no contexto aqui enfocado, não se está fazendo referência ao inconsciente de Freud, mas, sim, ao *inconsciente biológico*, aquele que é comandado pela neurofisiologia, em interação com as emoções.

Palavras Finais

Nas palavras iniciais – na introdução deste livro – eu dizia que considerava ser um forte desafio para mim a feitura dele porque a minha pretensão seria talvez excessiva, pelo fato de que eu pretendia fazer uma integração da psicanálise com as demais áreas do conhecimento humano, como mitologia, religião, filosofia, literatura, artes, ciência e outras tantas esferas humanísticas.

Agora, concluído o livro, me pergunto se venci o aludido desafio, ou não. No entanto, antes, quero partilhar com meus leitores as reflexões que faço para justificar o que me levou a aceitar o referido desafio, ainda que ciente de que cada um dos um dos campos humanísticos mencionados, por si só, mereceriam um livro à parte.

Neste momento em que escrevo o final deste livro, dou-me conta que ele é o meu 10º publicado e divulgado, sendo que em praticamente todos eles existe um denominador comum que consiste no fato de que, por meu próprio jeito de ser, sempre procuro fazer uma integração entre situações distintas, como cabe exemplificar com um breve comentário sobre alguns dos livros anteriormente publicados.

Dessa maneira, no meu primeiro livro, *Fundamentos básicos das grupoterapias*, experimentei integrar as psicoterapias grupo-analíticas com as múltiplas aplicações da dinâmica grupal de fundamentação não psicanalítica.

Já no livro *Fundamentos psicanalíticos: teoria, técnica e clínica*, me inspirei na constatação de que existem excelentes livros sobre psicanálise, porém cada um deles retratava unicamente um único enfoque: ou metapsicologia, ou teoria, ou técnica, ou psicopatologia ou prática clínica. Eu estranhava o fato de que a essência da psicanálise consiste em fazer integrações entre as diferentes partes de todo e qualquer paciente, de modo a fazer o mapeamento das inúmeras e diferentes regiões do psiquismo de cada um. Ademais, na psicanálise contemporânea sabemos que devemos trocar o clássico "princípio da certeza" pelo, mais complexo, porém muito mais rico, "princípio da incerteza", de modo a processar uma integração dos opostos, das contradições, das diferenças, do novo com o velho, do interno com o externo, etc., numa visão holística da totalidade.

Por essa razão decidi tentar integrar todas essas diversificadas faces da psicanálise num único volume, emprestando a ele um estilo pedagógico. Deu certo! Decorrida mais de uma década, ele continua sendo adotado no ensino-aprendizagem da psicanálise em quase todos os cantos do Brasil.

Outro exemplo: no livro *Vocabulário contemporâneo de psicanálise* percebi que já havia excelentes vocabulários, a começar pelo clássico e imbatível *Vocabulário de psicanálise* de Laplanche e Pontalis que, porém, é unicamente centrado em Freud. Igualmente outros dicionários enfocam unicamente a obra de Melanie Klein, ou Lacan, Winnicott, ou a de autores da Psicologia do Ego. Resolvi unir todos eles, obviamente incluindo outros importantes autores, como Bion, Kohut, Rosenfeld, Green, etc. Também deu certo!

Ainda mais um exemplo: durante encontros em que eu participava junto a juízes de direito, com o objetivo de palestrar e discutir aspectos psicológicos que influem na função judicante, percebi que os magistrados demonstravam um vivo interesse pelos aspectos que a psicanálise aporta para a função deles. No entanto, eles não tinham a menor noção do quanto os valores, modelos e determinações que procedem do inconsciente são de primeira grandeza na nobre tarefa de fazer julgamentos. Isso serviu de estímulo a convidar um juiz, particularmente bastante interessado nos meandros da psicanálise, além de ser uma pessoa dinâmica, a escrevermos um livro que integrasse Direito e Psicanálise. Assim, formamos uma parceria e convidamos reconhecidos colegas de ambas áreas a colaborarem com artigos que fossem eminentemente práticos em relação aos temas jurídicos, num enfoque psicológico. Com o nome de *Aspectos psicológicos da prática jurídica* esse livro foi publicado, serviu de estímulo a muitos outros livros equivalentes que começaram a surgir, e a minha maior gratificação foi a de ter cumprido um velho sonho de integrar disciplinas diferentes.

Para finalizar os exemplos relativos à minha busca pela integração, vale mencionar o livro *Bion: da teoria à prática*, onde, levando em conta que Bion não escreveu nenhum texto publicado especificamente acerca da técnica e prática clínica (salvo transcrições de supervisões feitas por ele e uma palestra proferida em Buenos Aires que foi gravada por um participante do evento), a finalidade a que me propus também foi a de fazer integrações. Ou seja, integrar as magníficas, embora polêmicas, inovações teóricas e filosóficas de Bion com a diuturna prática clínica dos psicanalistas. Esse propósito motivou-me a rever todos os fenômenos do campo analítico, fazendo minhas ilações pessoais entre as ideias originais de Bion com a minha, já então longa, prática diária (desde o primeiro encontro com o paciente; a entrevista inicial; o "contrato analítico"; o estabelecimento do *setting* [enquadre], a resistência-contrarresistência; a transferência-contratransferência; os *actings,* as somatizações; a comunicação; a atividade interpretativa; o *insight,* elaboração e crescimento mental, entre tantos outros aspectos mais).

Na publicação que o leitor tem em mãos, focada principalmente nos Vínculos que se processam no processo psicanalítico e em nossas vidas, eu tento dar prosseguimento a um "velho sonho", antes aludido, de fazer integrações. Sempre fui um apaixonado pelos campos humanísticos, não obstante eu reconheça que, à parte a psicanálise, não possuo sólidos conhecimentos de história, mitos, religiões, filosofia, artes, ciências em geral e outras áreas afins. Aí entra o "desafio" para a produção deste livro. Decidi, então, fazer uma espécie de "ano sabático" e municiei-me de uma grande quantidade de livros, mantendo uma dedicação quase que exclusiva aos estudos e às consultas dessas referidas disciplinas.

À medida que estudava muitas e diversificadas coisas que desde longa data eu vinha namorando, mais eu consultava livros especializados, enciclopédias, referências no "google", pela internet, sempre tentando extrair lições, indagações, similitudes e fazendo ilações com a psicanálise. Acontece que quanto mais eu lia e aprendia, mais eu me empolgava e me dava uma impulsão para compartilhar os aspectos particularmente interessantes com os leitores, tanto os da área "psi" quanto com os de outras áreas e atividades, tão ou mais curiosos que eu.

Em relação às afirmativas anteriores, faço uma ressalva pessoal, no sentido de que não procuro um aprofundamento com o intuito de ampliar a erudição. Antes, a minha motivação é a de beber na água dos conhecimentos que tenham uma aplicação no cotidiano da vida real. Para esclarecer melhor o que estou tentando dizer, peço licença para mencionar algumas colocações do reconhecido psicanalista canadense e professor de filosofia Charles Hanly (ex-candidato à presidência da IPA), no curso de uma entrevista que ele concedeu à *Revista de Psicanálise da Sociedade Psicanalítica de Porto Alegre* (2008).

Perguntado sobre o ingresso e a sua trajetória no campo da psicanálise, assim respondeu Hanly:

> Eu estava interessado em filosofia, especialmente em teorias filosóficas que procuravam entender a natureza humana, mas me tornei cada vez mais *frustrado* (o grifo é meu) com a natureza da filosofia abstrata, especulativa, conceitual que estava estudando. (...) Cheguei, assim, à formação psicanalítica por uma via bastante peculiar: meu interesse profundo em entender a natureza humana e minha insatisfação com o entendimento que vinha obtendo a partir da filosofia.

Uma outra característica comum a todos os livros que publico, refere-se ao fato de que a minha principal inspiração para lançar um livro de intenção didática é a de me colocar no lugar do leitor que pretendo atingir (tal como eu, no passado), sobretudo as novas gerações de terapeutas e o público em geral. Todos, igualmente ávidos por adquirir um enriquecimento da cultura, tanto a psicanalítica como a de outras áreas que, direta ou indiretamente, estão conectadas aos fundamentos da psicanálise.

Pelo receio de que resultasse um livro por demais denso e, portanto, algo enfadonho, sacrifiquei algumas áreas que idealizei incluir, como as relativas a diversas formas de arte, particularmente as cênicas que se manifestam em peças teatrais, em filmes de alto conteúdo de compreensão psicanalítica, na literatura clássica e moderna, um verdadeiro manancial de estímulo ao conhecimento dos labirintos da natureza humana. Dessa forma, embora lamentando, tentei "enxugar" longas partes que constavam de minha intenção, e outras que já estavam descritas e foram deletadas. No entanto, sinceramente, não sei dizer se este livro vai pode ser útil e apetecível a todos os leitores que procurarem lê-lo.

De forma resumida, o que tenho convicção é que não me faltou motivação, garra e um enorme desejo de contribuir para a cultura dos leitores, da mesma forma como aconteceu comigo durante os meus estudos e a escrita – prazerosa e gratificante – daquilo que particularmente me tocou. Por fim, ainda não sei responder a pergunta inicial se eu venceria, ou não, ao desafio de lançar este livro tal como está, mas sei, sim, que valeu a pena aceitá-lo e enfrentá-lo.

Referências

Adler, R. *Médicos revolucionários*. Rio de Janeiro: Ediouro, 2006.

Alencar, J.A. *Vocabulário latino: filosofia e poesia da linguagem*. Rio de Janeiro: Editora Civilização Brasileira, 1944.

Aranha, M.L.H; Martins, MPH. *Filosofando: introdução à filosofia*. 2. ed. São Paulo: Editora Moderna, 2002.

Baranger, W; Baranger, M. La situación analítica. In: *Problemas del campo psicoanalitico*. Buenos Aires: Kargiem, 1960.

Bateson et al. *Play its role in developement as evolution*. Harmondsworth Middix: Penguin, 1985.

Bion, W.R. *Experiências com grupos*. Rio de Janeiro: Imago, 1970.

_____. *Estudos psicanalíticos revisados*. Rio de Janeiro: Imago, 1988.

Bleger, J. *Temas de psicologia: entrevistas e grupos*. São Paulo: Martins Fontes, 1987.

Bollas, Ch. *A sombra do objeto*. Porto Alegre: Artmed, 1992.

Bolognini, S. A coragem de ter medo. In: *Psicanálise e Cultura*. São Paulo: Casa do Psicólogo, 2007.

Bowlby, J. *Attachment and Loss*. Londres: The Hogarth Press, 1980.

Bulfinch, Th. *O livro de ouro da mitologia*. Rio de Janeiro: Ediouro, 2000.

Cardoso, B. Síntese da palestra de Donatella Marzziti. *Psiquiatria Hoje*, Porto Alegre, n. 5, 2007.

Chauí, M. *Convite à filosofia*. 16. ed. São Paulo: Ática, 2002.

Corominas, J.; Pascual, J. *Diccionario crítico etimológico castellano e hispánico*. Madrid: Editorial Gredos, 1980.

Costa, J.F. *A face e o verso: estudos sobre o homoerotismo*. São Paulo: Editora Escuta, 1995.

Fairbairn W.R.D. Observações sobre a natureza dos estados histéricos. In: *Estúdio psicanalítico de la personalidad*. Buenos Aires: Ed. Hormé, 1962.

Freud, S. (1895; 1950) Projetos para uma psicologia científica. In: *Obras Completas. Standard Edition*. Vol. I. Rio de Janeiro: Imago, 1968.

_____. (1907) *Delírios e sonhos na "Gradiva" de Jensen*. Vol. IX

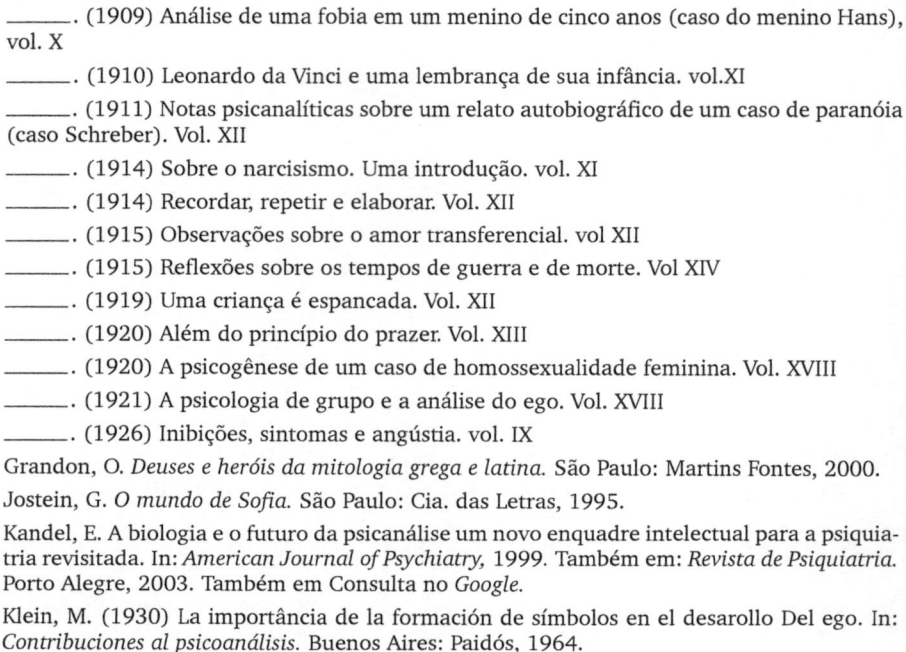

_____. (1909) Análise de uma fobia em um menino de cinco anos (caso do menino Hans), vol. X

_____. (1910) Leonardo da Vinci e uma lembrança de sua infância. vol.XI

_____. (1911) Notas psicanalíticas sobre um relato autobiográfico de um caso de paranóia (caso Schreber). Vol. XII

_____. (1914) Sobre o narcisismo. Uma introdução. vol. XI

_____. (1914) Recordar, repetir e elaborar. Vol. XII

_____. (1915) Observações sobre o amor transferencial. vol XII

_____. (1915) Reflexões sobre os tempos de guerra e de morte. Vol XIV

_____. (1919) Uma criança é espancada. Vol. XII

_____. (1920) Além do princípio do prazer. Vol. XIII

_____. (1920) A psicogênese de um caso de homossexualidade feminina. Vol. XVIII

_____. (1921) A psicologia de grupo e a análise do ego. Vol. XVIII

_____. (1926) Inibições, sintomas e angústia. vol. IX

Grandon, O. *Deuses e heróis da mitologia grega e latina.* São Paulo: Martins Fontes, 2000.

Jostein, G. *O mundo de Sofia.* São Paulo: Cia. das Letras, 1995.

Kandel, E. A biologia e o futuro da psicanálise um novo enquadre intelectual para a psiquiatria revisitada. In: *American Journal of Psychiatry,* 1999. Também em: *Revista de Psiquiatria.* Porto Alegre, 2003. Também em Consulta no *Google.*

Klein, M. (1930) La importância de la formación de símbolos en el desarollo Del ego. In: *Contribuciones al psicoanálisis.* Buenos Aires: Paidós, 1964.

_____. (1932) *Psicanálise da criança.* São Paulo: Ed. Mestre Jou, 1969.

_____. (1952) *Os progressos da psicanálise.* Rio de Janeiro: Ed. Zahar, 1982.

Koheler, H. *Pequeno dicionário escolar latino-português.* 14. ed. Porto Alegre: Editora Globo, 1960.

Kohut, H. *Análise do self.* Rio de Janeiro: Imago, 1988.

Lacan, J. *Escritos.* Rio de Janeiro: Jorge Zahar, 1998.

Mahler, M. *O nascimento psicológico da criança: simbiose e individuação.* Rio de Janeiro: Zahar, 1982.

Marchon, P. Violência e psicanálise. In: *Violência. Um estudo psicanalítico e multidisciplinar.* Fortaleza: Edições Demócrito Rocha, 2003.

Money-Kyrley, R. Contratransferência normal y algunas de suas desviaciones. *Rev. Uruguaya de Psicoanálisis,* v. 4, n. 1, 1961-1962.

Mora, J.F. *Dicionário de Filosofia.* Lisboa: Publicações Dom Quixote, 1971.

Paz, O. *A dupla chama: amor e erotismo.* São Paulo: Siciliano, 1993.

Pessoa, F. *Poesias.* Porto Alegre: Ed. LPM Pocket, 1999, v. 2.

Piontelli, A. Observação de crianças desde antes do nascimento. In: Pellanda, N.; Pellanda, L.E. (Orgs.) *Psicanálise hoje: uma revolução do olhar.* Petrópolis: Ed. Vozes, 1996.

Platão. O Banquete. In: *Diálogos.* São Paulo: Ícone, 1981.

Puget. J.; Berenstein, I. *Psicanálise do casal.* Porto Alegre: Artmed, 1994.

Revista *Gradiva*

Revista *Mente e Corpo,* n. 3, Porto Alegre, n. 3.

Revista da Sociedade Psicanalítica de Porto Alegre. Porto Alegre, v. xv, n. 3, 2008.

Rezende, A.M. *Wilfred R. Bion: uma psicanálise do pensamento.* Campinas: Papirus, 1995.

Salis, V. D. *Mitologia Viva: Aprendendo com os deuses a arte de viver e amar.* São Paulo: Nova Alexandria, 2003.

Spalding, T. O. *Dicionário de mitologia greco-latina.* Belo Horizonte: Itatiaia, 1965.

Winnicott, D. O papel de espelho da mãe e da família no desenvolvimento infantil. In: *O brincar e a realidade.* Rio de Janeiro: Imago, 1973.

Zimerman, D. (1995) *Bion: da teoria à prática.* 2. ed. Porto Alegre: Artmed, 2004.

_____. *Fundamentos psicanalíticos. Teoria, técnica e clínica.* Porto Alegre: Artmed, 1999.

_____. *Vocabulário contemporâneo da psicanálise.* Porto Alegre: Artmed, 2001.

_____. *Manual de técnica psicanalítica: Uma re-visão.* Porto Alegre: Artmed, 2004.